教育部人文社科重点研究基地重大项目
“城镇化发展模式的区域比较研究”（16JJD840006）最终成果

苏州大学人文社科优秀学术专著出版资助计划资助

城镇化发展的区域比较研究

叶继红 等 著

人民出版社

目　录

前言

城镇化是深刻影响经济社会发展的重大社会现象，是社会生产力和经济发展的必然趋势。当前中国城镇化快速发展，城镇化以其特有的方式改变着中国城乡社会结构，加速中国的现代化进程。城镇化因其突出的地位而上升至国家的发展战略，成为推动经济社会高质量发展的重要引擎。可以想见，随着城镇化继续向纵深发展，其作用将会愈加凸显，学界要从不同的学科角度来加以关注和研究。

本书是从区域比较的视角对城镇化发展模式进行的研究。从城镇化的模式来看，一个国家或地区在城镇化发展过程中因国情区情不同就会有不同的城镇化发展道路或模式。如我国区域差异较大，各地区经济发展水平各异，因而不可能只有一种城镇化模式。城镇化发展模式回应了不同地理区位和资源禀赋条件下一个国家或地区如何实现城镇化的高质量发展问题。城镇化发展体现了共性与个性的辩证统一：农业人口的非农化转移是一种总体趋势和普遍规律，这是共性方面，但如何实现非农化转移却有着较大的差异，也存在一定的不确定性和偶然性。应该说，城镇化发展没有可以完全照搬照套的固定模式，任何成功的城镇化实践都是最切合实际的正确选择。尤其是在我国农村人口跨区域、远距离迁移引发“大城市病”与乡村“三留守”问题的情况下，以乡村振兴与小城镇建设为依托的就地就近城镇化模式的优势更为明显。2022 年 5 月，国家发布了《关于推进以县城为重要载体的城镇化建设的意见》，将城镇化建设重心下移，更是强调了各地选择各具特色的县域就地城镇化发展道路的重要性，县域城镇化成为城镇化的重点工作和重要方向，同时也成为促进新时代城乡融合发展、实现共同富裕的重要抓手。概括起来，中国城镇化总体上形成了“两基”（依托本地与异地两个支点而形成的就地城镇化与异地城镇化两种基本类型）—“多维”（两种类型借以实现的各具特色的农民非农化方式）—“网状”（大中小城市与城市群协同发展的网络状空间格局）的基本结构。这样一种结构模式是与中国的基本国情相契合的，是中国特色城镇化发展道路的具体体现，也体现了中国城镇化所具有的多元化、异质性、韧性的特点，彰显了中国城镇化的特色和优势，也为世界城镇化提供了中国经验与中国方案。

从城镇化的内容来看，城镇化作为一项复杂的系统工程，涉及人口、土地、产业等要素的空间集聚与耦合协同，需要系统谋划与整体推进，这就对同步推进人口城镇化与土地城镇化这两个关键方面提出了要求。然而当前我国土地城镇化快于人口城镇化的问题依然存在，且中西部地区较东部地区更为突出，城镇化建设面临一定的风险和挑战。对比来看，东部地区相对发达的产业在很大程度上能够满足土地城镇化对产业支撑的要求，因而产城融合度相对较好，城镇化发展质量相对较高。当然即便是处于东部发达地区的江苏省也存在苏南、苏中、苏北三大区域的明显差异。总体上，苏南、苏中地区集中居住区居民生活质量的主观感受要好于苏北地区。因此如何促进产城融合、提高融合度就成为中西部地区迫切需要解决的问题。此外，城镇化的发展还面临来自行政管理体制上的障碍，要求进行体制改革与创新。在这方面，东部地区率先进行了探索实践，如进行强镇扩权与镇改市等，形成了区域性的、示范性的治理经验。因此，我国城镇化的过程也是国家治理现代化的过程，是国家自上而下的顶层设计与自下而上的地方探索实践良性互动的过程，城镇化建设也必然带来国家治理能力的同步提升。

本书在整体架构上主要分为三个部分：基础篇、主体篇与借鉴篇。基础篇主要介绍了城镇化的历史演进与功能效应等基础性知识；主体篇从发展模式、发展质量、空间结构、协作模式、体制改革等方面对城镇化发展进行了区域比较研究，试图将区域比较的视角贯穿于城镇化发展的不同维度；借鉴篇（附录）主要对欧美、东亚等国家的城镇化发展道路进行比较研究，从而为中国城镇化发展提供借鉴。作为结论，本书认为未来中国城镇化需要立足于各区域实际，走多元化发展、差异化发展、包容性发展与协同化发展之路，城镇化发展需要多元主体协同共治。

本书提出一些具有创新性的观点：一是将我国城镇化发展模式概括为“两基—多维—网状”结构。这种简约化的结构形式实质上包含了城镇化的类型、路径、特征等较为丰富的内容。二是提出就地城镇化与异地城镇化之间互补共生与相互转化关系。就地城镇化为异地城镇化提供了中转和回路，异地城镇化为就地城镇化提供了外援，在一定条件下这两种模式可以相互转化。三是提出我国城镇化发展的区域协作模式。当前我国城镇化工作的重点是如何缩小城乡差距、实现共同富裕，这就需要走县域城镇化与城乡融合发展道路。借助区域之间以及区域内部的各种协同与协作网络（如扶贫协作、联村党建、村镇联动、村企合作、移民援建等），可以实现乡村、城镇、区域之间的联动发展，最终化解我国区域和城乡发展不平衡不充分的问题。

总之，城镇化发展模式的区域比较研究为我们观察和了解中国特色城镇化道路提供了一个窗口，希望通过本研究能够加深对中国城镇化发展的特殊性、差异性、复杂性、艰巨性的认识。当然，本书对中国城镇化发展模式的区域比较研究也只是一个初步的探索性研究，书中一些提法只是一家之言，也想借此求教于学界同仁。

导　论

城镇化是世界性的社会经济发展现象。由于我国城乡之间、区域之间差异较大，在中央顶层设计的指导下，各地区因地制宜探索出了不同的发展模式与可行的道路，从而形成了城镇化发展的中国经验与中国方案。

一、缘起与意义

当前，我国正在大力推进新型城镇化①建设，到2021年，中国城镇化率达到64.72%,② 城镇化已经成为我国经济增长和社会发展的强大引擎。然而，我国城镇化建设在取得巨大成就的同时，也存在一些土地问题③，因此，需要进一步反思我国城镇化发展的模式，探索城镇化发展新思路，尤其是结合我国区域差异较大的实际，选择适合地区实际、反映地区特色的城镇化发展道路和模式。

城镇化发展的模式，是指世界不同国家（地区）以及国家（地区）内部不同区域在城镇化发展过程中所走的道路，它涉及城镇化发展模式的区域比较研究。从世界范围来看，欧美等先发现代化国家以及新兴工业化国家所走的城市化道路，对于中国这样的发展中国家具有一定的借鉴意义。

① 城镇化是一个本土概念，国际通用 urbanization。

② 《中华人民共和国2021年国民经济和社会发展统计公报》，国家统计局，2022年2月28日。

③ 方创琳等:《中国新型城镇化发展报告》，科学出版社2014年版，第6页。

同样，一个国家如中国，由于其内部区域差异较大，因而也需要有适合自身条件的城镇化发展路径。

本书立足于我国区域差异的实际，探讨不同地区在推进城镇化方面所采取的政策措施、发展模式及其成效。这一研究在理论上能够丰富城镇化理论，在实践上能够为更好地推进我国的城镇化建设提供决策参考，因而具有一定的理论意义和实践价值。具体来说：

第一，有利于形成城镇化发展的中国经验。与西方国家城镇化道路不同，我国的城镇化发展具有鲜明的中国特色。一方面大规模的农民进城形成了庞大的农民工群体；另一方面通过征地拆迁、合村并居，农民上楼形成了大量的被征地农民群体，两大群体面临共同的市民化与城市融入问题，这构成了当前中国城镇化的基本任务。为此，我国先后实施了新型城镇化战略、乡村振兴战略与乡村建设行动，构建了适应城镇化发展的国家治理体系，形成了城镇化发展的中国经验与治理经验。因此，需要对这些经验进行全面系统的梳理和总结，为城镇化发展提供经验借鉴。

第二，有利于总结中国城镇化发展的区域经验。从国内来看，不同区域在国家新型城镇化总体战略指导下进行了有益的探索和实践，尤其是东部发达地区率先提出了“三集中”（农民向社区集中、工业向园区集中、土地向规模经营集中）、“三置换”（以土地承包经营权置换城镇社会保障、以农村宅基地和农民住房置换城镇产权住房、以集体资产所有权置换股份合作社股权）的发展思路，进行“强镇扩权”和“镇改市”（赋予经济强镇部分县级经济社会管理权限）试点等，形成了城镇化发展的诸多地方性经验，这些经验是构建中国特色城镇化的重要元素，需要进行提炼和整合。

第三，有利于解决区域城镇化发展的困境。当前我国城镇化发展存在的问题，迫切需要从国家治理角度进行反思和应对。在强化政府主导作用的同时，动员和引入市场与社会力量广泛参与城镇化建设，共同应对城镇化难题，以形成多元共治的良好格局。从这个意义上讲，中国城镇化的过程也是国家进行有效治理的过程，这就需要通过学术研究进行问题诊断和分析。这也是本书的实践意义所在，即通过“提供我们所面临的问题的解决方案”，以达到“政策干预”的目的。①

第四，能够为推进县域城镇化建设提供参考。2022 年 5 月国家发布了《关于推进以县城为重要载体的城镇化建设的意见》，显示了国家城镇化重心下移的导向，县域城镇化成为现阶段城镇化的工作重点和重要方向。县域城镇化将城镇化的重心置于县域范围内，这就要求农村劳动力在县域内流动，而不是跨区域流向大中城市。因此，如何提升县域内的小城镇与中心村的内生发展能力以及对农村劳动力的就地吸纳能力成为问题的关键。可行的方案包括：一是通过将中心城市（包括县城）的产业向农村转移，带动和促进农村产业快速发展。二是通过资本下乡将中心城市的资本、技术、人才和管理等要素引向农村，促进企村结对，合作共赢。因为企村合作是城市企业融入农村促进农业增效、农民增收、企业获利的共赢方式。三是通过诸如镇村联动、联村党建的形式形成联动抱团发展，促进优势互补、资源共享。本研究提出的这些方案或建议对于推进县域城镇化建设具有一定的参考价值。

二、国内关于城镇化发展的主要研究

（一）城镇化发展模式问题研究

国内城镇化发展模式主要围绕城市发展规模与方式两个方面内容展开。

一是城市发展规模之争。关于以何种规模的城市为“政策主导”（重

① 参见[美]麦克·布洛维：《公共社会学》，沈原等译，社会科学文献出版社 2007 年版，第 15—31 页。

点支持、优先发展），自 1983 年费孝通先生提出“小城镇·大问题”之后，就成为学术界争论的热点。归纳起来，主要有小城镇（市）论、大城市论、中等城市论、综合论。小城镇论者基于我国城镇化动力不足的现实，强调以发展小城镇作为城镇化的起点，积蓄力量形成向上运动的推力。[①] 大城市论者依据理论分析，或强调大城市优先发展的阶段性规律[②]；或强调大城市的聚集效应。[③] 中等城市论者则强调发展中等城市既能减少对耕地和能源的浪费，又能避免农民盲目进城产生的各种“城市病”。[④] 90 年代中期以后，前一阶段粗放型小城镇发展的问题逐渐暴露，以发展小城镇为主的理论开始强调促进小城镇发展应适度地集中，以发展县城或县域中心城镇为主，[⑤] 逐步形成县域内的劳动力流动。[⑥] 2022 年 5 月国家发布了《关于推进以县城为重要载体的城镇化建设的意见》，显示了国家城镇化重心下移的导向。而综合论者根据中国“多梯度社会结构”的发展现状，认为应走“复合型的城市化道路”，建构中国“发展极城市——中心城市——小城镇”地域空间一体化网状结构。[⑦]

二是就地城镇化与异地城镇化之辩。由城市规模之争自然引出了就地城镇化与异地城镇化这两种不同的发展模式问题。前者强调农业剩余人口就地就近向小城镇转移，后者强调远距离地向大城市转移。支持就地城镇化的学者认为，劳动力就地就近转移可以降低城镇化的制度障碍和成本，也有利于农业和乡村可持续发展，且符合当前农民工的城镇化意愿和人口

---

① 邹农俭：《关于城市化研究中的几个问题》，《农业经济问题》1990 年第 7 期。

② 李迎生：《关于现阶段我国城市化模式的探讨》，《社会学研究》1988 年第 2 期。

③ 王小鲁、夏小林：《优化城市规模推动经济增长》，《经济研究》1999 年第 9 期。

④ 刘纯彬：《中国城市化要以建设中等城市为重点》，《财经科学》1988 年第 7 期。

⑤ 辜胜阻、李永周：《我国农村城镇化的战略方向》，《中国农村经济》2000 年第 6 期。

⑥ 李强等：《多元城镇化与中国发展》，社会科学文献出版社 2013 年版，第 253 页。

⑦ 张鸿雁：《中国新型城镇化理论与实践创新》，《社会学研究》2013 年第 3 期。

流动规律，因此应该高度重视就近就地城镇化的作用[①]。支持异地城镇化的学者认为，由于异地转移劳动力的平均收入水平高于就地转移劳动力，因而异地转移方式应该是劳动力转移政策的较优选择方向。[②] 综合论者认为，就地消化和异地转移都是促进农村剩余劳动力非农就业的途径。[③] 劳动力究竟是选择就地城镇化还是异地城镇化取决于诸多因素：期望转入城市生活的农村劳动力偏好异地就业[④]；丰富自身的人力资本是农村劳动力异地转移的重要决策因素，对于已婚已育者而言，孩子越多越不倾向于异地转移。[⑤] 因此，这两种城镇化模式本身没有优劣之分，而是适用性的问题。实质上就地城镇化与异地城镇化有着各自的优势和不足，两者不是彼此对立的，而是互补共生的，也就是说，不同论者的争论完全可以达成和解。正因为如此，各地依据地域发展的特点，探索出了适合自身的城镇化模式，如“苏南模式”（以政府推动的公有制经济为主体、乡镇工业发展为主导）、“温州模式”（以分散的个体经济和民营经济为主导）、“珠三角模式”（以外资推动、外向型经济发展为动力）等。[⑥] 在此基础上，一些学者又陆续提出了“民权模式”、“晋江模式”、“孙耿模式”等。[⑦]

---

① 李强、陈振华、张莹：《就近城镇化与就地城镇化》，《广东社会科学》2015 年第 1 期。

② 杜鑫：《就地转移和异地转移劳动力的收入差距研究》，《经济理论与政策研究》2008 年第 1 期。

③ 张诚：《非农化与全面小康社会的建设》，《经济学动态》2003 年第 2 期。

④ 张务伟、张福明：《农村剩余劳动力就地转移和异地就业影响因素实证分析——基于对山东省 17 地市 1873 户农民的调查》，《农村经济》2008 年第 6 期。

⑤ 罗明忠：《就地转移还是异地转移：基于人力资本投资视角的分析》，《经济学动态》2009 年第 11 期。

⑥ 盛广耀：《城市化模式研究综述》，《城市发展研究》2011 年第 7 期。

⑦ 刘盛和、王雪芹、戚伟：《中国城镇人口“镇化”发展的时空分异》，《地理研究》2019 年第 1 期。

（二）城镇化动力机制问题研究

城镇化发展离不开一定的驱动力，依据城镇化的主导力量，可分为政府主导型城镇化和市场主导型城镇化。① 当前我国的城镇化发展总体上是政府主导型，② 属于典型的政府主导型城镇化。以农转居社区的空间生产为例，该种类型社区是在我国快速城镇化过程中被建构出来的一种空间实体与人造环境，因而体现出很强的国家政策意图和发展逻辑。③ 市场主导型城镇化以英美等国为代表，其工业化和城市化进程主要源自内部生产力发展以及市场的强力推动，是一个内部动因持续推动的历史过程。④ 但是如果放任市场主导很容易导致城镇化偏离健康轨道，甚至走向反面。如拉美国家由于过度强调城市化过程中的市场机制而忽视政府的作用，引发过度城镇化问题，形成了“拉美陷阱”。⑤ 因此，城镇化作为政府失灵与市场失灵极易出现的领域，无论是将政府界定为外生变量的市场万能论，还是政府主导的政府行为至上论，都不是城镇化发展的最佳机制⑥，而是将政府与市场两种动力机制有机结合起来。

（三）城镇化发展的区域特征研究

我国城镇化发展在水平、速度、空间格局等方面区域差异显著。周靖祥认为，我国城镇化在区域层面上呈现“东高西低”（总体上东部及东北

---

① 陈波翀、郝寿义、杨兴宪：《中国城市化快速发展的动力机制》，《地理学报》2004 年第 6 期。

② 陈和午：《城镇化中的是与非》，《南风窗》2012 年第 23 期。

③ 叶继红：《农转居社区转型及其治理》，社会科学文献出版社 2020 年版，第 25 页。

④ 李强等：《多元城镇化与中国发展》，社会科学文献出版社 2013 年版，第 29—34 页。

⑤ 吴晓燕、赵普兵：《城镇化：比较中的路径探索》，《吉首大学学报》（社会科学版）2013 年第 5 期。

⑥ 张玉磊：《新型城镇化进程中市场与政府关系调适：一个新的分析框架》，《社会主义研究》2014 年第 4 期。

地区城镇化水平较高，中、西部的城镇化水平较低）的梯度差异；在省际层面，呈现出明显的“有快有慢”的发展态势。自然条件、地区偏向性的政策、经济资源、人口空间分布不均衡等因素共同导致城镇化发展水平的地域差异。[①] 郭炳南等人基于 2005—2019 年中国 30 个省份的数据研究发现，中国新型城镇化发展水平提升较快，呈现“东—中—西”依次递减的阶梯式分布格局；同时发现中国整体新型城镇化发展水平差异缩小，协同性增强。[②] 林文棋、吴梦荷等人根据城镇化水平、城镇化速度、社会经济发展水平 3 个指标，将城市分为城镇化成熟地区、近成熟地区、快速城镇化地区、城镇化潜力地区、缓慢城镇化地区 5 类。[③] 研究发现，区域城镇化基于综合优势和市场需求，经过单元集聚、中心集聚、群化集聚、集聚衰退，形成了“单元集聚——中心集聚——群化集聚”的区域及子区域城镇化路径。[④]

（四）小城镇（特色小镇）问题研究

当前学术界在肯定小城镇对就地城镇化的促进作用的同时，也分析了发展中存在的一些问题。一是产业方面的问题。小城镇的产业层次不高，初级产品多，产业关联度不够；产业发展不协调，产业结构趋同；主导产业支撑不力；公共事业配置不足。[⑤] 同样的问题也存在于特色小镇。研究

---

① 周靖祥：《中国区域城镇化差异及成因解释》，《数量经济技术经济研究》2015 年第 6 期。

② 郭炳南、姚霞飞、唐利：《中国新型城镇化发展水平的区域差异与分布动态演进》，《科学与管理》2022 年第 2 期。

③ 林文棋、吴梦荷等：《城镇化区域类型划分方法与特征识别》，《城市与区域规划研究》2016 年第 2 期。

④ 张燕、卢中华：《区域城镇化的集聚演变及其基本路径研究——以鲁东南地区为例》，《临沂大学学报》2012 年第 5 期。

⑤ 刘凤祥：《“十三五”重点中心镇产业发展研究》，《中国名城》2017 年第 1 期。

发现，一些地区的特色小镇产业落后、集聚度低，产值预期有限①；主导产业同质化现象严重，旅游发展型和历史文化型特色小镇占比大，外在形态和发展模式雷同。② 二是集聚能力方面的问题。小城镇常住人口规模偏小，尤其是在欠发达地区，因大量人口外出，与有效满足服务业集聚和发展需要的 5 万人口规模“门槛”相距甚远，难以发挥集聚和辐射效应，导致公共基础设施建设内生力不强，“三产”服务形不成规模且层次较低。③ 三是投入方面的问题。小城镇建设资金投入不足，基础设施薄弱和配套功能不全，城镇自身魅力得不到展示。④ 四是地位下降的问题。乡村振兴背景下小城镇遭受冷遇，农村人口进城不进镇，人口回村不进镇，政策下乡进村不过镇，小城镇变“城”遭遇瓶颈。⑤ 究其原因，主要在于我国等级化的城市管理体制。现行的乡镇管理体制与小城镇的发展严重脱节，小城镇政府权责不明晰；融资体制、土地制度与小城镇的发展要求不相协调，项目审批受限。⑥ 同样，受等级化行政管理体制的制约，特色小镇在行政资源配置体系中也处于弱势地位，普遍面临资金、人才等要素和基础设施短板。⑦

---

① 张鸿雁：《特色小镇建设与城市化模式创新论——重构中国文化的根柢》，《南京社会科学》2017 年第 12 期。

② 王振坡、薛珂等：《我国特色小镇发展进路探析》，《学习与实践》2017 年第 4 期。

③ 陈伟：《城乡一体化视野下加快中心镇发展——以淮安市淮安区为例》，《唯实》2016 年第 5 期。

④ 马骁：《中心镇建设存在的主要问题及对策——以浙江省台州市为例》，《小城镇建设》2008 年第 1 期。

⑤ 齐立博：《乡村振兴战略下小城镇的“惑”与“道”——江苏省的实践与思考》，《小城镇建设》2019 年第 1 期。

⑥ 李杰义：《浙江省推进新型城镇化的实践探索及政策启示——基于 15 个中心镇改革实践的调研》，《农业经济问题》2015 年第 9 期。

⑦ 王振坡、薛珂等：《我国特色小镇发展进路探析》，《学习与实践》2017 年第 4 期。

三、国外农村城镇化发展相关经验的研究

城镇化发展尤其是就地城镇化模式强调农业人口的就地就近转移，这就内在地要求乡村的振兴与发展，在这方面，日、韩、德、法等国提供了有益的经验借鉴。

（一）日本的一村一品经验

第二次世界大战之后的日本农村发生了巨大的变化，许多农村居民点被完全遗弃，当地经济无法创造出让年轻人留下来的工作机会，这使得原本以农业为生的农民进行兼职获取补贴收入的方式也变得不可持续。于是，农业人口逐渐流向城市，导致乡村凋敝。1979 年，日本大分县前知事平松守彦先生为扭转这一局面发起了“一村一品”运动。① “一村一品”运动遵循了三项基本原则：（1）本地化和全球化，即创造全球认可的产品，体现对当地文化的自豪感；（2）自力更生和创造力，即通过利用区域潜力的独立行动实现一村一品；（3）人力资源开发，即培养具有挑战性和创造性精神的人。② 随后，一村一品在一些亚洲国家得到了推广。如中国的“One Hamlet, One Product; One Village, One Treasure”(OHOP; OVOT)，菲律宾的“One Barangay, One Product”(OBOP)，马来西亚的“Satu Kampung, Satu Produk”(SKSP)，印度尼西亚的“Back to Village”movement，泰国的“One Tambon, One Product”(OTOP)。③ 一村一品实质上是一种内生型发展理念

---

① Mukai & Fujikura. One Village One Product: Evaluations and Lessons Learnt from OVOP Aid Projects. Development in Practice. 2015, 25 (3): 389-400.

② Claymone, Y., & Jaiborisudhi, W. A Study on One Village One Product Project (OVOP) in Japan and Thailand as an Alternative of Community Development in Indonesia. Thai Journal of East Asian Studies, 2011, 16(1), 51-60.

③ Hoang Thanh, L., et al. One Village One Product (OVOP): A Rural Development Strategy and the Early Adaption in Vietnam, the Case of Quang Ninh Province. Sustainability[Open Access Journal]. 2018, 10(12): 1-17.

与发展模式，强调通过挖掘具有本土特色的乡村产业发展项目，做大做强特色主导产业，形成品牌优势，提升乡村的辨识度和可持续发展能力。

（二）韩国的新村运动经验

20世纪60年代，韩国政府实施了优先发展重工业的出口型工业发展政策，促进了工业化和城镇化的快速发展。但同时也导致了工农业发展失衡以及城乡差距逐渐拉大。在此背景下，20世纪70年代，韩国开始实施由自上而下和自下而上相结合的综合农村社区发展方案，被称为“新村运动”（Saemaeul Undong）。该运动成为韩国农村部门发展和整体经济发展的发动机。新村运动的实质是通过村庄的合作与自助实现农村发展，政府部门则给予相应的技术和财政援助，帮助培训村干部，完善基层组织，提供必要的信息服务。在新村运动中，村庄有很大的权限独立进行项目设计和管理，本村新村运动项目的选定与组织实施办法大都通过村民大会的形式来集体决策，这使得村民的自主性得到了很好的发挥，韩国农民确实积极和自愿地进行公共产品，尤其是基础设施的自我供给。[①] 新村运动在提高农村收入、改善生活水平、缩小城乡差距等方面发挥了重要作用。[②]

（三）德国的农村区域治理经验

Michael Böcher[③] 以欧洲 LEADER（农村地区发展行动联合）项目执行为例，对德国区域治理和农村发展问题进行了研究。该项目是欧盟推行的一项综合性的具有地区针对性的农村试验计划，创立于1991年，旨

① Lee, Myungsuk. Policy and Rule Configuration, Proceeding, Bloomington, U.S. Indiana University. 1990.

② Abafita, J., et al. Korea's Saemaul Undong (New Village Movement): A Model for Rural Development in Ethiopia? Journal of the Korean Society of International Agriculture. 2013, 25 (3): 217-230.

③ Michael Böcher. Regional Governance and Rural Development in Germany: the Implementation of LEADER+. Sociologia Ruralis. 2008, 48(4): 372-388.

在鼓励欧洲农村地区探索新的途径，尤其是通过自我引导、自行协调来应对人口老龄化、服务基础设施落后和就业机会缺乏、社区经济萧条等诸多挑战，从而促进农村地区的可持续发展。该项目于2000年至2006年间在德国148个农村地区进行试点。通过对其中六个试点地区及其组建的地方性行动小组的观察和研究，作者发现区域政策通过由上而下的层级指导（政府）与自下而上的方法（治理）相结合，在农村可持续发展进程中发挥了重要作用。不同行动主体和利益的跨部门整合促进了当地的经济和社会发展，增强了地方性行动小组的地位和不同行动主体之间的区域治理理念。责任转移、权力下放和自我协调对农村区域治理至关重要。农村地区的区域发展政策只有通过将自上而下的分层协调和自下而上相结合才能发挥作用。而区域治理仍然需要层级协调的形式才能成功实施。

（四）法国的市镇联合体经验

市镇联合体（Intercommunalité）是法国独具特色的区域管理机制。法国的市镇作为基层行政单元相对较小、公共服务能力较弱，因而由若干市镇联合而成的市镇联合体成为整合区域公共资源，提升地方公共服务水平的重要工具。20世纪60年代，多个城市与多个城镇、多个城镇与村镇之间组成的联合体在法国迅速发展起来，补充甚至代替了单一市镇的部分职能，回应了区域治理的基本问题，满足了不同空间尺度的区域发展需求。20世纪末，法国全面推动“市镇联合模式”，将共同承担发展项目及共享资助的多个市镇、村镇联合起来，实现居住、就业、公共交通、经济、环境等方面的合作，体现“利益联合”，塑造地区互利共生的发展环境。目前，法国90%以上的市镇涵盖在联合体系中。总体而言，法国有三种市镇联合模式：城市联合体、聚集区联合体、村镇联合体，作为国家层面行政机构，负责地区公共性项目规划及建设管理，从更高的区域层面促进城市发展，改善当地民生①。

四、已有研究的不足与可能的拓展方向

（一）就地城镇化与异地城镇化的关系有待深化

已有的研究已经注意到就地城镇化与异地城镇化不是非此即彼或水火不容的关系，两者之间是互补共生关系。本书认为在一定条件下两种模式可以进行相互转化。如在推进农民集中居住的过程中，从农民的意愿来看，农民既可以就近转移至小城镇/县城，也可以转移至大中城市。当农民在大中城市生存压力大就会退回到小城镇/县城，异地城镇化就转变为就地城镇化；反之，如果转移到小城镇/县城的农民想要更好地发展，就会再迁移至更大的城市，就地城镇化就转变为异地城镇化。因此，需要辩证地来看待两者间的关系，协同推进两种城镇化发展模式，形成优势互补效应。

（二）镇村的协同与协作关系有待加强

已有研究大多将小城镇（特色小镇）作为一个独立的单位来研究，较少关注到镇村之间的联动与协同。事实上，有研究指出："当今的农村发展不仅仅指的是农业生产方面的进步了，它是一个包含了农场主、农民、小商业者、农业推广人员、援助者和政府官员之间一系列复杂互动的过程。"② 这表明，乡村不能在孤立的条件下得到发展，而是必须寻求外部合作。在当前我国大力实施乡村振兴战略与乡村建设行动，尤其是县域城镇

① Delcamp, Alain and John Loughlin. La décentralisation dansles Etats de l' Union européenne. Paris: La Documentation Française, 2003: 11-26。转引自郝培芝：《另类的地方政府改革模式？从欧洲比较观点分析法国基层政府改革之独特性》，《行政暨政策学报》2014 年第 59 期。

② ［英］彼得·华莱士·普雷斯顿：《发展理论导论》，李小云译，社会科学文献出版社 2011 年版，第 314 页。

化成为我国城镇化的重点工作和重要方向的背景下，这种互动与合作更应该成为常态。因此，县域内的镇村之间、镇村内部可以进行联合形成合作网络（如联村党建、村镇协作）。若进一步拓展开来，围绕乡村振兴可以形成更大的跨区域之间的协同与协作网络（如扶贫协作、村企合作），从而实现乡村、城镇、区域之间的联动发展，最终化解我国区域和城乡发展不平衡不充分的问题。

（三）城镇化发展与治理的关系有待加强

已有研究表明，城镇化发展存在一定的问题与不足，尤其是体制机制层面的问题，因而需要进行有效的公共治理，以提升城镇公共服务能力，破除不利于城镇化发展的体制机制障碍。由此，城镇化发展与公共治理紧密联系在一起。就二者的关系来看，城镇化发展对治理提出了任务要求，治理为解决城镇化发展问题提供了手段和保障。事实上，“城镇化所引发的利益关系调整、动力机制革新、推进模式嬗变、空间格局重构以及转型风险控制等”①，均需要国家治理体系的更新与治理能力的提升，而国家治理体系的完善与治理能力的增强必然会有助于促进城镇化的健康发展。因此，需要重视城镇化发展过程中的公共治理问题，将城镇化发展中的治理问题看作是国家治理的重要领域和国家治理体系的重要组成部分，从而将国家城镇化战略与国家治理体系、治理能力现代化进行有机结合和整体推进。

五、篇章结构

在篇章结构上，本书除了导论和结论外，主要分为基础篇、主体篇与借鉴篇 3 部分。其中，主体篇是最为核心的部分，从不同层面对城镇化发

---

① 黄建洪：《中国城镇化战略与国家治理现代化的建构》，《苏州大学学报（哲学社会科学版）》2014 年第 2 期。

展的模式与质量进行区域比较研究。

城镇化作为一种经济社会发展的形态和过程遵循着一些共同的规律，但与此同时也存在一定的区域差异性。这些差异主要通过发展模式、发展质量、空间结构、协作模式、体制改革等方面得到反映。

从逻辑关系来看，第一是一个地区的城镇化实现方式（发展模式），第二是这种发展模式下的城镇化质量，第三是城镇化发展过程中存在的问题（通过空间结构展现出来），第四是针对城镇化发展不平衡而进行的区域协作，第五是城镇化发展的政策体制创新。

在发展模式上，主要表现为就地（就近）城镇化与异地城镇化之间的区别与关联。这两种城镇化模式大体上反映了农民是坚持“留守发展”还是寻求“外出发展”的问题。两种城镇化模式并没有本质上的优劣，只是针对不同对象具有不同的适用性。二者的区别表面上看是距离远近的问题，实则是发展战略与发展道路的选择问题，即优先发展小城镇还是发展大城市。如果抛开非此即彼的二元化思维，那么从乡到城就会有“中心村——小城镇——中等城市——大城市——城市群”的发展连续体。

发展质量主要表现为不同地区在城镇化发展方面取得的绩效，如果一个地区农转居新市民的非农化程度较高，生活较为富裕，能获得较好的公共服务，那就可以认为城镇化发展较好。因而可以在农转居新市民（集中居住区居民）的生活质量上得到体现。也就是说，可以用农转居新市民的生活质量来近似反映我国城镇化发展的质量。

空间结构主要表现为城镇化发展过程中客观存在的布局结构、层级结构、产城结构等，从不同层面反映了人口、资源、要素和产业在空间集聚过程中的空间性特征。空间性特征也反映出一些地区在推进城镇化过程中出现的问题，如特色小镇布局不均、城市层级化明显等，制约了城镇化健康与可持续发展。

协作模式主要表现为城镇化发展过程中存在的一种协同推进模式，如扶贫协作型、联村党建型、村企合作型、村镇协作型、移民援建型等。虽然形式不同，但其共性的元素（“协”“联”“合”“援”）表明，城镇化发展不能单打独斗，而需要“报团取暖”、共建共享、合作共赢。城镇化发展中的区域协作具有独特的运行机制与内在逻辑，包括协同发展机制、利益共享机制、共建共商机制、价值认同机制等，从而保证了协作的顺利开展。

体制改革是指与城镇化发展有关的制度安排。城镇化发展的过程也是体制改革（如强镇扩权、镇改市）的过程，反映了地方政府尤其是我国东部地区政府部门在城镇化过程中的大胆创新与积极作为，由此形成了城镇化发展的地方经验。

六、研究方法

在研究方法上，本书主要采用定性与定量、实证研究与规范研究相结合的方法。具体来说主要有文献法、问卷法、比较法、案例法。

（一）文献法

在研究过程中，课题组主要通过中国知网、SpringerLink、Elsevier、ScienceDirect 等数据库来查阅与本研究主题有关的中英文文献资料，通过苏州大学图书馆、苏州市图书馆、国家图书馆查阅了相关著作并进行阅读，以厘清研究思路，形成研究框架。

（二）问卷法

本书所用的问卷数据来自笔者主持江苏省社科基金重点课题“江苏集中居住区居民生活质量研究”。本书的实证资料来自课题组 2016 年 4—6 月份对江苏 13 个城市的问卷调查，其中苏南 5 市（苏州、无锡、常州、镇江、南京），苏中 3 市（南通、扬州、泰州），苏北 5 市（淮安、宿迁、盐城、连云港、徐州）。课题组采用入户调查法，每个城市随机选取 2 个拆迁安置社区，发放 100 份，共回收 1099 份有效问卷，有效率为 89.6%。

（三）比较法

本书采用比较的视野，对城镇化发展的模式进行了区域比较研究，包括国外一些国家的城镇化发展道路，国内不同区域之间以及同一区域内部的城镇化发展的不同模式。如同一区域既可以采用就地城镇化，也可以采用异地城镇化方式；不同区域之间及内部可以采用协作与合作的模式，形成跨区域及区域内的协作网络。

（四）案例法

案例研究是基于对某一现实事件或社会现象的整体性描述、探索和解释，以寻求其独特意义和价值的一种方法。本书选取了南京高淳国际慢城、兴化市戴南镇（强镇扩权）、温州龙港市（镇改市）等案例进行研究。这些案例主要反映了我国东部发达地区在城镇化发展过程中率先进行改革与创新的一些举措，从而具有一定的代表性、示范性和借鉴性。

第一章 城镇化发展的历史演进、阶段特征与动力机制

第一节 城镇化的历史演进

中国是世界城市起源地之一。6000 多年前，因原始农业发展，黄河流域出现一些原始的居民点。公元前 21 世纪至公元前 17 世纪，黄河流域出现了第一个奴隶制王朝——夏朝。为了保护财产和便于镇压奴隶，奴隶主开始修筑城池，这些城池成为中国城市的雏形。在城镇化进程中，随着社会生产力进步，中国城镇化大致可以划分出古代城镇化、封建时期城镇化、半封建半殖民地时期城镇化、社会主义时期城镇化 4 个阶段。

在长达 2000 多年的封建社会中，城市发展表现为以下特征：一是城镇化重心由北向南移动，形成南密北疏、“政治中心在北方、经济中心在南方”的城市格局。这既是农耕民族受游牧民族冲击的后果，又是因政治中心变迁及地缘政治形态而进一步强化。二是城市行政职能突出，经济对行政的依附比较明显，政治、军事因素是城镇化的最主要动力。三是自秦代开始，全国自上而下建立了较为完整的城市系统，城镇化的区域分布格局和行政等级直接相关。四是城市内部结构有严格规制，除

了少数城市“因天材、就地利”，或因手工业、商业发达形成了较灵活的布局外，大多数城市严格按照周礼制布局。在汉、唐、明、清等国力鼎盛时期，形成了几个城镇化高潮。尽管封建割据战争时有发生，但与西方相比，“筑城以为君，造廓以守民”始终被各朝代官僚集团重视，进而造成中国城镇化呈现连续发展态势。鸦片战争后，帝国主义政治、军事力量进入中国，外国资本和商品倾入中国市场，中国城镇化烙上了浓厚的半殖民地半封建特征。直至中华人民共和国成立，中国城镇化水平仅达 10.64%，发展十分缓慢。尤其是改革开放以后，城镇化水平逐渐提高，到 1996 年，城镇化水平首次突破 30%，进入城镇化加速发展阶段，人口城镇化速度显著加快，到 2011 年，城镇人口首次超过农村人口，2019 年，城镇化水平达到 60.06%。①

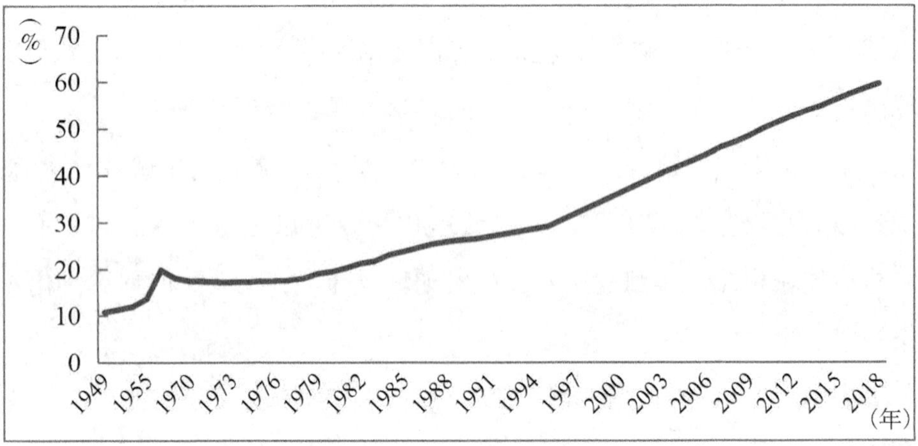

图 1-1　中国历年城镇化水平（1949—2018 年）

数据来源：《中国统计年鉴 2019》。

① 国家统计局：《中国统计年鉴》，中国统计出版社 2020 年版，第 58 页。

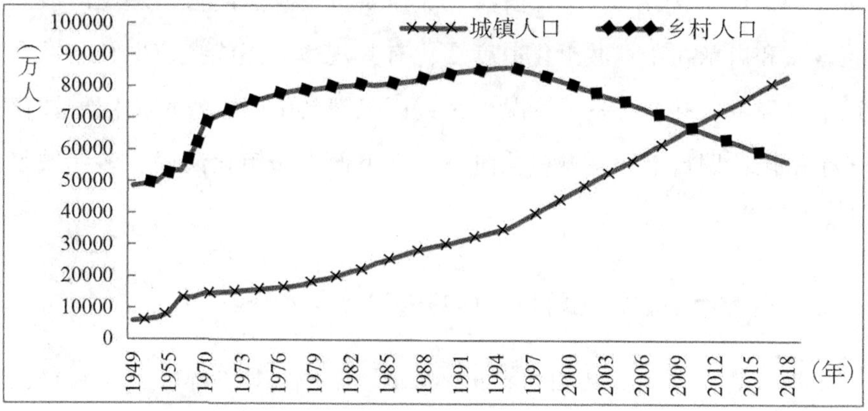

图 1-2　中国城乡人口变动情况（1949—2018 年）

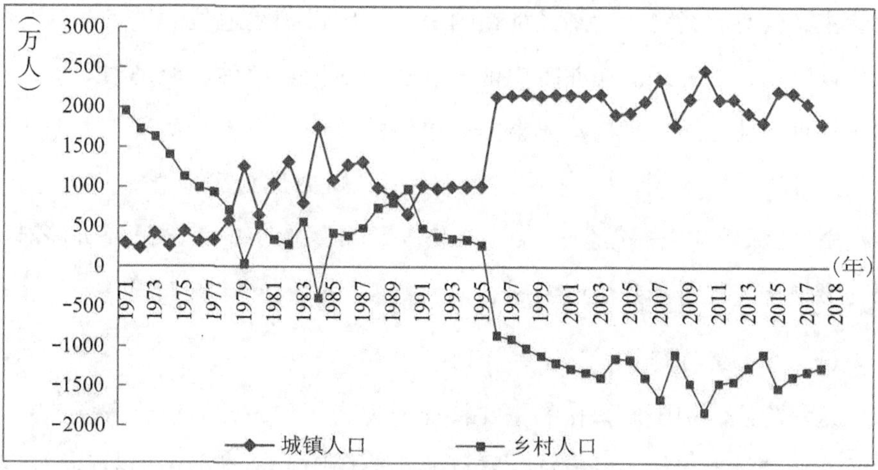

图 1-3　中国城乡人口增长情况（1971—2018 年）

第二节　新中国成立后城镇化发展的阶段特征

诺瑟姆提出的城镇化 S 型曲线理论，是城市地理学的经典理论成果。该理论认为，不是所有国家的城市化水平都能达到 100%，城市化水平在 30%到 70%之间也不是一直处于加速状态；进而推导出城市化速度变化的四阶段倒“U”型曲线：孕育阶段、加速阶段、减速阶段、趋零阶段。其政策含义和启示在于：城市化速度变化有其规律，不能拔苗助长。结合中国政治、经济、社会等发展状况，大致可以把新中国成立后中国城镇化分为三个阶段，即自上而下城镇化阶段、自下而上城镇化阶段、多元城镇化阶段。

一、自上而下城镇化阶段：1949—1978 年

1949 年，中华人民共和国成立，采取了没收官僚资本主义、保护民族资本主义和小生产者等一系列政治经济措施，在国民经济稳定以后，以赎买等多种方式进行社会主义改造，确立了以国家所有和集体所有为主体的社会主义公有制经济，计划经济在国民经济中占统治地位。进入了社会主义建设时期，国民经济在曲折中前进。在当时国际政治、经济格局下，中国选择重工业化道路来构建完整的国民经济体系。由于经济基础薄弱，经济发展环境较为封闭，中国集中全国物力、财力进行工业化，“重生产、轻消费”，城镇化发展缓慢。在“文化大革命”十年中，国民经济停滞不前，城镇化进程得不到健康发展。

（一）主要特征

这一阶段，中国城镇化的主要特征表现为：首先，城镇化发展速度不快并伴随着较大起伏。形成这一特点的主要原因：一是中国当时的国民经济体系不完善，经济基础薄弱，支持城市发展的农业基础尤为薄弱；二是在 20 世纪 50 年代末至 80 年代实行了严格限制农村人口迁移政策；三是“左”倾错误严重地影响了中国国民经济的发展和城镇人口的变动。其次，政府直接对城镇化进行干预，行政力成为城镇化的主要推动力，形成自上而下城镇化动力机制，城镇人口的增长得益于新城镇的建立以及原有城镇产业发展的需要。再次，城镇化水平明显滞后于工业化水平。特别是 20 世纪 60 年代以后，城镇化水平与工业化水平之间的差距越来越大。最后，城

镇化质量不高，城市基础设施和公共设施落后，人民收入普遍偏低，物质文化和精神文化生活需求难以得到满足。

表 1-1　计划经济时期中国城镇化水平与 GDP 构成概况

（单位：%）

年份	城镇化水平	第一产业比重	第二产业比重	第三产业比重	人均 GDP（元）
1952	12.46	50.50	20.88	28.62	119
1955	13.48	46.26	24.42	29.32	150
1960	19.75	23.38	44.49	32.13	218
1965	17.98	37.94	35.09	26.97	240
1970	17.38	35.22	40.49	24.29	275
1975	17.34	32.40	45.72	21.88	327
1978	17.92	28.10	48.16	23.74	379

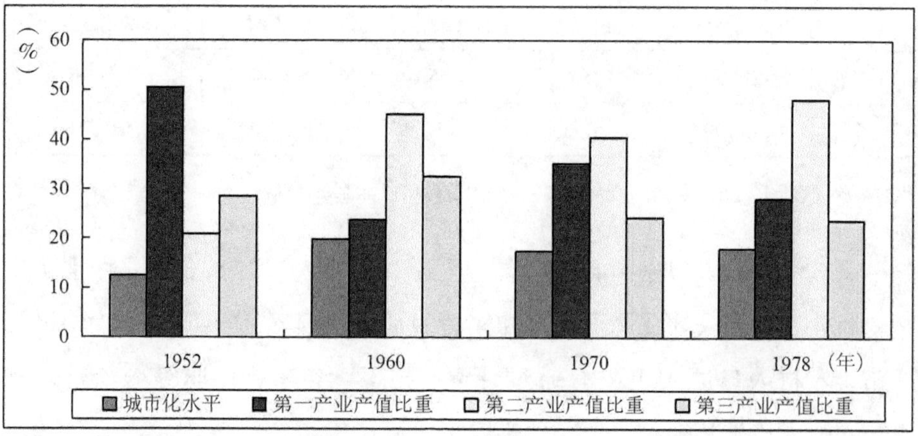

图 1-4　计划经济时期中国城镇化水平与 GDP 构成概况

（二）自上而下城镇化模式

由于鲜明的“计划经济”特征，这一阶段的城镇化形成了典型的“自上而下”城镇化模式。

从城镇化的资金来源看，这一时期，中国城市建设资金基本上都来源于国家及地方财政。由于经济基础薄弱，在高度集中的计划经济体制下，国家在农村实行人民公社制度、农产品统购统销制度，农业积累资金主要投入工业化建设中；城市中也实行高强度的积累制度，“先生产、后生活”。

表 1–2　计划经济时期全社会固定资产投资及全国财政收支概况

（单位：亿元）

年份	基本建设投资	更新改造投资	财政收入	财政支出	其中：国内基本建设支出
1952	—	—	173.94	172.07	46.68
1955	100.36	4.88	249.27	262.73	88.53
1960	388.69	27.89	572.29	643.68	354.45
1965	179.61	37.29	473.32	459.97	158.49
1970	312.55	55.53	662.90	649.41	298.36
1975	409.32	135.62	815.61	820.88	326.96
1978	500.99	167.33	1132.26	1122.09	451.92

数据来源：《新中国五十年统计资料汇编》，中国统计出版社 1999 年版。

从城镇化的人口来源看，从总体上说，城市人口增长有限，特别是户籍、就业、福利一体化制度建立和完善以后，政府对于人口迁移管辖极其严格，农村人口原则上只有通过升学、招工、参军、调职等途径迁入城市。农村人口被禁锢在土地上，难以自由流动。

从城市建设情况来看，这一阶段的城市建设投入较少，主要是工业建设。出于重工业化需要，国家在矿产资源丰富的地方、交通运输枢纽地区建立了一些城市，如大庆、攀枝花等重工业城市的建立。当时，城市基础设施建设、公用事业建设等滞后，以居住为例，1978 年，城市人口平均居住面积仅 3.6 平方米。由于实行统购统销制度，农村集镇赖以生存的商品

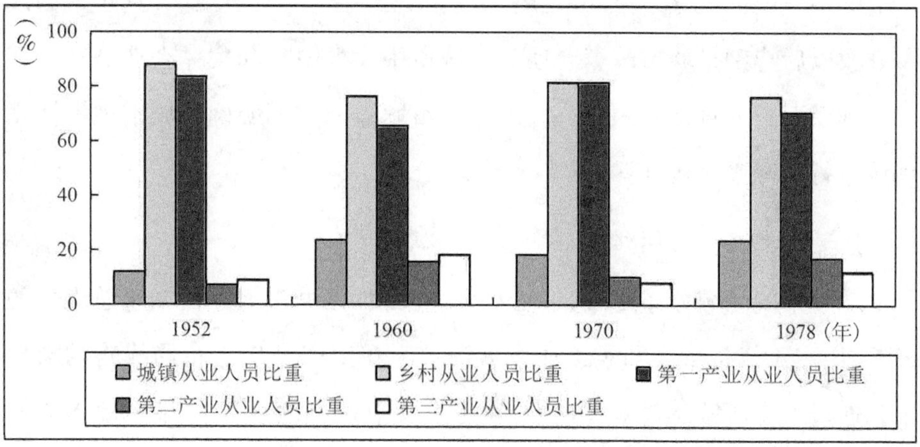

图 1-5　计划经济时期全国从业人员构成

数据来源：《新中国五十年统计资料汇编》，中国统计出版社 1999 年版。

交易不复存在，除了建制镇和乡政府驻地外，一般的农村小集镇逐渐衰落。

从城镇化质量来看，城市社会、文化事业发展滞后，城市居民生活水平较低。1957 年，城镇居民家庭生活费收入仅 235. 4 元/人、生活费支出达到 222. 0 元/人，其中食品支出 129. 7 元/人；到 1978 年，城镇居民家庭可支配收入 343. 4 元/人，生活费收入仅 316. 0 元/人、生活费支出达到 311. 6 元/人，其中食品支出 178. 9 元/人。当然，农村居民生活水平更低，1957 年，农村居民家庭纯收入 73. 0 元/人、生活消费支出 70. 9 元/人，其中食品支出 69. 6 元/人；到 1978 年，农民纯收入 133. 6 元/人、生活费支出 116. 1 元/人，其中食品支出 78. 6 元人。①

从城市职能体系结构来看，"大而全、小而全"的发展策略下，各省的经济结构相差无几，各城镇的产业结构亦相差无几，连位于城镇体系最

① 参见国家统计局：《新中国五十年统计资料汇编》，中国统计出版社 1999 年版。

底端的小城镇也建立“五小”工厂，“麻雀虽小，五脏俱全”，这也成为改革开放以后特别是城市改革启动后，城市中大批国有和集体企业破产、职工大规模下岗的直接原因之一。由于城市职能分工不明确，城市规模体系和城市行政等级直接挂钩。

（三）城镇化空间格局

从城市的区域分布来看，1949 年，东部地区城市人口占城市总人口的 67%。[①] 出于战备考虑和重工业发展需要，在生产力均衡布局战略的指导下，通过工业新城建设和“三线”建设，中西部地区建立起一批工业城市，改变了新中国成立前工业城市集中于东部沿海和沿江地区的格局，奠定了改革开放以后中西部地区工业化、城镇化的基础。到 1978 年，东部地区城市人口占全国城市人口的 47.9%。从城市内部结构来看，大多数城市在原有基础上发展，“见缝插针”搞建设，工厂与民居常常混杂在一起。工业新城一般经过规划，工业区和居住区的功能分区相对明显。但无论老城还是新城，基本上都是单中心城市，城市面积狭小，第三产业用地比重也都很小。

二、自下而上城镇化阶段：1978—1995 年城镇化

1978 年，党中央将国家工作重心转移到经济建设上来，以联产承包责任制为发端，先在农村，然后在城市进行社会主义经济体制改革，政治体制改革与管理体制改革等也先后推行，力争经济体制由以计划经济为主体向以市场经济为主体转变，国民经济复苏，GDP 持续以较高的速度增长，出现了世界瞩目的经济奇迹，城镇化发展速度明显加快。

---

① 参见中国社会科学院城市发展与环境研究中心：《中国城市发展报告 No. 1》，社会科学文献出版社 2007 年版。

（一）主要特征

首先，城镇化速度明显加快，呈现持续稳定增长态势。据统计，1978—1995年间，中国城镇化水平由17.92%上升到29.04%。城镇化以小城镇为主要载体。受当时异常薄弱的经济基础影响，城市对于农业剩余人口的容纳能力非常有限，而农业生产力相对落后、外汇短缺，农业农村无法提供城镇化所需的产品贡献、市场贡献、要素贡献、外汇贡献，也无力从世界农产品市场获取所需的原材料和产品，只能选择“城之尾，乡之首”的小城镇作为城镇化的主要载体，小城镇“蓝印”户口，基础设施和公共服务设施配套不足，城镇居民工作在城镇、居住在乡村，职业转化、价值观和生活方式不完全转化等等，形成低成本、半城镇化的特征。

其次，城镇化与工业化水平之间的差距逐渐缩小。1978—1995年，三次产业产值比重由27.7%：47.7%：24.6%转变为19.6%：46.8%：33.7%，从业人员比重从70.5%：17.3%：12.2%转变为52.2%：23.0%：24.8%。

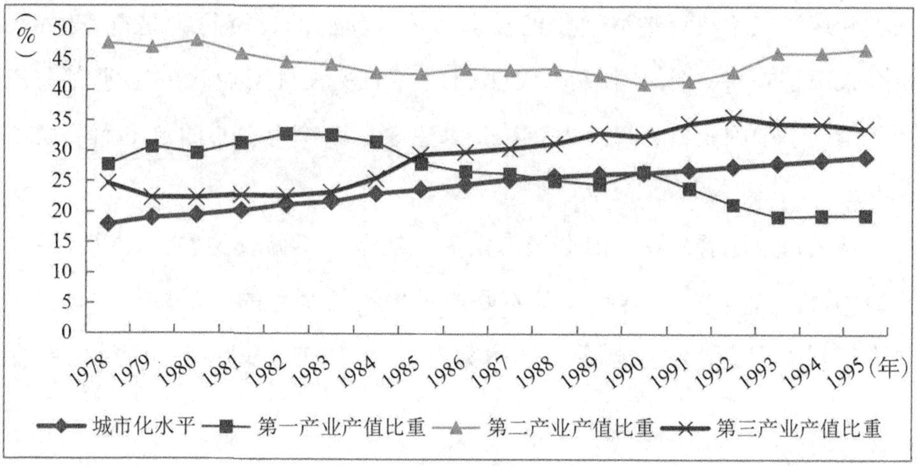

图1-6　1978—1995年中国城镇化和GDP构成概况

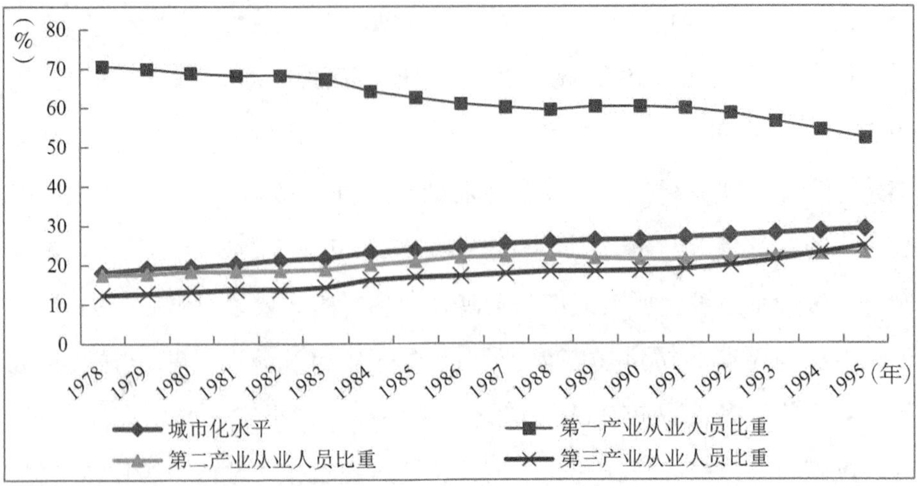

图 1-7　1978—1995 年中国城镇化与从业人员构成

资料来源：《中国统计年鉴》（历年）。

（二）自下而上城镇化模式[①]

由于城市改革尚未启动，这一时期以小城镇为主要载体的城镇化形成典型的自下而上城市化模式：

从资金来源看，个体户和私营业主、集体经济和外资逐渐成为长江三角洲和珠江三角洲等地城镇化的投资主体，他们的投资行为是自发性的，资金来源是农村集体和个人的农业剩余资金及农村工业化的工业资金积累，推动了中国农村人口就地转移、以建立小城镇为中心的自下而上城镇化发展。

从人口来源看，这一时期城镇化主要是靠“不务农的农民，没有城镇户口的市民”。1978 年以后，随着联产承包责任制等的广泛推行，农村生产力得到了提高，农业剩余劳动力数量大为增加。由于城市门槛依然存

① 这一时期，珠江三角洲地区的城镇化显示出典型的外向型特征，但由于其城镇化的主要载体是小城镇，具有明显的自下而上特征，所以将其归入自下而上城镇化之中。

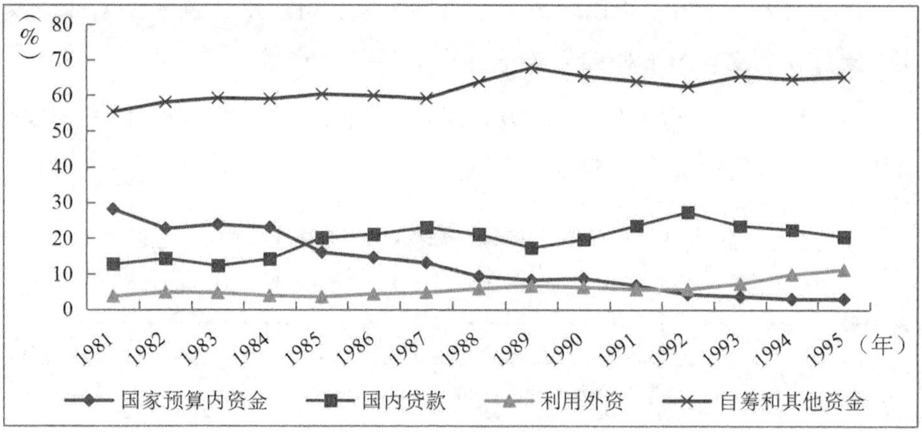

图 1-8 1981—1995 年全社会固定资产投资资金来源状况

资料来源:《中国统计年鉴》(历年)。

在,农村剩余劳动力以就地转移为主,“进厂不进城、离土不离乡”①,隐性城镇化现象比较突出。据估计,这一时期转移的农村剩余劳动力约 1.3 亿,其中就地转移的占 70%②。1978—1995 年,乡镇企业职工数由 2827 万人增长到 12862 万人,城镇和乡镇企业占全国从业人员数量的比重由 23.69%、7.04%上升到 27.97%、18.90%,这些乡镇企业职工从事二、三产业生产,但在统计上却计为乡村人口。珠江三角洲地区这一时期已经有农村剩余劳动力跨地域流入,但由于此时外资多为港、澳等华人、华裔投资,投资区位倾向于小城镇,所以,珠江三角洲的城市人口没有显著增长,隐性城镇化很突出。

从城市建设来看,小城镇建设标准普遍不高。这一时期的小城镇一般没有经过科学规划,农民、企业、集体按照自己心目中的城市进行建设,但资金、技术等的限制又使理想模型发生扭曲,基础设施建设和公共设施

① 以后发展为“离土又离乡、进厂又进城”,而“城”指的其实是农村集镇。

② 解希民:《中国农民大流动》,《中国财经报》2008 年 10 月 28 日。

建设比较落后，或者说难以顾及。道路铺装率、自来水普及率、电话普及率、路灯安装率、污水处理率等指标一般较低，形成“走过一村又一村，村村像城镇；走过一镇又一镇，镇镇像农村”的景象。小城镇社会、文化事业落后，人民生活水平不高。

表 1-3 改革开放初期城乡从业人员及其构成

（单位：万人，%）

年份	城镇从业人员数	国有单位占城镇从业人员比重	集体单位占城镇从业人员比重	个体企业占城镇从业人员比重	乡村从业人员数	乡镇企业占乡村从业人员比重
1978	9514	78.32	21.53	0.16	30638	9.23
1980	10525	76.19	23.04	0.77	31836	9.42
1985	12808	70.19	25.95	3.51	37065	18.83
1990	17041	60.71	20.83	3.60	47708	19.42
1995	19040	59.14	16.53	8.19	49025	26.24

资料来源：根据《中国统计年鉴》（历年）城乡就业人口计算所得。

从城市职能体系来看，自下而上城镇化促进了基层小城镇的发展，中国的城市规模体系逐渐完善，而各地自然、历史、社会、经济、文化传统等的差异又使各地的小城镇职能差异显著，中心地小城镇、商业小城镇、工业小城镇等逐渐发展起来。

由于起步环境、起步方式、发展主体、产权制度、要素环境等的不同，这一时期，苏南模式、温州模式、珠江三角洲模式、胶东模式等典型的自下而上城镇化模式逐渐形成。①

① 刘传江：《中国城市化的制度安排与创新》，武汉大学出版社 1999 年版，第 228 页。

表 1-4　温州、苏南、攀枝花、珠江三角洲四种模式的划分依据①

模式	原动力	投资主体
温州	个体商业和私营手工业经济的发展	个体户和私营企业主
苏南	乡镇集体经济和乡镇企业的发展	集体经济
攀枝花	国家大规模的资源开发和生产建设	国家
珠江三角洲	作为改革开放的前沿地区所带来的外向型经济的发展	以外资为主

表 1-5　四种典型的自下而上城镇化制度安排特征比较②

比较特征	苏南模式	温州模式	珠三角模式	胶东模式
起步环境	准市场经济	准市场经济	准市场经济	准市场经济
起步方式	从农副业中发展出工业	从商贩业中发展出工商业	从出口加工业中发展出新兴工业	从农副业中发展出工业
发展主体	社区集体	个人或家庭	集体或个人	社区集体
产权制度	社区集体范围内转移	私营、个体所有制为主体	集体、个人、合资和股份制	社区集体所有制为主体
要素环境	社区集体范围内转移	个人资本自发与自由流动	外来资本、劳动力大量流入	土地、劳动力跨社区转移
与本地农业的关系	互为一体，从以农补工到以工补（建）农	农业要素流出较多，反哺型农业投入相对较少	非农化、工业化导致土地增值，农民从中受益	工农业互为一体，从以农补工到以工补农
发展结果	集体经济实力增强，个人收入比较平均	个人发家致富，集体经济实力依然比较弱小	集体和个人共同致富，多种经济成分齐发展	集体经济实力增强，个人收入随之提高

① 刘家强：《中国人口城市化——道路、模式与战略选择》，西南财经大学出版社 1999 年版，第 219—222 页。

② 刘传江：《中国城市化的制度安排与创新》，武汉大学出版社 1999 年版，第 228 页。

续表

比较特征	苏南模式	温州模式	珠三角模式	胶东模式
发展走向	从公社走向社区集体，再走向城乡联合	从个体经营走向自愿互利基础上的联合或合作	从“三来一补”到吸引外资，从进口替代到出口替代	从社区内发展走向互惠型合并与重组
发展模式	辐射型城市化	自生型城市化	辐射型城市化	自生型城市化
制度安排	需求诱导型	需求诱导型	需求诱导型	需求诱导型
适宜地区	中心城市附近集体经济实力较强的地区	集体经济实力差个体经济意识强的偏僻地区	经济高度开放地区、侨区	社区经济发展不平衡且严重受资源约束地区

（三）城镇化空间格局

从城市的区域分布来看，这一时期，城市增长的重心在东部地区，特别是长江三角洲和珠江三角洲地区，小城镇如雨后春笋般发展起来。这些小城镇往往沿公路两侧发展，形成了比较明显的以大城市为核心、以交通线为发展轴线的“点—轴”分布形态。

从城市内部结构来看，大多数城市依然是“见缝插针”搞建设，工厂与民居常常混杂在一起。基本上都是单中心城市，城市面积狭小，第三产业用地比重也都很小。而重新繁荣或新兴的小城镇则是长条形的“马路城镇”，公路两侧的建筑物一般具有“前店后厂”的特点，远离公路的地方往往依然是农田。

三、多元城镇化阶段：1996 年以来

《中共中央关于制定国民经济和社会发展第十个五年计划的建议》和《中华人民共和国国民经济和社会发展第十个五年计划纲要》，对全国城镇化进行了宏观指导，中国城镇化水平迅速提高。随着中国改革开放深入推进，一方面，中国对于经济全球化参与程度逐渐加大，外向型经济发展迅

速；另一方面，中国生产要素市场建立并不断完善，极大地推动了地方化经济的发展。

（一）主要特征

这一阶段，中国城镇化的主要特征表现为：

首先，城市化速度明显加快，呈现持续稳定增长态势。中国城市化水平高于世界平均水平。随着城市改革力度不断加大，农村剩余劳动力开始大规模地流动、迁移。

其次，大城市和城镇群成为城镇化的主要载体。大城市和特大城市的人口规模增长速度上升最快，表明它们吸纳城市人口的能力最强；小城市数量和人口增加迅速，在城市总量（数量、人口规模）中比重上升。区域发展和开发对城镇化的促进作用逐步加强，城市的国际性加强，一些大城市开始了郊区扩展进程；乡村地区的城镇化异常活跃；城市密集区和城市连绵区的雏形开始出现。中心城市的辐射作用日益增强。在20世纪80年代和90年代初相继形成的环渤海、长江三角洲、珠江三角洲城市群以及沿长江黄金水道的城市带，成功推动了这些地区乃至全国经济的发展。

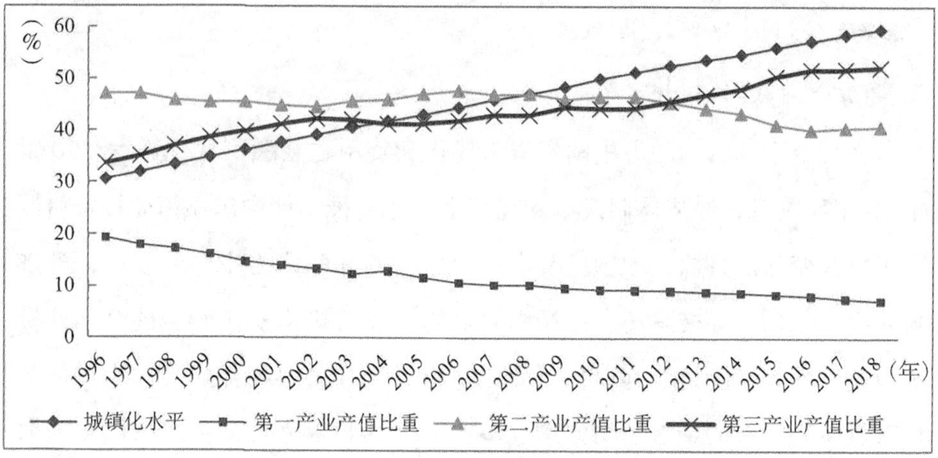

图1-9　1996年以来中国城镇化与GDP构成概况

数据来源：《中国统计年鉴》（历年）。

再次，第三产业发展对城镇化的支撑力度明显加强。消费需求作为拉动城镇化和城市发展的因素逐渐显现，生产性服务业有了极大发展。1996—2018年，中国三次产业的产值构成由19.6%：46.8%：33.7%转变为7.2%：40.7%：52.2%；三次产业对GDP增长的贡献率也由8.7%、62.8%、28.5转变为4.2%、36.1%、59.7%；从业人员构成也由52.2%：23.0%：24.8%转变为26.1%：27.6%：46.3%。

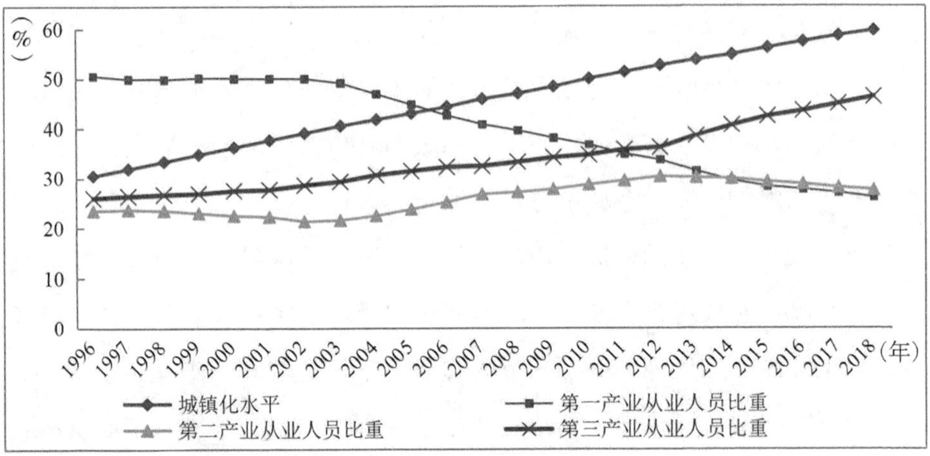

图1-10　1996年以来中国城镇化与从业人员构成概况

数据来源：《中国统计年鉴》（历年）。

（二）新城镇化模式

从资金来源看，随着中国资本市场化和货币、金融市场化进程，20世纪90年代以后，经济体制改革和经济全球化的推动使中国城镇化投资机制有了巨大变化。目前，中国已基本形成以债券和股票为主体的多种证券形式并存，包括证券交易所、市场中介机构和监管机构初步健全的全国性资本市场体系，初步建立起以各类商业银行、证券公司和保险公司为主体的比较健全和完善的金融组织体系。事实上，尽管未完全与大多数国家的城市投资相符，货币和金融市场化使20世纪90年代以来中国城镇化的投资主体和资本运行机制发生根本性变化，逐步与国际城镇化投资机制接轨，促进了城镇化投资机制的完善与发展。如图 1-11、1-12 所示，1996 年至 2017 年尽管各类来源资金的金额都在增长，但从全社会固定资产构成来看，除了自筹和其他资金所占比重持续增长外，国家预算内资金、国内贷款、利用外资所占比重均呈波动态势，而且三者之和所占比重是在持续下降的；城镇固定资产投资也呈现同样的发展趋势。

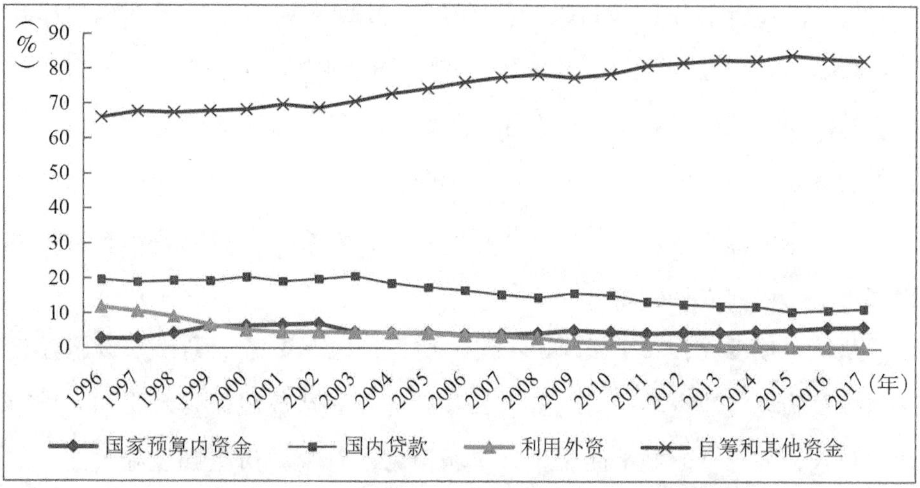

图 1-11　按资金来源的全社会固定资产投资情况

数据来源：《中国统计年鉴》（历年）。

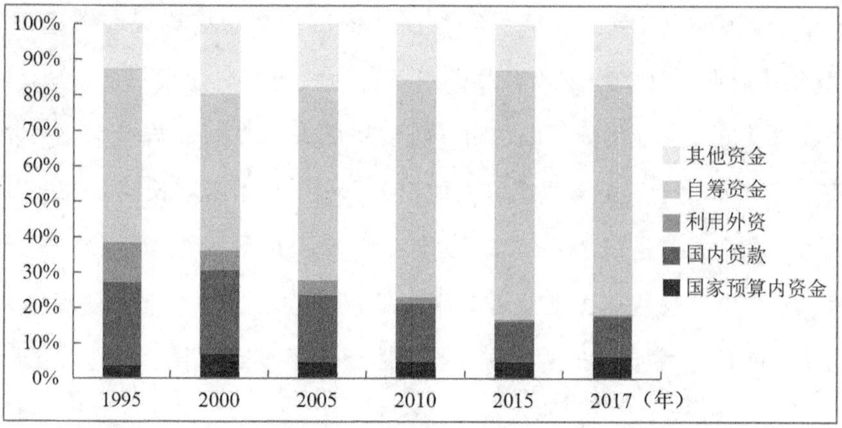

图 1-12　按资金来源的城镇固定资产投资实际到位资金情况

数据来源：《中国统计年鉴》（历年）。

从人口来源看，1995—2018年，全国人口增长18417万人，而城镇人口则增长了47963万人，乡村人口减少了29546万人，农村剩余劳动力大量涌入城市，城市人口自然增长率进一步下降，机械增长成为城市人口增长的主要来源。与此相对的，是乡村人口由增长缓慢到负增长转变，1996年，中国城市化水平超过30%，也是这一年开始，中国乡村人口进入负增长时代，2010年，中国乡村人口负增长到达顶点，一年间，乡村人口净减少1825万人。[①] 从20世纪90年代初起，农民的跨区流动或“民工潮”势头日趋汹涌，其引起关注的标志性事件之一，是每年春运给交通运输部门带来的巨大压力。因此，不少人据此判断，农村剩余劳动力异地转移的时机到了，这也意味着，打破城乡分割的体制，调整城乡就业结构和推进城镇化进程，成为大势所趋。

从城市建设看，20世纪90年代中期，各地逐渐意识到市政设施建设和区域基础设施建设落后对经济增长和社会发展造成阻碍，纷纷加大城市建设投入，力图改变城市面貌。许多城市为了补上城市基础设施欠账，更新与改造城市路网，提高城市基础设施水平和现代化水平、城镇化建设的软环境水平，负债进行城市建设。城市建设“头痛医头、脚痛医脚”、“会哭的孩子有奶吃”，住宅、厂房等也往往依出资者意愿建设，缺乏规范。到90年代后期，许多地方政府意识到各自为政的城市建设只会造成人力、物力、财力的巨大浪费，以城市规划为龙头，统筹、规范城市建设。1995—2018年，全国城市建成区面积由19264平方千米增长到200896.5平方千米，城市人口密度也由322人/平方千米增长到2546人/平方千米。[②] 城市基础设施的现代化程度显著提高，新技术、新手段得到大量应用，基础设施功能日益增加，承载能力、系统性和效率都有了显著的进步，除了

① 数据来源：根据《中国统计年鉴》（历年）计算。

② 数据来源：根据《中国统计年鉴》（历年）计算。

交通、能源、饮水、通信等的供给外，还扩展到环境保护、生命支持、信息网络等新的领域。

表 1-6　中国城市公用事业概况

	1990 年	2000 年	2010 年	2018 年
城市每万人拥有公交车辆（标台）	2.2	5.3	10.7	13.1
城市人均拥有道路面积（平方米）	3.1	6.1	13.2	16.7
城市用水普及率（%）	48.0	63.9	96.7	98.4
城市燃气普及率（%）	19.1	45.4	92.0	96.7
城市人均公园绿地面积（平方米）	1.8	3.7	11.2	14.1
城市每万人拥有公共厕所（座）	3.0	2.7	3.0	2.9①

数据来源：《中国城市统计年鉴》（历年）。

从城镇化质量看，“十五”以来，中国城市居民生活水平有了迅速提高，基本解决温饱问题，基本实现小康，向现代化目标迈进。

表 1-7　20 世纪 90 年代以来中国城镇居民生活概况

	1990 年	2000 年	2005 年	2018 年
城镇居民人均可支配收入（元）	1510	6280	10493	39250.8
城镇居民人均消费性支出（元）	1279	4998	7943	26112.3
城镇居民家庭恩格尔系数（%）	54.2	39.4	36.7	27.72
城市人均住宅建筑面积（平方米）	13.7	20.3	26.1	—
城镇人均国内旅游花费（元）	—	679	737	907
城镇每百户彩色电视机拥有量（部/百户）	59.0	116.6	134.8	121.3

① 计算人均和普及率指标所使用的人口数 2006 年以前为城市人口，2006 年起为城区人口与暂住人口之和，以公安部门的户籍人口和暂住人口统计为准。计算人均指标前后采用的人口统计标准不同。

续表

	1990 年	2000 年	2005 年	2018 年
城镇每百户家用电脑拥有量（部/百户）	—	9.7	41.5	73.1
城镇每百户拥有家用汽车（辆）	—	0.50	3.37	41
城镇居民家庭文教娱乐支出比重（%）	11.1	13.4	13.8	11.39
城镇居民家庭医疗保健支出比重（%）	2.0	6.4	7.6	7.83

数据来源：《中国城市统计年鉴》（历年）。

从城市职能体系看，计划经济时期形成的“大而全、小而全”状况有了很大改善，城市之间的主导职能有了较大差异。特别是21世纪以来，各级政府逐渐形成了错位发展、竞争性合作的发展理念，放弃直接干预，通过政策和规划对城镇化进行全方位宏观调控，跨行政地域规划、省级城镇体系规划、都市圈规划等对于中国城市职能体系的发展和完善作出了重要贡献。但产业同构依然存在，东部地区产业相似率达到93.5%，中西部地区产业相似率达到97.9%。①

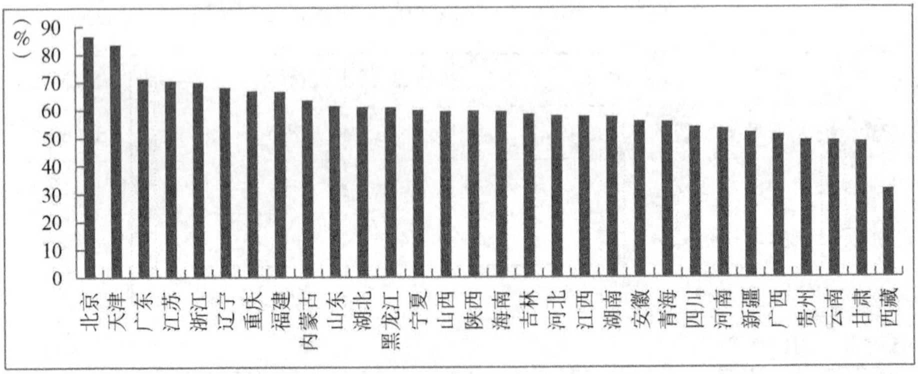

图 1-13　中国分省城镇化水平（2019 年）

数据来源：《中国统计年鉴》（历年）。

① 宋养琰：《论对国有经济进行战略性调整和改组》，《学术月刊》1998 年第 2 期。

（三）城镇化空间格局

从城市的区域分布来看，东部地区城镇化速度和水平明显高于中西部地区，呈现出非常明显的东密西疏的特征。特别是东部的长江三角洲、珠江三角洲和京津冀三大都市圈在中国城市发展中占据重要地位，已成为带动全国经济发展的重要核心区和增长极。从分省情况来看，各省城镇化水平差异显著，不考虑各直辖市，最高与最低的广东省（71.40%，2019年）、西藏自治区（31.54%，2019年），其他各省之间的城镇化水平比值是2.26∶1。①

表1-8　分区域地级市数目（2018年）

地区	合计	按城市市辖区总人口分组					
		400万以上	200万—400万	100万—200万	50万—100万	20万—50万	20万以下
全国	276	19	45	86	79	39	8
东部地区	67	8	20	21	15	2	1
中部地区	80	4	17	27	25	7	0
西部地区	95	3	8	31	22	25	6
东北地区	34	4	0	7	17	5	1

数据来源：《中国城市统计年鉴2019》。

注：东部地区包括北京、天津、上海、江苏、浙江、福建、山东、广东、海南、河北10个省、直辖市；中部地区包括山西、安徽、江西、河南、湖北、湖南6个省；西部地区包括内蒙古、四川、贵州、云南、西藏、陕西、甘肃、青海、宁夏、新疆、重庆、广西12个省、自治区、直辖市；东北地区包括吉林、黑龙江、辽宁3个省。

从总体上说，这一阶段，中国城市空间格局呈现出明显的增长极分布状态、中心地等级分布状态，地级及以上城市、都市圈在国民经济中占据重要地位，中小城市的特色功能配套和基础设施建设步伐加快，结合乡镇

① 数据来源：《中国统计年鉴2020》。

企业调整和升级，各重点中心镇的功能逐渐完善，大中小城市之间和城乡之间合理分工、网络开发、设施配套、协调发展的新格局初显端倪。

经过改革开放以来的发展，特别是新世纪以来的新发展，中国三大城市群的综合实力不断上升。长江三角洲已经形成中国规模最大、实力最强、密度最高的完整城市群；珠江三角洲也形成规模较大、实力雄厚的完整城市群；京津冀都市经济圈主要包括北京、天津以及河北的石家庄、唐山、保定、秦皇岛、廊坊、沧州、承德、张家口等城市，是北方现代化程度较高的城市群和工业密集区。

从城市内部结构来看，“人口向城镇集中”，各地进行的城市规划使大部分城市由原来的单中心城市转变为多中心城市。城市土地市场的初步建立和发展更使“投标—竞租”曲线开始在中国城市中发挥作用。城市内部功能分区愈加明显，各功能分区多以绿带分隔，形成多中心、组团状城市格局。城市土地价格比较真实地反映出来，城市中心区的更新、改造也随之展开，在城市中心区和新城中心 CBD 逐渐形成。部分城市中心区向外围地区的产业扩散速度加快，特别是特大城市和大城市逐渐形成城乡一体化的城市经济圈；在中心城区“退二进三”初见成效后，金融、贸易、保险、房地产、咨询、信息等生产性服务业逐步发展起来，而“工业向园区集中”使工业集中于城市周边的各类开发区中，工业园区建设成为中国城市规划和建设的重点和焦点。

第三节　城镇化发展的动力机制

一、1949—1978：自上而下的城镇化动力机制为主

计划经济时代，中国建立了社会主义公有制。资本、土地要素全部归国家和集体所有，个体和私营经济极其薄弱，而乡村劳动力被禁锢在土地

上，在这种情况下，除政府通过国家意志来调整行政区划、建立新的工业城市以及城市人口自然增长外，城镇化以其他形式出现的可能性非常低。而当城市人口超过其承载力时，作为生产要素所有者和控制者的政府通过"下放"剩余人口来维持城市的"稳定性"。

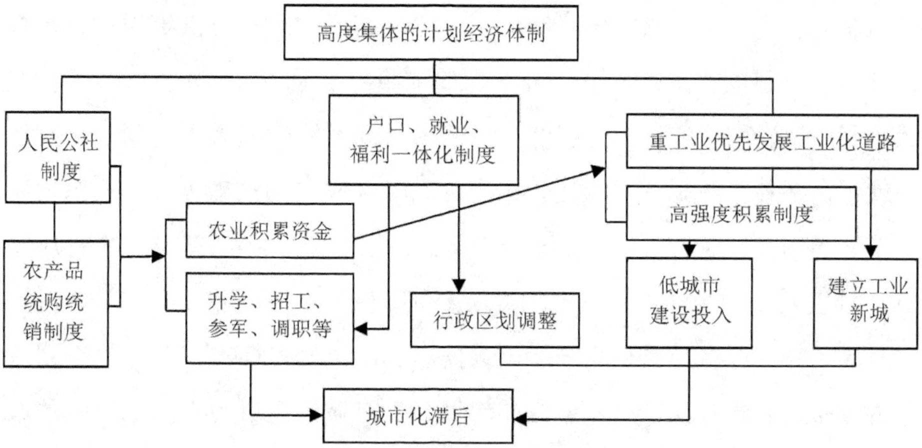

图 1-14　计划经济体制与自上而下城市化机制①

二、1978—1996：制度创新与自下而上城镇化动力机制

这一时期，中国城镇化的动力机制日趋复杂，国家有计划投资、大中城市自身发展与扩散、乡村工业化、外资引进的刺激和地方经济的发展等推动了城镇化发展。② 计划经济体制在这一时期仍然发挥重要作用，虽然国家预算内资金的比重不断下降，但仍然在基本建设资金中占有相当大份额；国内贷款比重直线上升。但需要注意的是，在金融体制改革初起步的20世纪80年代，政策性贷款占据银行贷款的比重非常高，其投资行为基

① 吴莉娅：《生产要素市场化与江苏城市化动力机制演变》，《地理科学》2006年第5期。

② 郑文晖：《改革开放以来中国城市化理论研究与讨论概述》，《科学决策》2008年第10期。

本上仍然是政府意志的体现。

（一）制度创新

根据新制度经济学理论，制度安排及变迁对国家社会、经济生活会造成深远影响，而且这种影响会长期存在。对于中国而言，户籍制度、粮食供给制度、副食品与燃料供给制度、住宅制度、生产资料供给制度、教育制度、就业制度、医疗制度、养老保险制度、劳动保护制度、人才制度、兵役制度、婚姻制度、生育制度等一系列计划经济时期采取的制度、政策造就了壁垒森严的城乡二元社会结构，跳出“农”门难度极高，农民被制度壁垒圈禁在农业、农村。由于经济收入、社会地位等的差异，农村居民对“城里人”十分向往，城镇化需求十分旺盛。

改革开放以后，家庭联产承包责任制、市镇设置标准调整等一系列政策的颁布、实施造就了“不务农的农民，没有城镇户口的市民”等新的城镇化现象。

在这一阶段，中央和地方政府没有放开地级及地级以上城市的大门。1978 年中央提出“控制大城市，多搞小城镇”，1980 年国务院批转《全国城市规划工作会议纪要》提出“控制大城市规模、合理发展中等城市，积极发展小城市”，1990 年国家颁布《城市规划法》，其中第四条规定“国家实行严格控制大城市规模，合理发展中等城市和小城市的方针，促进生产力和人口的合理布局”等。农民进“城”不大容易，退而求其次，改为进“镇”。1984 年国务院批准民政部关于调速建镇标准的通知也有助于农民的“造镇”热情。在苏南、温州等自下而上城镇化发展较早地区，这一现象更加明显。因而，计划比例调配制和行政功能筛选制也是城镇人口迁移的运行机制。①

① 中国科学院：《中国人口迁移与城镇化研究》，北京经济学院出版社 1989 年版，第 16 页。

正是由于长江三角洲、珠江三角洲地区在认识创新上“醒得早”，在制度创新上“走得早”，充分调动人民群众的力量来发展经济，造就了以乡镇企业、民营经济为主体的自下而上城镇化动力机制。

（二）自下而上城镇化动力机制

这一时期的自下而上城镇化动力机制主要集中在乡村工业化、轻工业发展、基层商品交换等方面。改革开放以前，家庭副业被当作“资本主义尾巴”严令禁止，而工业则没有这方面的限制，因而，一些地方的村民为了改善生活条件，逐渐自发地建起小作坊、小工厂。城市中技术工人“下放”“改造”，轻工业产品的极度短缺等，又为村庄工业的发展提供了有利条件。但囿于生产力水平，这一阶段的乡村工业力量薄弱。

中国农村经济体制改革与城市经济体制改革①之间的时间差，为中国农村工业化和城镇化发展创造了机遇。在联产承包责任制等一系列制度变迁带来的经济增长中，农民有了一定的农产品剩余、资金剩余，在城乡分隔的状态下，劳动力要素的大量剩余以及相对自由的流动（对自己的生产时间自由支配），促使农民利用有限的原材料和资金，采用劳动力来替代资金、技术不足的缺陷，从事劳动密集型产业生产，推动农村工业化和城镇化的起步。由于轻工业所需的资金少、技术水平要求不高、布局相对灵活，当时市场需求大，所以，在自下而上的城镇化发展中，轻工业成为主要的产业支柱。家庭企业、乡镇企业大量发展起来，集体经济、私营经济、个体经济等所有制充分获得较大发展。而当时短缺经济的存在，城市里国有企业相对僵化的生产体制，使农村工业与城市工业的互补大于竞争，劳动密集型产品市场的发展使农村工业获得进一步发展的资金。而在资金和金融市场没有建立的情况下，集体对部分资金的决定权和农民自筹

① 城市改革在1984年起步，改革开放的试点首先在沿海开放城市和经济特区开展，并逐步由南向北、由东至西推进。

资金成为自下而上城镇化主要的资金来源。

除了乡村工业发展以外，基层商品交换也是自下而上城镇化动力机制的重要表现形式。如温州地区城镇化具有水平高、速度快、小城镇超前发展的特点，其动力主要来自家庭企业和专业市场，人口众多、耕地奇缺加速了农业人口的转化，富裕农民的建镇热情有助于城镇景观的形成。① 长江三角洲、珠江三角洲的工业化，自下而上的城镇化，具体来说，得益于轻工业发展，“小商品、大市场”“一村一品”“一镇一品”“以市兴镇”，特别是轻工业发展为小城镇发展奠定了坚实的经济基础。可以说，城市经

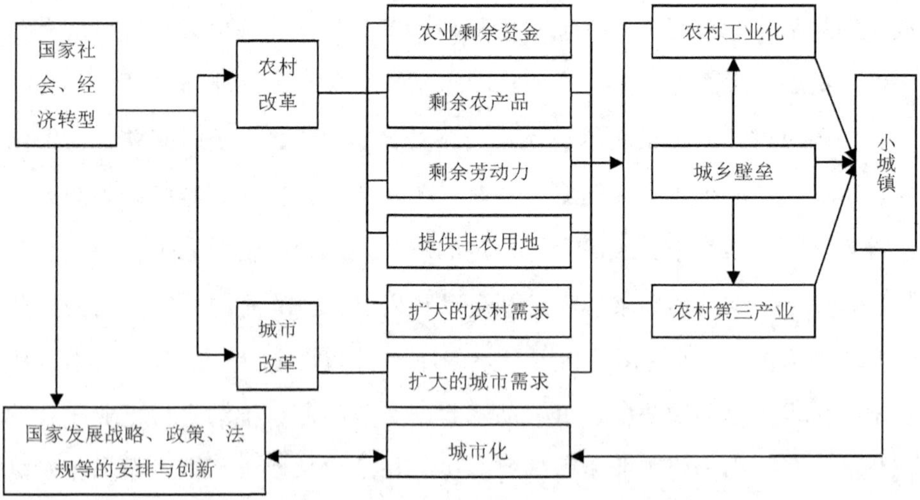

图 1-15　制度创新与自下而上城镇化动力机制②

济体制改革启动初期，农村工业劳动力要素对资金、技术要素的替代作用以及农村工业与城市工业的互补，仍然持续推动农村城镇化的发展。小城镇的发展既是中国经济体制改革条件下制度创新带来的城镇化发展的初步成果，也是城乡壁垒依然森严、城市制度变迁滞后、生产要素市场极其薄弱、国内需求旺盛条件下产品市场不完全发育的产物，是应农民城镇化需

---

① 刘红星：《温州城镇化特点分析和水平预测》，《城市规划》1987 年第 2 期。

② 吴莉娅：《生产要素市场化与江苏城市化动力机制演变》，《地理科学》2006 年第 5 期。

求而创造出的低成本的“农村式”的城镇化供应，也是传统制度路径依赖造成城市发展抑制、无法发挥应有经济增长效应和集聚效应的城市发展“窒息”的政府妥协。自下而上城镇化动力机制一经形成，农村剩余劳动力析出所带来的强大的城镇化需求便促使其维持下去，并不断成长。

三、1996 年以来：多元城镇化动力机制

由于农村工业化技术生产要素的缺乏，劳动生产率相对低下，到 20 世纪八九十年代，这种工业化和城镇化存在的隐患便暴露出来。当时，轻工业产品市场日益完善，由卖方市场向买方市场转变；大众耐用消费品市场

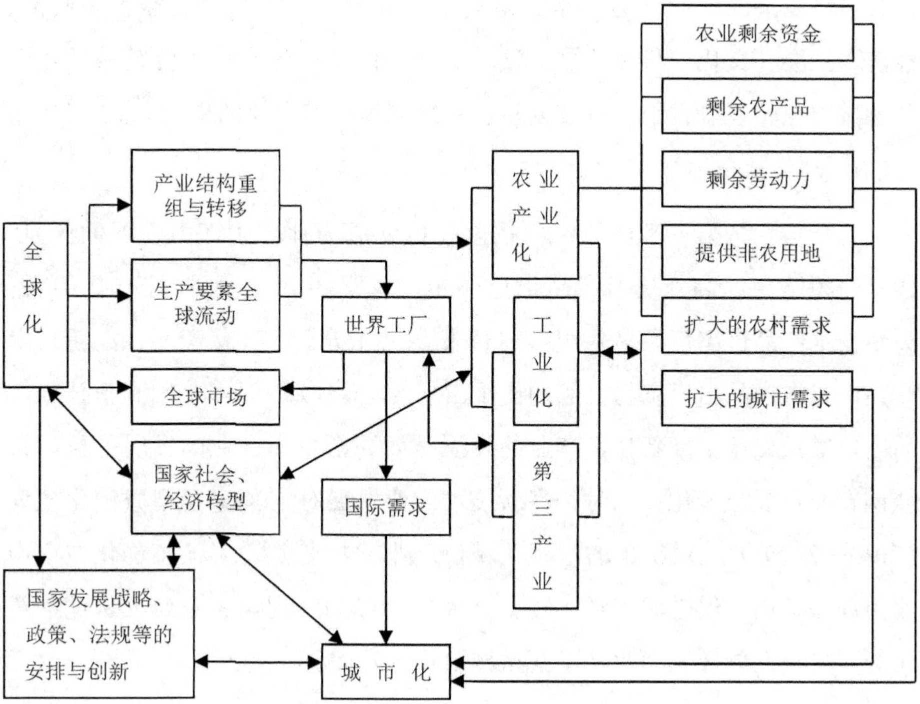

图 1-16　全球化时代城市化动力机制示意图①

① 吴莉娅：《生产要素市场化与江苏城市化动力机制演变》，《地理科学》2006 年第 5 期。

也出现结构性过剩，乡镇企业发展受到很大影响，开始“二次创业”，一些地方的小城镇发展也因而停滞下来。而城市改革的兴起，尤其是城镇化战略的施行、社会主义市场经济的建立和完善，推动以大城市为主要载体的城市化进程。而资源、环境问题的逐步凸显，新型城镇化战略与乡村振兴战略的推进，又深刻影响了中国城镇化的转向。

制度创新、生产要素市场化、产业结构重构与升级、对外贸易、城市和区域规划等构成了这一时期城镇化的主要动力机制。

（一）创新驱动

创新是以新思维、新发明和新描述为特征的一种概念化过程，是推动社会经济发展的不竭动力，是城市竞争力的核心要素之一，涵盖了政治、经济、社会、文化、科技等多个领域。在中国城镇化发展由传统城镇化向新型城镇化转型过程中，科技创新、制度创新是最主要的推动力。

1. 科技创新

科学技术是第一生产力，科技创新也就成为社会生产力发展的源泉。1995—2018 年，高新技术产品出口额由 101 亿美元上升到 7430 亿美元，高新技术产品进出口贸易差额由-117 亿美元上升到 775 亿美元，高新技术产品出口占商品出口贸易总额的比重由 6.8%上升到 29.9%，[①] 高新技术产品出口增长得益于高新技术产业的发展，而高新技术产业的发展得益于科技创新的发展与转化，同时，高新技术产业发展对《国家新型城镇化规划（2014—2020 年）》提出的“强化城市产业就业支撑”、“调整优化城市产业布局和结构、促进城市经济转型升级”目标的实现至关重要，从这一意义上，科技创新极大地驱动了新型城镇化的发展。

2. 制度创新

2000 年，在国家经济和社会发展“十五”计划中首次把“积极稳妥

① 数据来源：《中国统计年鉴》（历年）。

地推进城镇化”作为国家的重点发展战略之一。自“十五”城镇化战略实施以来，城市经济、政治、管理体制改革继续深化。20 世纪 80 年代，由于投资体制不畅，一方面，银行和社会上的闲散资金逐步增长；另一方面，城市建设资金匮乏，难以满足城市人口生产和日常生活需求。而自下而上城镇化又使一些地方如苏州，城市的经济实力甚至比不上县，出现“小马拉大车”的现象。辽宁、江苏等发达地区为了发挥城市带动地区经济发展的作用，开始了市领导县的探索，并逐渐推广。

“市带县”和“撤县设区”极大地推动了中国城镇化进程，改变了“小马拉大车”的状况。一些省区更进一步提出“做大、做强、做优、做美”中心城市，希望充分发挥中心城市的增长极作用，提高人口城镇化水平，提升城镇化质量，实现现代化。“市带县”体制取得了巨大成就，地级及其以上城市发展迅速，人口、用地、经济增长等城镇化指标急速增长。但同时也造成了市、县的利益冲突，长三角、珠三角和环渤海地区，“强县扩权”的呼声越来越高，并逐渐由“省直管县”扩展到“撤镇设市”。

生产要素管理体制改革和市场化进程也逐渐提上议事日程。住房和土地、资本、金融等领域的制度创新和医疗、失业、养老等社会保障制度的建立和完善，极大地解放了社会生产力，提高了生产要素的产出效益，推动了中国城镇化的发展。

（二）外向型机制

外资是全球生产要素自由流动最主要的标志和经济全球化最常用的衡量指标。全球化带来的大量资金对中国城市化发展有很大帮助。在城市化投资的三个方面——生产性投资、房地产投资和基础设施投资领域，外资投入很多。外资企业作为外资投入特别是国际直接投资投入的主要载体，其发展对于中国经济增长和城市化也产生了重要的推动作用。在东部沿海地区，特别是珠江三角洲和长江三角洲地区，外资的大量流入，对中国城市基础设施的改善与兴建、城市土地置换与土地利用方式的转变都有很重要的作用，使中国城市化建设更加走向市场经济和国际市场，增强其国际化趋势。

（三）生产要素市场化

20世纪90年代中期以来，中国生产要素市场化进程加快，资本和金融市场、技术市场、劳动力市场、土地市场等的发育和完善对于中国城镇化发展起到了有力的推动作用。资本和金融市场的发展，促进中国城镇化投资主体多元化，政府、企业、个人等成为重要的投资主体，投融资渠道和手段更加多样化，投资机制多元化，资金得到更有效的配置和利用。技术市场的发展，对于中国传统产业的技术改造和产业升级有重要作用，而且高技术成果的商品化，可以推动中国高新技术产业、科学研究和综合技术服务业的进一步发展，促进中国经济增长，提高中国的综合国力和国际竞争力。劳动力市场化对于人力资源配置和开发具有重要意义，推动劳动力资源的合理配置，促进劳动力的自由流动和城乡人口迁移，对于中国现代企业制度的建立和完善也具有重要意义，是中国城镇化发展的直接推动力。

而土地市场化进程，对于合理利用土地资源、提高土地利用效率和产出效益具有重要影响，理顺了农村土地向城市土地转变的土地利用方式。就城市内部而言，在市场机制作用下，城市土地的价值得到真实反映；而房地产市场的发展，对于解决城市居民、农村迁移人口的住房问题有积极作用，通过城市的空间重构和扩展来推动中国城镇化的发展。

各种生产要素的组合，推动了中国多种所有制经济和多种经济成分之间既相互竞争又相互合作、共同发展的经济局面，增强了中国的经济实力，提高了社会发展水平，为城镇化的快速发展奠定了坚实的经济基础和社会基础，并提供了良好的发展机遇。

生产要素的全球自由流动以及全球生产要素市场的建立，对于中国生

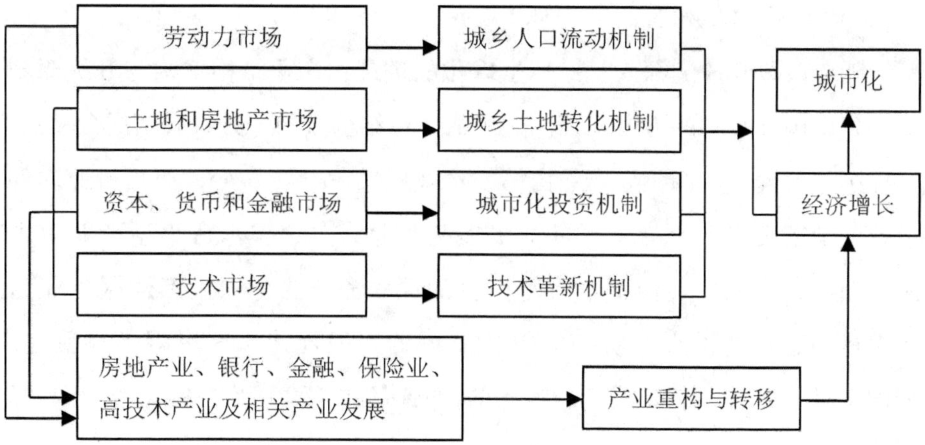

图 1-17　生产要素市场与多元城镇化动力机制

产要素市场建设和城镇化发展具有积极作用，提高了资源利用效率和城镇化主客体的发展能力，突破原有的地域阻碍。但是当前中国经济增长方式的转变尚未完全完成，各种生产要素市场还有待进一步发展和完善，同时不同生产要素市场的协调还存在问题，导致生产要素利用效率下滑。因而，各种生产要素的市场化进程还需要深入、持久地发展下去，从国际经验中汲取借鉴。同时，加快与国际生产要素市场接轨的速度和程度，以促进中国生产要素市场的发展和完善，使各种生产要素能够得到更好配置，要素的利用效率也能够得到提高。

生产要素的全球自由流动是经济全球化的主要特征和标志之一，这也加大了中国城镇化所必须承担的风险。首先，全球要素市场的建立，使世界各国的经济密切相关，一旦某国国民经济出现问题，就会波及其他国家。根据新经济地理学原理，这种经济波动将会给中国城镇化进程带来很大影响。如东南亚金融危机的爆发不仅给东南亚经济造成几乎毁灭性的伤害，亚洲和世界经济也受到了严重影响。其次，在市场机制作用下，各要素市场之间存在着协调机制，一旦某个要素市场的发展受到严重损害，必将对其他要素市场产生极大影响。

（四）产业结构重构与升级

随着改革开放的深入、经济全球化的进展，产业结构重构与升级深刻影响到中国城镇化的方方面面。这里的产业结构重构与升级有两层含义。

第一层含义，即主导产业由第二产业向第三产业转变，第二产业内部沿着劳动密集型产业为主、资本密集型产业为主、技术密集型产业为主路径演进，第三产业内部也沿着由生活性服务业为主向生产性服务业为主演进，这也是世界经济和城镇化发展的一般规律，这里就不再赘述。如图 1-18 所示，制造业对 GDP 的贡献率在 1996 年之后呈稳定下降态势。

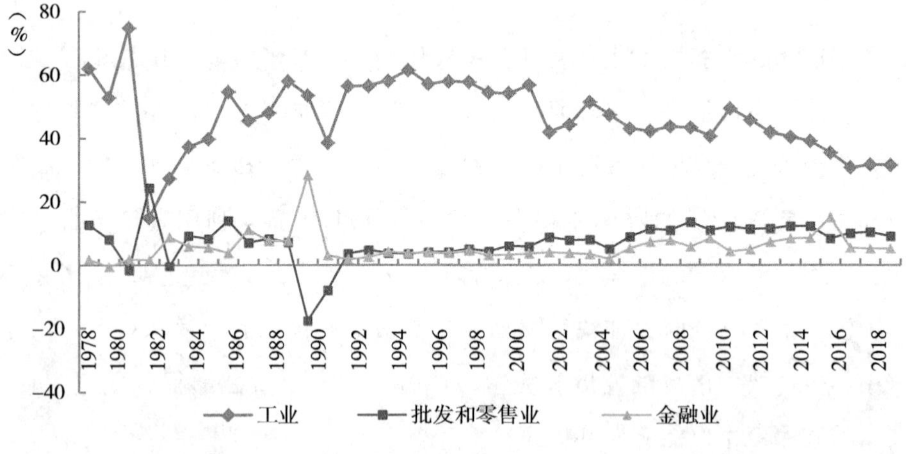

图 1-18　中国部分行业贡献率（1978—2018 年）

数据来源：《中国统计年鉴》（历年）。

第二层含义，指中国城镇化的产业基础不再局限在地方生产系统中。中国更深入地参与全球劳动地域分工，参与到全球生产系统中，致力于变“中国制造”为“中国创造”。生产性服务业作为中国地方生产系统升级和提升全球生产系统地位的“利器”，其发展对于中国城镇化影响深远。

一是地方生产系统构成中国城镇化的产业基础。20 世纪 80 年代，中国农村工业化兴起，这些农村工业一般以地方生产要素禀赋为基础，依托地方经济传统和社会网络，大量吸引农村剩余劳动力，发展劳动密集型产业，主要服务于地方和国内市场，构成这一时期城镇化的产业基础和主要动力机制之一。20 世纪 90 年代中期以来，地方生产系统的发展有了不同的内容，市场机制的作用，使区域同种产业之间的竞争越来越激烈，“大而全、小而全”的传统经济格局被打破；在利益驱动下，生产要素由低等级劳动密集型产业向资本、技术密集型产业转移。产业集群逐渐形成，弹性专精尖产业逐渐成为生产系统的主要特征。外国直接投资的增多，开放型、外向型经济的发展，促使全球生产系统对地方生产系统进行渗透。低度地域化和弱国际流①的生产系统、国际联系很少的高度地域化系统以及高度地域化和强国际流的生产系统并存，地方生产系统的构建一直是中国城镇化发展的产业基础。

二是全球生产系统的扩张和竞争推动中国城镇化进一步发展。中国轻工业和重工业已经基本形成完整的生产体系，技术水平也较成熟。

在 20 世纪 90 年代中期到 21 世纪初，产业重构与升级的影响更多地体现为发达国家对中国的产业转移。在转移过程中，转移到中国的主要是一些劳动密集型产业，也有部分资金密集型产业和耐用品生产行业，当然生产性服务业和基础设施投资也在上升。一方面，劳动密集型产业发展对于中国庞大的剩余劳动力（以农村剩余劳动力为主）的安置有重要意义。在产业转移过程中，中国可以利用国外钢铁、机械制造等重工业的先进生产技术，对国内产业进行技术改造和升级，提高这些支柱产业的生产力和国际竞争力，给予国民经济运行有力支持，同时调整这些产业内部结构，增强企业活力和竞争力。中国的技术密集型产业已经形成了一些优势行业，

① 国际流是斯多波（storper）于 1997 年提出的，用于表达生产要素在国际间流动程度的概念。

部分产品的技术水平达到并超过国外同类产品的生产水平，这些都是中国经济新的增长点和发展动力；另一方面，外资企业，常常分布在大城市及其周围地区，特别是大型企业通常集中在城市边缘的工业园区内，加快了土地利用方式的转化，促使农村景观向城市景观转变。而随着“中国制造”崛起及对全球价值链“低端锁定”困局的关注，尤其是2015年以后，中国由“招商引资”逐步转向“招商选资”，高新技术产业与生产性服务业的全球联系进一步紧密。2018年，实际使用外商直接投资1349.66亿美元，集中分布在制造业（411.74亿美元）、房地产业（224.67亿美元）、租赁和商务服务业（188.75亿美元）、信息传输、软件和信息技术服务业（116.61亿美元）、批发和零售业（97.67亿美元）、金融业（87.04亿美元）、科学研究和技术服务业（68.13亿美元），而2000年，实际使用外商直接投资407.15亿美元，其中制造业258.44亿美元，房地产业46.58亿美元，电力、煤气及水的生产和供应业22.42亿美元，社会服务业21.85亿美元，展示了中国接收外商投资主要产业的变化。

21世纪20年代以来，这种影响更多地表现为中国积极主动地参与到全球劳动地域分工之中。而随着中国企业“走出去”进程的推进，中国部分劳动密集型与资金密集型产业的外迁也在不断推进，海外并购不断发展，进一步开拓企业的全球生产网络。2018年，中国对外直接投资1430.37亿美元，集中分布在租赁和商务服务业（507.78亿美元），金融业（217.17亿美元），制造业（191.08亿美元），批发和零售业（122.38亿美元），信息传输、软件和信息技术服务业（56.32亿美元），交通运输、仓储和邮政业（51.61亿美元）。

总之，对世界经济的参与，有助于中国进行产业升级和调整，产业内部结构调整也同步展开，向高级化发展，使中国的产业结构与世界产业结构接轨，尽快达到现代化目标。目前，西方发达国家已经进入第二次现代化阶段，中国对于工业化国家的追赶仍然在进行。

三是生产性服务业发展的乘数效应。生产性服务业既是全球生产系统和地方生产系统的重要组成部分，又极大地推动全球生产系统和地方生产系统的进一步发展和完善。同时，生产性服务业发展具有极强的前向联系和后向联系，在发展过程中产生巨大的乘数效应，它也代表了国际产业发展的趋势，极大地推动经济增长，为中国城镇化发展提供持续的推动力。以研发活动为例，2006 年，全国研究与开发人员全时当量为 150. 2 万人年，经费内部支出 3003. 1 亿元，相当于 GDP 比例为 1. 39%，高技术产品出口额为 2815 亿美元，高科技产品进口额为 2473 亿美元，技术生产成交额为 1818 亿元；2018 年，相应数值分别为 438. 1 万人年、19677. 9 亿元、2. 19%、7430 亿美元、6655 亿美元、17697 亿元。但从国际比较来看，中国的生产性服务业发展基础仍相对薄弱，以每百万人中研究人员数为例，2016 年，中国为 1205. 7 人/百万人，日本为 5210. 0 人/百万人，韩国为 7113. 2 人/百万人，新加坡为 6729. 7 人/百万人（2014 年），加拿大为 4274. 7 人/百万人，美国为 4256. 3 人/百万人，德国为 4878. 3 人/百万人，法国为 4307. 2 人/百万人（2015 年），荷兰为 4775. 1 人/百万人，英国为 4391. 7 人/百万人，新西兰为 4052. 4 人/百万人（2015 年）。[①]

（五）对外贸易

对外贸易是商品、劳务、资金、技术、管理和信息在国际间的流动，是跨越国界的商品交换活动，在社会再生产过程中居中介地位。对外贸易的发展是全球生产要素市场建立的直接驱动力。充斥着国际品牌的全球消费市场是经济全球化过程中产生的新市场之一。在经济全球化过程中，对外贸易的规模和数量有了飞速提高。

就中国而言，对外贸易的发展，使中国更深入参与国际劳动分工，对全球经济的参与加深，扩大经济和产业发展的市场容量，在国际竞争中，

① 参见《国际统计年鉴 2019》，中国统计出版社 2020 年版。

充分发挥比较优势和竞争优势机制，形成自己的优势产业和优势商品。因而，对外贸易的发展在促进就业、促进市场容量重构、刺激有效需求和产业结构调整、推动本土产业发展等方面对中国城市化的推动作用十分显著。

表 1-9　中国主要指标居世界的位次

指标/年份	1978	1980	1990	2000	2010	2018
人均国民总收入	175(188)	177(186)	178(200)	141(207)	120(215)	71(192)
货物进出口贸易总额	29	26	16	8	2	1
出口额	31	30	15	7	1	1
进口额	29	22	18	8	2	2
外商直接投资	128	55	12	8	2	2
对外直接投资	45	63	22	33	5	2
外汇储备	38	36	10	2	1	1

数据来源：《国际统计年鉴 2019》，中国统计出版社 2020 年版。

根据世界贸易组织数据库统计，2018 年，中国服务贸易进出口总额 7857 亿美元，仅次于美国（13445 亿美元），其中，服务贸易出口额 2651 亿美元，低于美国（8082 亿美元）、英国（3727 亿美元）、德国（3256 亿美元）、法国（2910 亿美元），服务贸易进口额 5206 亿美元，仅次于美国（5362 亿美元），高于德国（3497 亿美元）、法国（2568 亿美元）、英国（2295 亿美元）、荷兰（2285 亿美元）、日本（1980 亿美元）、新加坡（1867 亿美元）。① 由此可见，中国服务贸易逆差较大，仍处于服务贸易进口为主阶段。总的说来，在经济全球化的发展过程中，中国对外贸易的迅速发展和外资、外贸依存度的快速提高，使经济外向度也迅速提高，逐步

① 参见《国际统计年鉴 2019》，中国统计出版社 2020 年版。

形成开放型经济格局。在对外贸易发展过程中，对外贸易刺激中国就业，推动大量农村剩余劳动力的职业转化和地域转移，并通过劳动合作等各种对外交流与合作，提高国内的技术水平和管理水平，推动了中国产业结构调整，促进市场容量重构，刺激有效需求，增加了中国城市化动力机制的发展力度，促进了中国城市化的外向型发展。这一趋势，在珠江三角洲和长江三角洲地区更为明显。在对外贸易方面不仅应该注意商品进出口结构的优化，而且应该注意增加生产性服务在货物和服务进出口中的比重，推动中国经济结构调整和城市化的可持续发展。

（六）城市和区域规划引导

以《中国21世纪议程》发布为起点，以《全国主体功能区规划》为标志，以《新型城镇化规划（2014—2020年）》和《乡村振兴战略规划（2018—2022年）》为转折点，城市与区域规划在中国城镇化发展中的动力机制作用由强力推动向规范引导转变。在早期，各地产业发展过程中，贪大求洋、盲目上马的情况时有发生，产业同构或产业调整方向同构往往造成恶性竞争。为了争外资、争项目，一些地方政府为“招商引资”提供种种优惠政策，诸如优先供地、开发商圈地、低于开发成本供地、环境管制的放松、税费减免等等，以至于地方经济没有获得实际益处。以产业园区、新城、特色小镇等为载体，以土地城镇化为主要内容，粗放型、被动城镇化造成资源、环境发展窘境。针对上述情况，在后期，各种规划在城镇化进程中的作用越来越显著。土地规划的刚性和对用地指标的强调一定程度上起到了阻止城镇化无序推进、城市用地粗放、盲目扩张的局面。城市规划和区域规划通过对区域内城市、城市各分区之间的性质、定位、主导产业、发展方向的统筹规划、资源整合，起到了引导城镇化良性发展的作用。良好的建成环境、相对充足的就业岗位、区域基础设施和公用设施的完善更直接增强了城市的“拉力”，推动了城市人口增长。

第二章　城镇化发展的功能效应

作为一个复杂的经济社会现象，城镇化是一个涉及经济增长、社会发展、社会保障等多方面的复合型多功能发展过程。在这个过程中，随着农村大量剩余劳动力、产业资本以及技术要素等不断涌入城镇，城镇经历着一系列的结构性巨变：一方面，城镇化的快速推进促使传统农村的经济生产要素转化为现代化的城市经济发展要素；另一方面，人的思想观念、生活方式、精神意识，也在这一过程中发生了“质”的变化，促使人真正走向现代化。

第一节　城镇化发展的经济效应

目前关于城镇化发展的经济效应，国内外的众多研究都表明城镇化对一国经济发展有直接的牵引和促进作用。具体来看，改革开放 40 多年来，城镇化的快速发展极大地促进了劳动力资源在地域间的横向流动和产业间的纵向配置，有效释放了人口红利，为我国经济的高速增长创造了充分的发展条件；与此同时，随着各类生产要素市场化步伐的加速，社会主义市场经济体制也逐步建立起来，这为经济的高速增长提供了必要条件。总的来说，中国特色的城镇化道路将改革与发展融为一体，在促进宏观经济稳速增长、推动产业结构优化升级、带动居民就业创业等方面发挥了重要的推动作用。

一、城镇化发展的经济增长效应

一般而言，城镇化的发展会促进经济的加速增长，但要理解增长数字背后城镇化对经济增长的深层次效应，我们就必须先了解影响经济增长的核心因素与动力机制，只有这样我们才能够更全面深刻地把握城镇化发展的经济增长效应。目前围绕着经济增长的必备要素和动力源泉的剖析，主要有以下三种理论流派：

一是外生增长理论。该理论认为经济增长取决于一国的投资效率与储蓄规模。其代表人物索洛对经济增长的不同来源做了进一步区分，将由各种要素数量规模增加而带来的经济增长称为“增长效应”（Growth Effect）；而将因技术进步引致的经济增长称为“水平效应”（Level Effect），技术在此处被视为外生变量，即在要素数量规模投入不变的情况下，技术的进步与创新会使生产函数曲线向上移动，而经济增长正是由这种不可预见的外生技术进步所推动的。

二是内生增长理论。不同于外生增长理论，内生增长理论将技术进步和人力资本等要素内生化，认为经济增长是由经济系统本身所决定的。随着劳动力资源的不断投入，教育和培训为城市发展积累了大量的专业化人力资本。在外部性的作用下，人力资本的累积产生了要素的递增收益；同时相对狭小的城市空间极大地促进了个体之间的信息交流，这加速了区域间创新扩散，使得技术进步与知识外溢更易发生，经济规模效益得以体现。也就是说，人力资本的形成、知识积累的外溢和技术创新的扩散，共同构成了经济增长的内生动力。①

三是非均衡增长理论。非均衡增长理论是对以上两种理论的集合与补充，它将视角放大至更大的区域经济范围。该理论认为，地理空间各区域

① 胡怀国：《内生增长理论的产生、发展与争论》，《宁夏社会科学》2003 年第 2 期。

经济发展水平的差异带来了二元经济，城市作为一个集生产、人才、资本和技术等多种经济功能于一体的经济空间，被视为区域经济发展的增长极。① 而增长极一般具有双重效应：极化效应，即城市不断地吸纳周边地区的经济要素向极点聚集，并在极点形成规模经济效益；扩散效应，即随着城市中心区经济活动的日益密集，增长极的生产要素也会向边缘转移，对处于边缘区的地区产生辐射作用。

通过对以上有代表性的经济增长理论的分析，不难看出各种经济理论研究的核心内容都集中于劳动力资源、资本和技术要素等方面，只不过各自强调的侧重点有所差异。概而言之，劳动力、资本和技术是经济增长必不可少的核心要素。在一个国家从以农业为基础的农村经济结构体系向以工业、服务业等为基础的城市经济结构体系的转换过程中，劳动力资源以及资本和技术要素投入，会相应地从农村转移至城市，从农业部门转移至城市产业，从而带动了经济增长，而这种空间体系下的经济结构转换实际上恰恰是城镇化发展“流动——聚集——外溢”过程的体现。② 这一过程会引致诸类显著变化：

（一）劳动力资源的重新配置

毋庸置疑，劳动力资源是经济增长最为核心的要素。在改革开放以前，由于受传统城乡二元体制的束缚，大量的劳动力长期停滞在农村农业部门，无法实现自由流动。据估算，1978 年在我国三产的劳动力占比中，农业产业占比高达 70.5%，也就是说，当时中国有近 6.7 亿的农民在农村的土地上。但高密度的劳动力资源投入并未带来相应的经济产出，反而造成了“农业退化”现象，随着改革开放的深入推进，城镇化发展开始打破

---

① 林元旦：《区域经济非均衡发展理论及创新》，《中国行政管理》2004 年第 6 期。

② 程开明：《城市化与经济增长的互动机制及理论模型述评》，《经济评论》2007 年第 4 期。

这种束缚，农民进城的制度性障碍被逐步破除，劳动力资源拥有了地域范围内的“流动权”和城市空间内的“进入权”。在城镇更高的生活水平、更好的就业机遇等“拉力”因素的吸引以及农村地区落后社会生产的“推力”作用下，大量的农民开始涌入城市，形成了轰轰烈烈的“打工潮”。与此同时，城镇的快速扩张使得城镇地域面积逐渐囊括至周边农村地区，农村土地的征用使被征地农民选择进入城镇，谋求新的生存空间与发展机遇。① 这种快速的城镇化模式通过“主动式”体制障碍的破除和城镇规模的扩张，在短时间内为城市经济增长聚集了大量的廉价劳动力资源，为工业发展提供了源源不断的内生动力，也为城市人力资本和实物资本的快速积累创造了有利条件。

（二）资本要素的空间聚集

农民进城的核心目的是为了获取更高的经济收入，这使农民有迫切提高自身劳动技能的需求，而凭借城市优越的教育环境与软件设施，这一需求更容易得到实现。劳动力素质的提高既有利于劳动者自身素质的提升，也有助于为经济增长积累人力资本，储备必需的人才资源。此外，伴随着人口大量汇聚于城镇，各种物质资本也会相应地集聚起来，譬如居民衣食住行的基本生活需求为城市经济带来了巨大的消费市场，制造加工业和生活服务业随之兴起；企业密集的生产活动使得城市经济迅速衍生出仓储、物流、加工等一系列配套服务设施；而养老医疗、子女教育等公共服务需求则促使城市不断完善住房、医院、学校等公共基础设施。随着实物资本的日益汇集，经济增长也就拥有了坚实的物质基础。可见在人口红利的资源禀赋下，劳动力等资源的“流动—聚集”，既为城市带来了人力资本的积累，为经济增长提供了巨大的内生动力；也为城市发展带来了各类实物

① 张彧泽、胡日东：《我国城镇化对经济增长传导效应研究——基于状态空间模型》，《宏观经济研究》2014 年第 5 期。

资本的增加，从而使得城市地区消费、储蓄和投资等经济增长活动拥有了坚实的基础。

（三）技术创新的扩散外溢

随着城镇化水平的提高，城镇各种资本要素的聚集效应会不断加强，城镇经济空间内的市场竞争也日趋激烈。为了抢占有限的市场份额，企业产品数量、种类和质量的不断提高势在必行，技术创新成为必然。由于技术创新会带来垄断利润，在逐利动机的驱使下，同一行业企业之间会不断进行模仿、学习和创新，从而诱发技术扩散。随着技术创新在横向层面上的不断扩散、共享，创新的平均成本和边际成本开始呈现下降趋势，这会进一步加剧城镇地区的规模经济效应和空间集聚效应。与此同时，借助于城镇便利的交通设施、完善的信息通信网络等基础设施，技术进步还会在纵向层面上转移扩散，关联到前后相关的上下游企业和行业，产生产业间联结性的乘数效应，从而促进产业结构向合理化、高级化方向发展。技术创新横向扩散促进的规模效应、聚集效应和纵向转移引致的产业间乘数效应在时间上继起，空间上并存，最终导致微观层次上市场主体的兴旺发达、企业产品的更新换代和宏观层面上的全要素生产率增长以及产业结构的优化创新，从而全面促进了经济增长。① 随着城镇化进程的加速，城市增长极的辐射范围愈发扩大，尤其是城市群、经济带的发展兴起，更是使得城乡空间壁垒进一步缩小，城乡一体化趋势不断加强，各种人才、技术和资本的流动会更加便利自由，技术创新活动与外部环境的互动愈发频繁，城市创新的空间外溢效应也将更加明显。这意味着，在新时代新型城镇化快速推进时期，小城镇甚至乡村地区也可以充分发挥其地域优势，依托本地的资源禀赋，在城市增长极扩散效应的作用下积极参与到城市经济

① 程开明：《城市化、技术创新与经济增长——基于创新中介效应的实证研究》，《统计研究》2009年第5期。

网络的协调分工中，来共享城市发展的红利。①

总体而言，经济增长是一个国家或地区永恒的发展命题，作为经济发展最大的内需潜力和发展动能所在，城镇化对于稳定经济增长的重要意义不言而喻。与西方发达国家相比，目前我国的城镇化发展仍然有很大的提升空间，这也意味着我国的经济增长仍具有巨大的潜力。因此，现阶段我们必须坚持稳步推进新型城镇化战略，通过推动城镇发展由外延式扩张转变为内涵式发展来撬动经济增长的新动能：一是继续深化户籍制度改革，推进市民化进程，合理转移农村剩余劳动力，不断扩大内需；二是坚持生态效益与经济效益相统一，走集约、智能、绿色、低碳的城镇化道路；三是加快产业结构升级，通过鼓励技术创新，大力发展城市服务业和高新技术产业，以实现经济增长方式的有效转变。

二、城镇化发展的产业集聚效应

产业集聚是经济发展的必然趋势，而城镇为产业集聚提供了空间载体。城镇作为各种资源要素的集合体，构成了一个特有的经济空间，而产业集聚就是在这样的城镇经济空间区域下相互关联的公司、供应商和上下游企业以及专门化的制度和协会的高密度聚集过程。② 美国经济学家胡佛和艾萨德将这种空间地域上集中分布的生产力布局形式，分为内部规模经济、地方化经济和城市化经济三个阶段。③ 借鉴胡佛和艾萨德的观点，可以从以下几个层次来理解城镇化发展进程中的产业集聚过程。

---

① 范兆媛、周少甫：《新型城镇化对经济增长影响的研究——基于空间动态误差面板模型》，《数理统计与管理》2018 年第 1 期。

② 苏雪串：《城市化进程中的要素集聚、产业集群和城市群发展》，《中央财经大学学报》2004 年第 1 期。

③ O’Sullivan, A. *Urban Economics*. Boston: McGraw-Hill/Irwin, 2007.

（一）内部规模经济阶段

从企业自身角度来看，追求效率是企业发展的核心目标，因此在成本投入上做减法和在产出上做加法就成为企业生产经营的追求目标。而城镇与农村相比而言，拥有相对发育完善的劳动力市场、便利的交通运输、优越的基础设施条件，健全的公共服务体系以及通畅的信息网络渠道等诸多优势，为降低企业生产的边际成本与平均成本提供了基本的基础条件。与此同时，人口在城镇的聚集引致了衣食住行等大量的经济刚性需求，使得城镇消费需求迅速增长和多元化，为企业带来了巨大的消费市场和利润空间，极大地刺激了二、三产业的商品产出。[①] 在企业内生逐利行为的动机驱使下，大量的企业会自发地在城镇集聚，扩大生产规模。随着内部生产规模的扩大，企业在生产、交换、销售等方面的效率也会进一步提高，内部规模经济效益下企业筹措发展资金、吸引人才技术和拓展产品市场的潜在能力和优势得以不断增强，从而促进了市场微观主体的兴旺发达。但这一时期由于城镇化的发展仍处于初级阶段，城镇工业化发展纵深不足，因此实际上是产业集聚的一个初始阶段，其突出表现为相关企业在同一区位的不断集中。

（二）地方化经济阶段

随着城镇化的发展，城镇的聚集经济效应日益明显。生产者相互之间的资源交换成本以及生产者与消费者之间的市场交易成本不断降低，市场交易效率不断提高，空间邻近下的马歇尔外部效应逐渐增强。[②] 这进一步吸引了更多的同类企业以及相关联的产业带着资本、技术和人才聚集到城镇来共享城镇的基础设施、公共服务和消费市场，从而引发了同一产业的

---

① 崔宇明、代斌、王萍萍：《城镇化、产业集聚与全要素生产率增长研究》，《中国人口科学》2013 年第 4 期。

② Henderson, V. "*The Effects of Urban Concentration on Economic Growth*". *NBER Working Paper*, 2000 (No.7503).

地方化经济。譬如我国东部沿海的浙江地区，在城镇化早期阶段，其诸多小城镇充分利用当地优越的地理优势和政策扶持，鼓励乡镇发展中小企业，使得小城镇的对外贸易产业迅速兴起。不同的企业在城镇狭小空间内不断地进行合作分工，各种专业化的上下游供应商和市场营销渠道体系相继形成，使得彼此生产过程的前后联系日益密切，极大地促进了市场的专业化分工与交换。同时城镇空间内渐次发育的微型商品市场则逐渐培育出可以共享的劳动力、资本和技术等要素市场，集聚区的企业生产成本得以降低，从而带来了地方市场竞争优势。最终一个个上下游环节不可分割的连续市场经营体系在各个城镇地区得以完整集聚。与此同时，土地城镇化的发展模式也有力地保障了产业用地，用地成本的降低进一步加速了产业的地域集聚，从而促使食品业、制鞋业、纺织业、皮革业、五金业等诸多特色产业逐渐在浙江地区呈现出“遍地开花”的局面，出现了一大批特色产业城和工业园区，如全球最大的批发市场——义乌市，中国鞋都——温州市等等①。这一时期，个别企业的内部规模经济效益吸引了更多的同类产业在城镇集聚，产业集聚结构主要以满足国内外市场需求的初级制造业和原材料开发采集的加工业为主。随着第二产业资金、技术和劳动力等要素市场在城镇的日益完善以及城市地区知识更新和技术进步的外溢，与之密切相关的关联产业如金融服务业、房地产业、旅游餐饮业等服务业产业也迅速发展起来，制造业开始向各类生产性、生活性和公共性服务业延伸拓展，城市化经济开始出现。② 此时的产业集聚在空间上由块状聚集向纵向延伸，在结构上由横向的专业化集聚转向纵向的多样化集聚，开始朝着新的方向演变。

---

① 葛立成：《产业集聚与城市化的地域模式——以浙江省为例》，《中国工业经济》2004 年第 1 期。

② 程鹏：《农村劳动力流动、产业结构调整与经济增长——基于 1993—2012 年省际面板数据的实证研究》，《产经评论》2014 年第 6 期。

（三）城市化经济阶段

如前所述，企业集聚引致了同类产业的聚集，而同类产业的纵向延伸则带来了新的产业集聚，即产业结构由以工业制造业为主向以新兴产业为主演化。一方面，这是由于横向的第二产业集聚使得劳动力市场、资本市场日益发育完善，人力资本和实物资本在企业内和产业间不断积累，为产业集聚向更好层次演变奠定了坚实的内在基础。而城镇地区鼓励创新，竞争的文化环境与市场氛围以及不断完善的城镇基础设施和公共服务体系则使得技术进步和知识外溢的扩散效应日益明显，产业间的乘数效应得以加强，产业结构趋于合理化，高级化发展也就拥有了坚实的外在基础；另一方面，这也是城镇化发展由外延式扩张走向内涵式发展的一个重要趋向，城镇功能由生产制造为主转向以服务管理功能为主的必然选择。因为大量同质企业在城镇的集聚达到一定程度之后，城市的拥挤成本开始增加，产业集聚在带来规模效益的同时也带来了资源紧张、交通拥挤、要素供给不足等负外部性问题，高能耗、高污染的工业集聚还带来了更为棘手的环境破坏问题。城镇化进程中产业集聚带来的规模收益一旦不能抵消城市扩张产生的各类成本，城镇化发展将难以为继，经济增长的内在动力也将逐步衰弱。因此，通过内涵式的城镇化发展实现产业发展的优化组合，推动产业集聚向合理化、高级化发展，既是产业自身不断优化调整的内在要求，也是进一步推动城镇化高质量发展的必然路径。发达国家城镇化发展的经验已经表明，城镇化进入中后期阶段，劳动力密集型产业将逐步失去竞争活力，知识密集型产业和服务型产业将迅速崛起，成为后工业阶段区域经济增长新的驱动力，而生产性服务业随着城镇化进程的深入，会越来越集中在大都市和中心城区，向一线和二线城市集聚。[①] 而这也是现阶段新型

① 王江波：《城镇化与服务业空间分布——基于中国省级面板数据的实证研究》，《商业研究》2019 年第 8 期。

城镇化强调产业互动、区域协调的现实意义所在。在城市化经济阶段，推进大城市产业结构体系由传统的工业集聚向新兴产业集聚演变，从而促进新一轮的产业集聚，打造经济发展的新起点已经成为新时代城镇化发展的最强音。

总体来看，城镇化将原本分散的资源要素重新聚集，为企业发展孕育了马歇尔—阿罗—罗默外部性，① 促进了市场微观主体的兴旺发达。随着城镇地区的聚集经济效应和规模经济效应的不断加强，同一产业的地方化经济随之出现，而多个产业之间的关联效应则引致了不同产业间的乘数效应，促使地方化经济进一步向更高层次的城市化经济演变。由此可见，城镇化的产业集聚是一个螺旋式的上升发展过程，这实际上也在提醒我们，不同地区的产业集聚应当根据地区城镇化水平有选择性地分阶段推进，而不是盲目地强调规模扩张，追求发展速度。因而，对于我国城镇化水平较高的东部大城市地区而言，城市发展要适度控制产业规模，推进城市更新，大力发展高新技术产业和服务业，以推动产业结构高级化；而中西部地区的中小城市则应当结合自身区域发展水平，有针对性地优化组合二、三产业，承接东部地区的产业转移，以推动产业结构合理化，从而实现产业集聚与城镇化发展的良性互动。②

三、城镇化发展的就业带动效应

作为经济社会向更高层次演变的必然路径，城镇化势必会对原有的社会经济结构产生冲击，带来就业结构的非农化演变。而这一进程的有序实

---

① 马歇尔—阿罗—罗默外部性，指在一个特定的空间某个行业的公司大量集中，能促进该行业公司之间的技术和知识溢出。由英国经济学家马歇尔和美国经济学家阿罗、罗默共同提出。

② 刘望辉、张奋勤、刘习平：《产业集聚与新型城镇化的关系的实证研究》，《统计与决策》2015年第24期。

现，必须在打破原有的社会就业结构基础上，通过农业生产力发展和城镇工业体系的健全，同步进行农村就业替代和城镇就业再造才能顺利完成。也就是说，城镇化发展的就业带动实际上是一个原有就业结构遭受冲击、农村就业替代以及城镇就业建构并行的一个过程。

（一）对原有就业结构的冲击

城镇化对于原有社会就业结构的冲击主要体现在以下两个层面：一方面，随着我国城市化和工业化进程的加速推进，农地非农化节奏不断加快，农业用地被大量征用。农民自身又不具备进行城市生产的劳动技能，这一现象在西方发达国家的城市化进程中亦有体现，随着工业革命的到来，土地兼并速度迅速加剧，大量的农民被席卷到城市化浪潮之中成为“无根之萍”，他们在失去土地的同时又不能获得城市的相应接纳，造成了严重的社会危机，如历史上欧美国家的贫民窟现象。另一方面，对于不少城镇居民而言，农民进城在一定程度上挤占了他们的就业岗位和福利待遇，对原有城镇劳动力市场造成了一定程度的冲击，因而产生了一种本能的排斥。显然，这种排斥是错误的，农民工既是城镇发展不可或缺的劳动力群体，更是城镇经济发展的重要支撑，他们为做大经济发展这块“蛋糕”付出甚多，可谓功不可没，但相应得到的却不是很多。城乡之间的社会保障和公共服务供给依旧不平等，城镇对农民工排斥的现象依然存在，城乡收入差距仍然较大。应当说，在这个原有就业结构不断遭受冲击的过程中，我们的相关配套措施改革尚不到位，诸多相关制度改革也滞后于现实发展。

（二）新就业结构的“建构”

随着城镇化进程的加速推进，这种就业冲击现象会一直延续下去，但传统就业的冲击只是手段，而新职业的重新建构才是目标。同步推进的农村就业替代和城镇就业创造则为这一目标的实现奠定了坚实的基础。1997

年至 2012 年，我国城镇化水平由 29.92%提高到 52.57%（根据 S 型城市化生成理论曲线，这一时期可视为我国的城镇化加速阶段）。与此同时，我国就业人员年均递增 0.63%，其中城镇就业人员平均每年递增 3.94%，而农村从业人员平均每年递减 1.41%。[①] 显而易见，在我国城镇化快速推进时期，城镇从业人员基本保持了快速增长态势，而农村从业人员实际上却是在不断减少的，这充分体现了城镇化对农村就业的冲击以及对城镇发展的就业带动效应。

此外，随着工业化进程的加速推进，农业现代化进程也得到了同步的发展。农业技术的进步降低了农业生产的成本，带来了粮食产量的提高，这不仅使得农民的温饱问题得以解决，同时也为城镇发展提供了基本的农副产品等物质保障，农村就业替代也由此顺利实现。从事农业生产不再成为广大农民为了维持生存的必需选择，农民可以从土地脱身而不用担心基本的温饱问题，追求更高层次的生活已经成为他们内心的新目标。与此同时，乡镇企业的发展与城市工业体系的健全为农民实现更高层次的就业目标创造了有力的外部条件。由于城镇工业部门的劳动生产率、工资水平都高于农业生产部门，大量的农村剩余劳动力被不断地吸引至城市的工业部门，而低廉的劳动力资源又会相应地降低城镇工业部门的成本，工业发展的投资规模得以不断扩大化，城镇继而不断吸收更多的农业人口。在这样的互动过程中，大量的农民逐步退出低效能的农业部门，在地域间流动，进入城镇，成为工人，实现了职业转变。而放弃了农民身份后，农民也拥有了更多的就业选择，如下表 1-2 所示，农民进城后主要从事制造业、建筑业和服务业等行业，他们可以选择在流水线上组装手机，在城市工地上建设房屋，在饭店餐馆里端盘子洗碗，甚至到城镇居民家里做家政保洁，到商业店铺做导购销售，等等。伴随着职业转变，原本只能“面朝黄土背

---

① 国家统计局：《中国统计年鉴 2012》，中国统计出版社 2013 年版。

朝天”的农民不必再靠天吃饭，稳定增长的工资收入逐渐取代了不稳定的农业产出，可见城镇化的快速发展对于创造就业岗位，扩大整个社会就业和提升人民生活幸福感都具有十分积极的意义。

表 2-1　不同行业外出农民工占比及月均收入水平

类别/年份	农民就业行业分布占比(单位：%)				农民工不同行业月均收入(单位：元)			
	制造业	建筑业	交通运输、仓储和邮政业	住宿和餐饮业	制造业	建筑业	交通运输、仓储和邮政业	住宿和餐饮业
2009	36.1	15.2	6.8	6.0	1331	1625	1671	1264
2010	36.7	16.1	6.9	6.0	2130	2654	2735	2100
2011	36.0	17.7	6.6	5.3	1920	2382	2485	1807
2012	35.7	18.4	6.6	5.2	2130	2654	2735	2100
2013	31.4	22.2	6.3	5.9	2537	2965	3133	2366
2014	31.3	22.3	6.5	6.0	2832	3292	3301	2566
2015	31.1	21.1	6.4	5.8	2970	3508	3553	2723
2016	30.5	19.7	6.4	5.9	3233	3687	3775	2872
2017	29.9	18.9	6.6	6.2	3444	3918	4048	3019

数据来源：整理自《中国劳动统计年鉴 2017》（中国统计出版社 2018 年版）与历年《农民工监测报告》。

就业是最大的民生，但劳动力的就业机会却不是由他们本人的就业意愿所决定的，国家的经济发展策略和经济体制选择确定了社会就业结构形式和就业空间容量，从而深刻地影响着普通劳动者的经济命运。[①] 这一点从我国改革开放 40 多年快速的城镇化历程就可以看出。自改革开放以来，

① 周其仁：《机会与能力——中国农村劳动力的就业和流动》，《管理世界》1997 年第 5 期。

我国城镇化发展始终遵循着人民利益至上的原则，通过乡村城镇化调动农民积极性，推动农业现代化，巩固农业基础地位来完成农村就业替代和原有就业结构的破坏，既将饭碗牢牢端在中国人自己的手上，又为城镇的工业发展奠定坚实的物质基础①；在农村土地劳动力过剩且粮食生产得到保障后，再通过城镇就业的方式来吸引农民进城以获得更好的就业岗位和更好的幸福生活。应当说这样的制度安排和发展逻辑顺应了基本国情，是一种最优安排。但需要关注的是，在这一过程中，城乡二元结构仍未完全破除，社会资源配置尚不均衡，民生保障体制、公共服务覆盖等方面仍不完善，农民工的劳动报酬虽有所提升，但仍面临着超时间劳动、无加班补贴、技能培训不足、工作环境条件差和劳动权益保护薄弱等问题。② 因此，充分发挥城镇化的就业民生改善效应，必须着眼于农民，统筹城乡两盘棋，通过相关法律制度完善、政策措施的配套，不断保护城镇就业人员的合法权益尤其是农民工群体的权益保障。通过城镇化、工业化与农业现代化的“三化”协调继续调整产业结构，推进就业结构进一步优化；同时在加快户籍制度改革、完善各项社会保障制度、调整城乡用地规划等方面下大力气，啃“硬骨头”，彻底打破城乡壁垒，破除城乡发展的双轨制，从而实现农民工群体由“进城”到“留城”“融城”的转变，继而实现发展成果的全民共享。

第二节 城镇化发展的社会效应

城镇化既是一个国家现代化的必由之路，也是一个国家现代化发展水平的重要标志。城镇化的发展不仅对经济发展具有重要作用，而且对社会

① 蔡昉：《中国改革成功经验的逻辑》，《中国社会科学》2018 年第 1 期。

② 李亦楠、邱红：《新型城镇化过程中农村剩余劳动力转移就业研究》，《人口学刊》2014 年第 6 期。

结构的变迁也具有重要的现实意义。从一定程度上看，城镇化的过程也是“人口市民化”的过程，农民市民化的有序推进，不仅有利于进一步提升人口素质，也有利于加快推进城镇化的转型与发展。党的十八大报告指出，要有序推进农业转移人口市民化，努力实现城镇基本公共服务常住人口全覆盖。2013 年中央经济工作会议再次强调，要把有序推进农业转移人口市民化作为重要任务抓实抓好。这都表明推进人口市民化对城镇化的发展具有重要社会意义。

一、城镇化与人的现代化关系

作为国家的一项战略性规划，新型城镇化战略显著区别于传统的土地城镇化，其最为核心的是提出了“人”的城镇化这一要求，即坚持“以人为本”的执政理念，从政策层面更关注“人”的发展。对于“人”的城镇化理解，目前学界大致秉承两种观点：一种是“转型论”的观点，即认为人的城镇化是传统城镇化发展模式的转型，将转型视为农民向市民转变的一个发展过程，包括生活方式、生产方式、思想观念、社会关系、人与自然等多方面的转变；另一种是将人的城镇化理解为“发展论”的观点，认为城镇化的发展应进一步提升人口的素质，因为人的发展和参与才是城镇化的真正动力。总体而言，无论是“转型论”还是“发展论”，其实质都是人的现代化过程，它是城镇化发展的必然要求，同时也是城镇化发展的动力和目的。

（一）人的现代化是推动乡村城镇化的基本动力来源

城镇化建设和发展的目的，不仅仅在于改善人民的物质生活条件，其更为重要的意义在于提升居民的基本素养，让他们能够跟随社会进步，拥有全新的现代化观念和思想，并在此基础上积极地参与城市和社会建设，为国家发展和社会进步贡献自己的力量。因此，人的现代化作为一种基本动力机制能够进一步推动城镇化建设。如果在城镇化建设过程中只关注物质基础的建设，而忽视了人的全面发展，就会使城镇化发展缺乏可持续发展的动力，城镇化也会遭遇挫折。

（二）人的现代化是推动乡村城镇化发展的先决条件和终极目标

人民群众是历史的创造者，同时也是社会发展的推动者。作为实施社会活动的主体，城镇化的发展同样也离不开人民群众的推动。而提高人的现代化是推动城镇化建设的基本条件，人的现代化程度往往决定着城镇化的进一步发展。这就要求国家在城镇化推进过程中，对现代人进行各方面的改造，从而为城镇化的发展提供持续不断的发展动力。与此同时，城镇化的健康发展也能反过来为社会培养一批有理想、有抱负、有恒心、有素质、有知识、有修养的现代化高端人才。因此乡村向城镇转化的最根本目标在于提升居民文化素养，国家在发展经济的同时要时刻关注城镇化人口素质的提升和教育的普及。

（三）人的现代化具有重要的社会意义

根据国际经验，当一个国家的城镇化发展进入加速时期，人口市民化的进程也会相应加速。截至 2021 年年底，中国的常住人口城镇化率已提升至 64.72%，并仍处于快速发展的时期。按照 2050 年中国现代化目标要求，我国的城市化水平将增至 80%，也就是说在未来的 30 年间将有 5 亿—6 亿农民离开土地，从农村转移到城市，这一过程伴随着农民市民化的演变。一方面，农民市民化是全面建设小康社会、实现农村城市化和现代化的重要战略举措。事实上，非农化、城市化和市民化是“三位一体”不可分割的整体；另一方面，农民市民化还是确保社会秩序稳定和构建和谐社会的重要保障。社会稳定是深化改革和发展的前提基础，稳步推进城镇化，实现农民向市民的转化，保证其权利、地位与市民的平等，是城乡社会稳定发展的重要条件。

二、城镇化对人的现代化的促进作用

任何一个国家在从传统社会向现代社会过渡进程中，都必然经历一个产业结构和城乡结构的转换过程。在这一过程中人口结构会发生相应的变迁，其最为显著的是，城乡之间农业人口向非农业人口、农村人口向城市人口的转换过程，它在拉动经济发展的同时，也进一步促进了人的现代化进程。

城镇化是人的现代化发展需要。美国社会学家英格尔斯认为："人的现代化是国家现代化必不可少的因素。它并不是现代化过程结束后的副产品，而是现代化制度与经济增长赖以长期发展并取得成功的先决条件。"① 他进一步指出："无论一个国家引入了多么现代的经济制度和管理方法，也无论这个国家如何仿效最现代的政治和行政管理，如果执行这些制度并使之付诸实施的那些个人，没有从心理、思想和行动方式上实现由传统人到现代人的转变，真正能顺应和推动现代经济制度与政治管理的健全发展，那么，这个国家的现代化只是徒有虚名。"② 这表明，实现社会现代化的前提条件是实现人的现代化。城镇化对人的现代化促进也体现在以下几个层面：

（一）提升人的素质和能力

城镇化的发展不仅仅是一个乡村居民的生产与生活方式转变为市民生产与生活方式的过程，还是一个始终与现代化建设主体——人的素质、能力的全面发展密切相关的过程。具备较高的科学文化素质已成为现代人的重要标志，也是人的现代化的主要内容。受城乡二元户籍制度的长期影响，相较于城市，我国传统农村教育事业落后，农村教育经费短缺，农村

① ［美］英格尔斯：《人的现代化》，殷陆君译，四川人民出版社 1985 年版，第 8 页。

② ［美］英格尔斯：《人的现代化》，殷陆君译，四川人民出版社 1985 年版，第 21 页。

学校少且教学设备落后。这种状况不利于提升全民族的文化素质。随着城镇化进程的快速推进，一方面原先分散的村落通过撤村并居变成了新型农村社区，包括农村教育设施在内的社区公共服务大为改善；另一方面，通过异地城镇化进入城市的农业转移人口，更加便捷地享受到了城市的教育资源与文化服务，从而为农民素质的提升创造了有利条件。尤其是，农民在向市民转化的过程中，普遍缺乏城市工业生产和市场经营所需的基本技能，难以适应非农职业的技术需求，因而需要通过强化职业技术培训来提升农民的转岗就业能力。

（二）改变人的价值观念

人的现代化还离不开思维方式、心理结构、价值观念及行为方式的现代化。农村城镇化通过大力发展农村的科学、教育、文化事业，改善农村居民的受教育环境，在很大程度上能够改变农民传统的生活方式、风俗习惯、伦理规范，使他们更容易接受新的社会行为规范，因此对农村精神文明建设和文化繁荣也有积极的促进意义。而对进城农民工来说，现代城市通过建立社区文化站、图书馆、影剧院、体育场等文化基础设施，在丰富新市民文化生活、引导新市民过上积极健康的文化生活的同时，也相应地提高了其精神生活品位，传播了社会主义精神文明，倡导了家庭美德、社会公德、职业道德，最终提升了新市民的思想道德素质。不仅如此，农民工“从一个地方转移到另一个地方”大大增加了“社会阅历”①，在与城市各种新思想、新观念、新文化的接触、碰撞中受到潜移默化的影响，逐渐改变了其传统的生活方式、风俗习惯、伦理规范，也更加容易改变传统的乡土观念，从而逐步由农民向市民过渡，促使传统的农业社会向现代社会迈进。

---

① ［美］乔尔·S. 米格代尔等：《国家权力与社会势力：第三世界的统治与变革》，郭为佳等译，江苏人民出版社2017年版，第85页。

（三）提升人的主体性

人的现代化的最终目标是要形成具有一定能动性和自主性的人。在城镇化过程中，进城农民工不断接受现代文明的洗礼，在不断提升自身素质与能力、改变价值观念的基础上就会形成权利意识与参与意识，从而促进主体性的成长。例如，受城市大众传媒等因素的影响，作为新市民的农民工在生产劳动过程中，会慢慢形成对自身劳动权利和人身权利等合法权益的意识，促发维权行动与参与行动，这反过来又进一步强化了其主体意识。

第三节　城镇化发展的生态效应

在改革开放初期，外延式、粗放型的城镇化发展模式在促进经济发展方面发挥了重要的推动作用，但这种以牺牲自然生态环境为代价换取经济增长的发展模式却给生态环境带来了大量的负面效应，譬如大气污染、地下水污染、固体废弃物污染等。随着生态环境不断遭到破坏，城镇发展的资源约束日益趋紧，城镇发展所必需的各类自然资源也面临着严重短缺的风险，这在一定程度上制约了城镇化的高质量发展。原有的城镇化模式难以为继，全面建设生态文明已经迫在眉睫。2012 年中央经济工作会议首次提出了“新型城镇化”的概念，明确表示要将生态文明理念全面融入我国的城镇化过程，以“人”为核心，走集约、智能、绿色、低碳的新型城镇化道路，新型城镇化建设成为生态文明建设的重要载体和实现路径。而经过多年的努力，新型城镇化在生态文明建设上取得了丰硕的成果，一大批绿色城市、低碳城市等新型城市正在不断兴起，城镇化发展的生态效应也日益凸显。

一、城镇化发展的绿色城市建设

城镇发展需要大量的资源输入，对于外部环境资源的依赖性极大。但在片面追求速度的粗放式发展模式下，城镇建设资源开发极不合理且资源利用率极低，导致了过多的资源索取和污染输出，这使得城镇原有的自然生态系统承载力长期处于超负荷运转状态，城镇生态系统受到破坏却又得不到缓冲和补偿，从而形成了城市的自然生态失衡问题。① 这一问题一方面与我国长期以来的土地城镇化发展模式有关，无序杂乱的城镇规模扩张和资源开发严重浪费了土地资源，也破坏了城镇地表原有的自然生态系统；另一方面与环保意识不强也有关。因此，在城镇化进程中进一步集约化地利用土地和提高大众绿色生活的环保意识，就成为新时代解决生态环境问题、建设绿色城市的一个重要抓手。

土地作为城镇发展的核心资源，具有天然的不可移动性、不可再生性和不可替代性，既承载着人类生产生活的社会经济系统，也同时承载着城镇区域内的自然生态系统。土地资源的高效集约利用，不仅影响着区域内自然生态环境系统的平衡，同时也影响着城市经济生态系统的可持续发展。城镇化建设初期，由于人口和产业集聚尚不明显，维持城镇自身发展所需要的物质能量需求还不是很大，城镇化发展与自然生态环境间仍处于低水平的耦合阶段。这一时期，城镇开发强度较弱，土地利用模式主要为内部集聚型，城镇生态环境完全能够承载城镇发展的资源消耗，消化城镇发展带来的污染输出，城镇化发展的生态负效应极低。② 但随着城镇化进程的加速，城市人口规模迅速膨胀，资源需求骤增，城镇开始出现土地资源短缺的问题，城镇向周边农村地区的扩张成为一种必然。但需要关注的

---

① 刘华、钟炜、张建民等：《城市化过程中的生态问题初探》，《经济地理》2006年第1期。

② 郑辛酉、贾铁飞、倪少春：《基于土地利用变化的区域城市化生态效应分析——以上海城市边缘区轴向城市化样带为例》，《资源科学》2006年第6期。

是，这一扩张过程本质上是为了争夺资源而不是为了提升城镇发展质量，因此造成了城镇化进程中城市空间快速且低密度的无序扩张和资源开发现象，即城市蔓延。① 而在这种非帕累托式的城市蔓延过程中，由于市场负外部性作用的存在，城市污染还会进一步向其周边地区扩散蔓延，从而影响到整个自然生态系统和社会经济系统。② 而要有效抑制这种城市蔓延现象，缓解城镇发展的生态污染和环境破坏问题，我们就必须倡导城镇土地利用的集约化以促进城镇化与生态环境发展的良性耦合。围绕着土地资源的集约利用，当下的城镇化建设一方面通过落实严格的土地管理政策来加强生态保护。譬如推行城乡建设用地增减挂钩政策，坚持 18 亿亩耕地红线不动摇等政策原则来防止“摊大饼”式的城镇资源开发，遏制城镇的大规模扩张，并将城镇资源开发严格控制在合理范围内以防止生态恶化问题扩大化；另一方面则通过紧凑城市建设来提高城市资源的利用效率，以减少资源索取。一是在空间上合理布局城镇的规划建设，尽可能减少城镇自然生态空间的占用，为城镇生态系统留下更多的自然修复空间，以增强生态生产能力；③ 二是城镇建设用地混合使用，在城镇的存量空间优化上下功夫，通过存量规划不断提高城镇经济空间内的各类资源利用率。

从根本上来说，土地资源的开发利用都是为了满足人本身的生产和消费需求。因此，城镇土地利用能否高效集约，绿色城市建设能否稳步推进，关键取决于城镇空间内的经济生产和消费活动，即城镇空间内的生产

---

① 李强、高楠：《城市蔓延的生态环境效应研究——基于 34 个大中城市面板数据的分析》，《中国人口科学》2016 年第 6 期。

② 罗丽英、魏真兰：《城镇化对生态环境的影响路径及其效应分析》，《工业技术经济》2015 年第 6 期。

③ 高红贵、汪成：《生态文明绿色城镇化进程中的困境及对策思考》，《统计与决策》2014 年第 24 期。

者与消费者。因此，积极贯彻落实绿色生态文明理念，我们还必须从企业生产和居民消费两个环节发力，使全体社会公众从内心深处服从整体生态文明建设大局。一是转变企业经营理念，不断强调企业的社会责任感，注重环保生产。以往的城镇化发展注重工业产品生产配套基础，但对随之而来的污染物和废弃物却没有采取相应的环保措施去处理，只能原封不动地还给城市生态系统，造成了大量的污染输出。其主要原因在于，企业基于经营成本的考虑，不愿投资建设环保设施，对其生产活动产生的污染物未进行处理再排放；而政府的资金又极其有限，环境保护支出远远不足以解决目前的生态污染问题。因而，绿色城市建设一方面通过落实严格的环保政策规定倒逼企业将污染物处理达标后再排放，使企业生产不能再肆无忌惮地排放污染物；另一方面则积极倡导政企合作，通过基础设施民营化、特许经营等多种方式来加强政府与市场的合作，降低双方共建共享城市绿色基础设施的成本。二是倡导绿色生活理念，鼓励居民从日常生活点滴做起，践行绿色观念。如鼓励公民节约用水，一水多用，随手关灯，节约能源；倡导绿色出行，低碳生活，鼓励人们选择城市公共交通，减少私家车使用；推广垃圾分类，循环利用，最大限度发挥垃圾的资源价值和经济价值，减少生活类废弃物和污染物的产生，从而减轻城镇资源环境承载力的运作负担。

绿色城市建设提供了新思路、新抓手。未来我们应当继续坚持以人为核心的新型城镇化道路，改变土地城镇化快于人口城镇化的社会现状，合理控制城镇规模，提高城镇资源开发利用效率，实现城镇土地利用开发由量的低效扩张向质的效率提升转变，从而维持城镇区域空间内的经济系统与生态系统的动态平衡；同时推动全民参与，以绿色发展为理念，以绿色生活为导向，积极引导全社会成员树立生态文明建设的大局观，并在各自的生产生活实践中自觉地践行绿色发展观。

二、城镇化发展的低碳城市建设

建设低碳城市已经成为破解新时代城镇发展环境资源危机难题的内在要求。如果说绿色城镇化主要围绕在生态保护上做“加法”，在环境污染上做“减法”，旨在为城镇居民营造宜居适度的城镇生活空间；那么低碳城市建设则是要重点解决城镇经济空间内的能源消耗问题，发展城镇低碳经济以进一步转变经济发展方式，实现城镇可持续发展。综合来看，低碳城市建设主要体现在调整城市产业结构、优化城市能源结构和鼓励低碳生活方式三个方面。

（一）积极调整城市产业结构

在我国工业化、城镇化快速推进时期，重化工业以及制造业等工业产业是城市经济体系的主导产业，可以说，以第二产业为主的产业结构体系是这一发展时期地区经济发展的命脉所在。但需要关注的是，这种产业结构对于传统的石油、煤炭等能源依赖性极大，碳排放的主要来源是石油、煤炭等化石燃料。在这种传统的产业结构主导下，改革开放40多年来，我国城镇建设产生的化学需氧量占全国的85%，二氧化碳占全国的90%，二氧化硫占全国排放总量的比例更是高达98%。[①] 因此，要想从根本上解决城镇发展的碳排放问题，就需要对原有的产业结构进行优化升级，促使城市产业结构向合理化、高级化转变。一是要淘汰落后的产业。首先是制定严格的市场准入机制，提高此类企业的市场准入门槛。通过环保政策的严格落实，全面推行负面清单制，在政策审批环节牢牢把住审核关卡，禁止污染性较大的企业进入城镇，并抑制“三高”企业产品的出口和生产；同时制订配套金融、土地等综合性政策措施，在政策支持上向绿色低碳企业

① 李迅、刘琰：《低碳、生态、绿色——中国城市转型发展的战略选择》，《城市规划学刊》2011年第2期。

倾斜，鼓励地方政府从以经济效益为目标的大规模招商引资向以追求生态效益与经济效益相统一的“选商选资”转变。其次是依法依规淘汰城市内的落后产能，对现有的“三高”企业进行有针对性、综合性的整治。对于不得不关停的企业在完善相应的配套服务后依法予以关停，如解决好企业资产清算、员工下岗安置保障等问题再启动全面企业关停退出程序；对于需要调整改进的企业，则给予一定的政策扶持，推动其产业结构的优化升级，使其发挥更大的经济效益。再次是积极发展新兴产业。在城市功能定位和产业发展规划方面，一方面要有序推进城市中心区的第二产业向周边地区转移，在城市中心区域加快发展金融保险业、现代服务业、高新技术产业、信息技术产业等最具发展潜力的产业，这些产业附加值高而能源消耗低，污染排放也少；另一方面积极推动产城融合，依托现有的工业园区，在促进产业集聚的同时，加速产业园区由单一生产功能向综合型城市经济转型，在优化城镇产业空间布局的基础上不断促进绿色低碳循环发展。

（二）优化调整城市能源结构

如前所述，改变当下以重化工业和制造业为主的产业结构是解决我国城市发展碳排放问题的关键举措。但需要指出的是，建设低碳城市必须遵循基本的经济社会发展规律，产业结构的调整不能逾越经济发展阶段，目前我国的基本国情决定了这种工业结构还会存在。因此，完全抛弃工业发展的“高碳”成分在短期内并不现实，但努力降低现有产业发展的碳排放量，即对城市产业原有的能源结构进行优化却是我们可以做得到的。[①] 当下我们在能源供应环节积极推进供给侧结构性改革，即通过相关硬性措施的落实不断降低不可再生能源在城市能源提供中的比例，从而倒逼城市能源使用向“开源”和“节流”发展。“开源”即大力寻求挖掘能够替代不

① 王可达：《建设低碳城市路径研究》，《开放导报》2010 年第 2 期。

可再生能源的新能源和清洁能源，从而促进能源供应的多样化。随着能源供应的日益多样化，城市发展对石油、煤炭等不可再生能源的依赖就可以逐渐降低，城市高能耗发展的偏好得以改变，能源开发利用引起的环境污染自然也就随之减少。“节流”即充分利用城市的创新高地优势，进行能源使用技术的创新研究，而规模经济下的技术创新和扩散，对于改善能源效率具有重要意义。① 如研发石墨烯超导技术，以最大限度地减少电力运输的损耗；将纤维素乙醇和氢燃料等车用燃料生产技术进行全面推广以发展城市低碳交通，减少交通排放污染；同时开发清洁煤、核能、太阳能和风能等先进发电技术等。通过这种倒逼式的“开源”和“节流”，我国城市能源结构得以不断优化，经济发展的“高碳”成分也就随之不断降低，生态文明建设也就拥有了内在的坚实基础。

（三）鼓励公众低碳的生活方式

低碳城市建设虽然重点在于解决城市发展类环境问题，以构建起集约高效的城镇生产空间，但城市生产最终都要服务于城市消费，城市的发展是为了人民更好地生活。因此积极引导社会公众改变“高碳”的生活方式，鼓励居民进行低碳生活，实际上也是低碳城市建设的重要环节。在城镇居民生活方面，一方面我们鼓励居民从基本的衣食住行做起，在个人的行为习惯上真正培育起城市低碳生活方式，譬如出行尽可能选择城市公共交通，减少私家车使用；外出就餐尽量减少一次性碗筷使用，保护森林资源；改变“面子消费”“奢侈消费”等消费习惯，自觉践行勤俭节约；个人生活垃圾及时分类处理循环利用等，以减少城市能量需求和污染输出。另一方面，由于生态环境是一个开放系统，具有极强的外部性，因而在广大乡村地区也有必要培育低碳生活方式，譬如在农村地区发展低碳农业、生态农业等，以降低农业生产对化肥和农药的使用，提倡使用农家肥；倡

① 师博、沈坤荣：《政府干预、经济集聚与能源效率》，《管理世界》2013 年第 10 期。

导在农村地区推广太阳能、沼气池等清洁能源；禁止农村秸秆燃烧以减少大气污染等。尤其是在新型城镇化强调城乡一体化、城乡融合的时代背景下，城镇与乡村绿色低碳生活的全面践行，既有利于全面改善环境质量，也有利于提升社会整体公民素质，从而推进“人”本身的现代化。

从生态系统的角度来看，城市密集的生产和消费活动是引起“高碳”排放的核心驱动因素，而城市温室气体以及各种污染物的排放改变了生物地球化学循环（BGC），继而改变了区域性气候系统、水分系统和生物系统，从而全面影响到整个城市系统。城市系统既是引起生态变化的驱动力，也是生态变化结果的响应者①。因此积极建设低碳城市，减少碳排放量以缓解经济发展对生态系统的破坏，实际也是在保护城市经济系统的可持续发展动力。就目前我国东部发达地区而言，低碳城市建设要以产业层次高级化发展为重心，稳步推进劳动密集型、资源密集型产业向中西部地区的中小城市和小城镇有序转移，同时着力增强自主创新能力，加快发展现代服务业和高新技术产业等新兴产业，实现城市发展的腾笼换鸟。中西部地区的各类中小城市要充分利用土地、劳动力等生产要素优势，不断加强区域间的经济联系，主动承接大城市的产业转移。需要注意的是，中小城市在城镇化发展过程中，要减少对传统“三高”产业的依赖，充分利用大城市的技术创新扩散，不断优化城市能源结构，发展清洁能源，提高能源使用效率。小城镇地区要因地制宜，将生态理念和人文特色融入城镇发展的方方面面，发展特色产业，打造特色小镇。广大农村地区要重点培育农村社区居民的低碳生活方式，改变其传统的小农意识思想，引导其形成现代化的生活习惯，同时发展低碳农业，倡导生态农业，以保护好农村地区的生态环境。

---

① Grimm, N.B., Faeth, S.H., Golubiewski, N. E., et al. Global Change and the Ecology of Cities. Science, 2008, 319 (5864): 756-760.

第三章　城镇化发展的基本类型与方式

就地城镇化与异地城镇化是我国城镇化发展的两种基本范式和类型，前者主要通过发展乡村工业、小城镇及特色小镇以及推进农民集中居住等方式来实现；后者主要采用整体嵌入与分散嵌入的方式来实现。从其关系来看，就地城镇化为异地城镇化提供了中转和回路，异地城镇化为就地城镇化提供了外援。城镇化的两种模式中一方的不足正好是另一方的优势所在，或者说可以通过另一方得以克服和弥补，二者互补共生，共同构成了中国城镇化发展的基础。因此，中国未来的城镇化道路要在坚持“两基”的基础上，实现“多维”发展。

第一节　就地城镇化与实现路径

一、就地城镇化的内涵

“就地城镇化”是指区域经济社会发展到一定程度后，农村人口不再向大中城市迁移，而是在原居住地一定空间半径内，依托小城镇和新型农村社区，实现就地非农化、市民化的过程。就地城镇化包括两个方面的变化：[①] 一是就业结构上实现新的产业就业；二是空间形态上从分散居住转

① 李强、张莹、陈振华：《就地城镇化模式研究》，《江苏行政学院学报》2016年第1期。

变为人口较为集中的生产、生活和居住的过程。与就地城镇化相近的概念是“就近城镇化”，两者之间没有本质上的差异。一般来说，前者涵盖了后者，学术界往往合在一起使用，称为“就地就近城镇化”或“就近就地城镇化”。“就近”是相对于跨省和跨地级市的长距离流动而言，主要界定为以地级市和县级城镇为核心的城镇化。[①] 根据空间范围，从村内就地转化、小城镇就地转化、县域内就地转化到地级市内就地转化，都被界定为就地城镇化。[②] 因此，本书所指的是一种广义上的就地城镇化，包含了就近城镇化的内涵，是指在地级市、县域与乡镇范围内实现的城镇化。

二、就地城镇化的实现路径

从就地城镇化的实现路径来看，主要包括通过发展乡村工业、小城镇及特色小镇以及推进农民集中居住等方式。

（一）通过发展乡村工业实现农民非农化

城镇化离不开工业化，工业化是城镇化的基础。20 世纪 70 年代，苏南地区[③]发达的乡村工业对劳动力产生了需求，为农民非农化提供了契机。一部分农民开始“离土不离乡，进厂不进城”，实现了农业人口的就地就近转移。费孝通将这种城镇化方式概括为“苏南模式”：“他们原是住在乡村里种田的农民，这几年他们在农业之外找到了新的活路。有许多就在村里或镇上社队办的工厂里当上了工人。这种人大多还是住在乡村里……从劳动者来说是离土不离乡，从工业来说是从集中在大城市的形式扩散到广

① 李强、陈振华、张莹：《就近城镇化与就地城镇化》，《广东社会科学》2015 年第 1 期。

② 李健、杨传开、宁越敏：《新型城镇化背景下的就地城镇化发展机制与路径》，《学术月刊》2016 年第 7 期。

③ 广义上的苏南是指江苏省长江以南地区，包括苏州、无锡、常州、镇江和南京五市，狭义的苏南，仅指江苏东南部的苏州、无锡、常州三市。本书所指的苏南地区为广义上的苏南。

大乡村中去。”[①] 也就是说，依靠发展社队工业和乡镇工（企）业，农民实现了就地就近转移而不必要迁移到大中城市。苏南乡村工业作为“公社或生产队经济结构中的一部分”，具有较强的集体经济属性。这与以家庭企业与私营经济为主要特色的温州发展模式形成了鲜明的对比。

（二）通过发展小城镇与特色小镇实现农民就地就近转移

费孝通较早在苏州吴江县（现吴江区）的调研中发现了小城镇[②]对于农民转移就业的重要作用。他在《小城镇·大问题》一文中指出：“小城镇建设是发展农村经济、解决人口出路的一个大问题。”在吴江县的7个县属镇内“存在着另外两种工业：一种是县属工业（包括全民或集体），另一种是镇办工业。县属工业的发展较早，一般是在五六十年代开办的，对保住小城镇一部分人口和为附近农民提供就业机会是起了作用的。”镇办工业“实际上是残留在镇上的剩余劳力进行生产自救的组织”。[③] 可见当时的苏南小城镇，主要是通过发展县办或镇办工业来实现农村劳动力向小城镇转移的。虽然小城镇的商业服务业也是吸纳非农就业的重要领域，但在改革开放之初，苏南小城镇的商业并不发达，因而对非农人口的吸纳还是以工业为主。据统计，1978—1989年间，苏南农业劳动力大约半数转向了非农产业，这些人绝大部分进入了乡镇企业。[④] 就整个江苏为例，乡镇

---

① 费孝通：《中国城乡发展的道路》，上海人民出版社2016年版，第113—114页。

② 对于小城镇的界定，目前主要存在4种争论：第一，小城镇=小城市+建制镇+集镇；第二，小城镇=小城市+建制镇；第三，小城镇=建制镇；第四，小城镇=建制镇+集镇（李明超：《我国城市化进程中的小城镇研究回顾与分析》，《当代经济管理》2012年第3期）。由于小城镇事实上是乡的中心，费孝通因此主张将“小城镇”和那些“日中为市”的“集”统一称呼为“集镇”（费孝通：《中国城乡发展的道路》，上海人民出版社2016年版，第210页）。本书所指的小城镇是建制镇与集镇的合集。

③ 参见费孝通：《中国城乡发展的道路》，上海人民出版社2016年版，第169—211页。

④ 殷晓岚：《20世纪苏南农业与农村变迁研究》，南京农业大学博士学位论文，2004年，第164页。

企业吸纳农村劳动力从改革开放之初的占比 11%增长到 90 年代初的 32.2%（表 3-1），很好地体现了依托乡镇企业而得以发展的小城镇在吸纳农民就业中的“蓄水池”作用。

表 3-1　改革开放后江苏省乡镇企业吸纳农村劳动力情况①

年份	乡镇企业从业人员（万人）	乡村劳动力（万人）	比重（%）
1978	249.09	2 256.69	11.00
1985	511.66	2 598.12	19.70
1990	896.17	2 786.86	32.20
1995	924.71	2 773.04	33.30
1998	837.40	2735.91	30.60

2016 年之后，一种区别于行政建制镇的、全新的创新创业发展平台——特色小镇被提了出来并得到快速发展。作为区域经济发展的新动力和创新载体，特色小镇具有产业“特而强”、功能“有机合”、形态“小而美”、机制“新而活”等特点。② 从类型来看，特色小镇大致分为历史文化型、城郊休闲型、新兴产业型、特色产业型、交通区位型、资源禀赋型、生态旅游型、高端制造型、金融创新型、时尚创意型十大类。③

2016 年 10 月，住房和城乡建设部印发了《关于公布第一批中国特色小镇名单的通知》，将全国 127 个行政建制镇认定为“中国特色小镇”。2017 年 8 月，住房和城乡建设部印发了《关于公布第二批全国特色小镇名单的通知》，将 276 个行政建制镇认定为“全国特色小镇”。与

① 夏鸣等编：《江苏五十年》，中国统计出版社 1999 年版，第 64 页。

② 卫龙宝、史新杰：《浙江特色小镇建设的若干思考与建议》，《浙江社会科学》2016 年第 3 期。

③ 刘国斌、高英杰、王福林：《中国特色小镇发展现状及未来发展路径研究》，《哈尔滨商业大学学报》（社会科学版）2017 年第 6 期。

此同时，各个省份也开始积极推进本区域内的特色小镇命名或创建工作。以江苏省为例，2016 年 12 月，江苏省出台了《省政府关于培育创建江苏特色小镇的指导意见》，要求培育创建一批具有江苏特点的特色小镇。江苏先后发布两批特色小镇名单，目前江苏共有国家级特色小镇 22 个，省级特色小镇 56 个。根据特色产业类型划分，这些特色小镇主要有“高端制造小镇”（39.3%）、“创意产业小镇”（25.0%）、“第一代信息技术小镇”（14.3%）、“历史经典小镇”（8.9%）、“健康养老小镇”（8.9%）等。这些特色小镇通过打造“一镇一品”，形成了独具特色的产业优势，发挥了就地、就近吸纳农村剩余劳动力就业的作用。

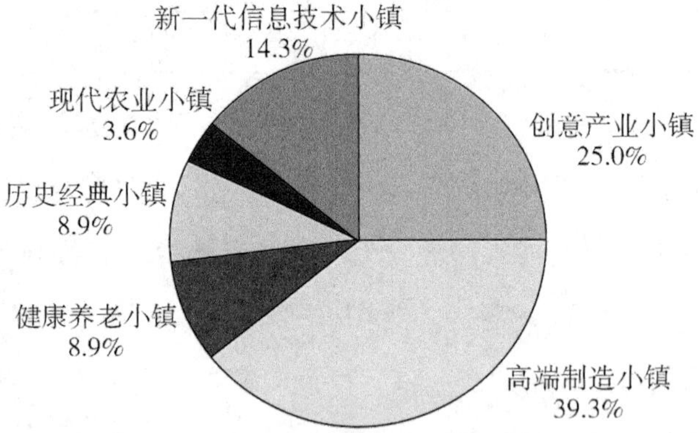

图 3-1 江苏特色小镇的基本类型

以江苏苏绣小镇为例。苏绣小镇在江苏首批特色小镇（历史经典小镇）之列，同时获得 2018 年度首批省级特色小镇考核“优秀”等。苏绣小镇坐落在苏州高新区镇湖镇（现改为镇湖街道），地处苏州市西部太湖之滨。刺绣、织席、养蚕和捕鱼也成为了镇湖的传统副业，其中尤以刺绣为盛。改革开放之后，镇湖的刺绣业得到了快速发展。1998 年，政府部门专门打造了一条 1.7 公里长的绣品街，吸引了众多的乡下绣女来镇上开店。前店后坊的绣品街成为镇湖独特的景观，绣品街也逐渐成为远近闻名的绣品批发市场。刺绣成为了地方经济的一大特色产业与支柱产业。费孝通教授欣然题词“镇湖刺绣，一枝独秀”。目前镇湖2万人口中有8000绣女，5000余人从事刺绣相关行业，2/3的人口从事刺绣、2/3的收入来自刺绣，镇湖因此被称为“绣”出来的小镇。[①] 不仅如此，镇湖特色产业的发展还带动了小镇生活环境和生态环境的改善，小镇15分钟社区生活圈内，幼儿园、卫生院、社区服务中心等已投入使用，[②] 从而为转移至小镇的农村人口享受市民化生活提供了保障。

（三）通过推进农民集中居住实现农转居

“农民集中居住”来自中国发达地区农村的“三集中”实践，即“农民向社区集中、工业向园区集中、土地向规模经营集中”。江苏是较早推行农村“三集中”政策的省份之一。从2000年起，苏南地区农村开始尝试推进农民集中居住工程。随后这一做法作为典型经验便在全省范围内推广开来。按照江苏全省镇村布局规划编制方案，自2006年之后的20年内，全省25万个自然村将逐步撤并为4万多个农村居民点。由于江苏农民集中居住的做法与党的十六届五中全会提出的新农村建设的二十字方针（“生产发展、生活宽裕、乡风文明、村容整洁、管理民主”）高度一致，于是农民集中居住便在全国范围内推广。推进农民集中居住的意义表现为以下方面：一是将农民转变为居民。农民集中居住通常伴随着土地的被征用和户口的农转非——即将其农业户口转变为居民户口。相应地，这些新市民将就地转向城镇非农产业就业，实现就业方式的转型。二是改善了农转居新市民的居住环境。恰如学者所言，从传统的农村住宅向城市多层建筑、从传统村落向农村住宅社区的转变，是21世纪初中国农村最深刻的一个变化。新建的居住区不但基础设施齐全，而且教育、医疗卫生、文化体育、

---

① 何聪、申琳：《苏州镇湖：一个“绣”出来的小镇》，《人民日报》2019年10月25日。

② 邱海峰、汲梦喆：《特色小镇，多些“特色”少些“名不副实”》，《人民日报》（海外版）2019年7月25日。

商业网点、金融邮电和市政公用等各种公共服务设施应有尽有，从而形成了高起点、高标准、高质量的现代化的居住小区。三是提升了农转居新市民的生活质量。以江苏省为例，集中居住后，93.5%的居民家庭都进行了装修；九成以上的居民家庭都拥有彩电、冰箱、洗衣机、空调等设备，而数字电视、电脑、私家车的拥有率也占到了相当的比例。①由此可见，农民集中居住对于农民就地城镇化的作用是显而易见的。

第二节　异地城镇化与城市嵌入

一、异地城镇化的内涵

异地城镇化是与就地城镇化相对应的一个概念，是指“农民通过跨区域空间转移，特别是向大中城市和发达地区迁移流动，最终在流入地实现城镇化的一种模式”。② 国家统计局农民工监测报告表明，2015 年外出农民工约 1.7 亿人，其中跨省流动 7745 万人，而省内流动到省会城市的还有 2059 万人。如果将跨地级市作为“就近”和“异地”的分界线，可见外出农民工中“异地”流动的比例应该超过一半（表 3-2）。从课题组对安徽省西部一行政村（4 个村民小组）的调查来看，就地城镇化为 48 人，异地城镇化为 121 人（表 3-3），异地城镇化转移的人口为就地城镇化转移人口的 2.5 倍。

① 叶继红：《江苏集中居住区居民生活质量》，人民出版社 2018 年版，第 94—97 页。

② 杨风：《异地城镇化更有利于农民生活方式转型》，《中国人口报》2014 年 10 月 27 日。

表 3-2　2015 年外出农民工流向地区分布及构成

	合计	直辖市	省会城市	地级市	小城镇	其他
外出农民工总量（万人）	16884	1460	3811	5919	5621	73
其中：跨省流动	7745	1188	1752	3259	1473	73
省内乡外流动	9139	272	2059	2660	4148	0
外出农民工构成（%）	100.0	8.6	22.6	35.1	33.3	0.4
其中：跨省流动	100.0	15.3	22.6	42.1	19.0	0.9
省内乡外流动	100.0	3.0	22.5	29.1	45.4	0.0

表 3-3　安徽省霍山县单龙寺镇单龙寺村劳动力转移就业情况①

（单位：人）

	本地就业			本省就业		省外就业		合计
	村镇	县城	六安	合肥	省内其他城市	杭州	省外其他城市	
福利	7	10	1	7	1	20	6	52
畈上	2	3	0	6	0	15	1	27
榜上	5	2	0	9	1	24	2	43
建新	10	6	0	7	3	16	5	47
合计	24	21	1	29	5	75	14	169

二、异地城镇化的实现方式

这里的异地城镇化实现方式是指农民进入城市的方式，尤其侧重农民在流入地城市的居住方式。从异地城镇化的实现方式来看，大体可以分为整体嵌入与分散嵌入两大类。

① 本次调查选取的范围是从该行政村所辖的 22 个村民小组中抽取的 4 个村民小组，调查时间为 2021 年 1 月，调查人为项金玉。

整体嵌入是指农民工在流入地城市依托原先的血缘、地缘关系而形成的聚居方式。作为聚居的结果便成了城市的“族群飞地”，其中以北京“浙江村”[①] 最为有名。浙江村并非指浙江人在流入地城市建立的新村落，而是指浙江人在该地通过在城郊村租住聚居而形成的“城中村”。不同于那些仅仅作为外来人口居住地的普通城中村，“浙江村”复制了作为农民工流出地家乡温州的私营化经营模式。从一定意义上讲，是将原家乡的经营模式迁移到了异地。故而学术界将“浙江村”看作是一种“独特的进入城市的方式”，即“产业—社区型进入”。[②] 这种方式有以下特点：第一，聚居人口来自同一户籍所在地（温州市），形成了一个族群飞地。第二，成员频繁互动生成了一定的族群意识与社会资本。第三，形成了应对城市社会排斥、抱团取暖的组织化与集团化力量。“浙江村”尽管曾因脏乱差问题而被地方政府多次清理整治，但在多方努力下最终还是保留了下来。[③] 因而可以认为北京“浙江村”是农民异地城镇化、嵌入城市的重要形式。

如果说北京“浙江村”是进城农民自发聚居而形成的，那么由地方政府专门为农民工建造的“打工楼”则可以看成是农民工整体嵌入城市的又一种方式。在苏州市高新区枫桥街道，地方政府为做好农民工的管理和服务工作，采用集中居住、集中服务、集中经营的模式，先后建造了景山公

① “浙江村”是指20世纪80年代中期来自浙江温州地区的服装加工、经营户在北京丰台区一带形成的聚居区，人口最多时曾近10万人。

② 王汉生、刘世定、孙立平、项飚：《“浙江村”：中国农民进入城市的一种独特方式》，《社会学研究》1997年第1期。

③ 参见孙忠焕：《我所亲历的改革开放30年（二十二）》、《我所亲历的改革开放30年（二十三）》，《杭州政协》2010年第11、12期。当然也要注意到北京“浙江村”后来发生的一些变化，如从非正规经济到被纳入正规经济后传统社会关系的瓦解以及社会的自我保护和抵制能力的丧失（项飙：《正规化的纠结：北京“浙江村”和中国社会二十年来的变化》，《二十一世纪》2017年第1期）。

寓、木桥公寓两个外来务工人员集宿区。景山公寓拥有宿舍1545间，目前居住着来自一家大型台企的1.5万名外来务工人员。设有1438间宿舍的木桥公寓2015年投入使用，则居住着另一家台资企业1万余名员工。这两座“打工楼”集服务、管理、生活三大功能于一体。公寓内银行、超市、健身房、药店、医务室、通信服务网点、图书馆、电子阅览室、法治学校、心理辅导室等配套设施一应俱全，公寓还定期播放露天电影，开展文体活动。

而在苏州昆山市（苏州下辖的一个县级市），地方政府也采用了外来农民工集中居住方式。早在2002年昆山市政府就制定了《昆山市外来人员“集居工程”实施意见》，引导企业实行用工人员的内部集中居住，同时做好社会面外来人员的集中居住的宣传落实工作。昆山市的外来人员集中居住点建设形成了“三三制”的模式，即企业内部校园式、社会面上旅馆式、建筑工地营房式三种形式，以及高档次公寓型、中档次宿舍型、低档次住户型三个档次。尤其是高档公寓内，都配有电视、空调、卫生间、热水器等生活设施，集宿区内设有超市、网吧、文化活动中心，极大地方便了入住者的生活，让外来人口有了“家”的感觉。外来农民工实现集中居住具有多方面的意义：第一，集体公寓或宿舍发挥了农民工保障房的作用，解决了农民工独自在外租房的麻烦；第二，集宿区完善的服务设施与良好的居住环境提升了农民工的生活质量，使他们体验和享受到了现代城市生活；第三，解决了外来人口在城乡接合部大量集聚而产生的违章搭建、环境卫生和治安问题，便于规范化管理。

相对于北京“浙江村”与苏州“打工楼”这种整体嵌入方式，大多数农民工还是以分散的形式单个或与家庭成员一起栖居在城市的各个角落。根据《中国流动人口发展报告2018》，2017年，流动人口家庭在流入地的平均户规模为2.7人，在流入地居住的以2—3人为主。其中，1人户占18.1%，2人户占25.4%，3人户占31.7%，4人户占18.4%，5人户及以上户占6.5%。[①] 这表明，八成以上的流动人口都以家庭化的形式嵌入城市。虽然分散嵌入很难形成诸如北京“浙江村”一样的组织化力量，但相比于单个个体，以家庭的形式更有利于农民工的城市融入。

第三节 就地城镇化与异地城镇化的关系

（一）就地城镇化为异地城镇化提供了中转

从理论上讲，农民在非农化与市民化的过程中，客观上存在三步走战略或三种选择：第一步是向中心村或小城镇（包括县城）转移；第二步是向所在地级市转移；第三步是向省城或其他城市转移。第一步与第二步是就地城镇化，而第三步是异地城镇化。当然，在实践中，农民也可能从第一步直接跨到第三步，不需要地级市作为中转。以下这则案例具有一定的代表性，案主XWL高中毕业后先在家乡县城打工，后来去了广州。他说：

> 高中还有半年毕业的时候，我就没念了，反正拿到了毕业证。那时候我爸说我太小，出去打工怕没人要，让我先在霍山打打零工。就是过渡一下，差不多干了一年半吧，我就去广州了。当时在家考了一个初级的钳工证，然后家门口人给我介绍了一下，说他的战友在广州那边要人，然后我就去了。讲实话霍山只适合养老，要奋斗还是去大城市。霍山的市场太小了，转来转去就那么大。到外面打工最起码能挣到钱，但是工资跑不赢外面的房价，要是有公积金还能好一点，所以我感觉这就是一个矛盾。在霍山压力小，买房什么都能承担得起来，但是挣不到钱；大城市能挣到钱，但是没有办法在那留一辈子。

① 国家卫生健康委员会编：《中国流动人口发展报告2018》，中国人口出版社2018年版，第164页。

农民选择哪种方式要取决于农民家庭的具体状况、本地经济发展状况以及拟迁入城市的发展机会等。如果首先转移至小城镇或地级市，再进一步转移到大城市，那么就地城镇化就成为了异地城镇化的中转。

（二）就地城镇化为异地城镇化提供了回路

同样，当农民在大中城市的就业与生存压力较大，这时农民也可以选择退回农村或小城镇，成为返乡农民工。当然并非所有的返乡农民工都是因为生活压力大而回乡，一部分人尤其是农民工中的精英群体返乡是为了创业。据统计，截至 2020 年 8 月底，全国新增返乡留乡农民工就地就近就业达到 1700 万人。① 于是，异地城镇化就变成了就地城镇化。就地城镇化符合农民工未来的流动趋势。当前我国大力实施创新驱动发展战略，城市产业结构持续转型升级，使得一、二线发达城市的劳动密集型产业受到了很大冲击，出现了劳动力逐渐向中小城市和小城镇转移的趋势。另一方面，新型城镇化与乡村振兴战略为就地城镇化提供了契机。农业人口通过向中心村和小城镇转移和集中，能够改善他们的居住条件和就业方式，实现就地、就近非农就业和农民市民化，因而是比较切合实际的一种城镇化方式。

（三）异地城镇化为就地城镇化提供了外援

返乡农民工尤其是那些返乡创业者，他们从城市带回了资金、技术、信息与管理经验，在家乡兴办企业或经济实体，吸纳和带动当地农民就业，实现了农村剩余劳动力的就地转移，避免了异地城镇化而导致的众多农村人口的远距离迁徙。据调查，平均每名返乡创业者能带动 4 人左右的新就业。② 以四川省为例，2020 年四川返乡创业农民工累计达到 80.6 万

---

① 姚雪青：《让农民返乡创业更有底气》，《人民日报》2020 年 10 月 12 日。

② 邱玥：《人社部详解新措施——全方位支持农民工返乡创业》，《光明日报》2018 年 1 月 20 日。

人，实现创业产值6200亿元，吸纳就业311.7万人。①

以下两则案例具有一定的代表性。

案例一：X先生和妻子早年从安徽霍山县单龙寺镇单龙寺村外出打工，2010年夫妻二人从杭州返乡创业。他说：

> 当时我们在杭州也是干了有七八年了，2010年前后老家农村这边盖房子的很多，都在翻新盖新房子，门窗生意好做，我们商量回来干。大概2010年的时候，我们就从杭州回来了。主要是打工打烦了。打工是给人家干活，那是挣不到什么钱的，我们那个厂是专门做门窗生意，那几年房地产起步，生意好，老板想拓展市场，我们就想接下来，等于做分销商，回来霍山做总代理，结果就回来了。

案例二：W先生2001年从河南到北京打工，做过推销员，跑过货运。2015年回村创业，和弟弟一起开办了一个服装印花厂。他说：

> 在北京我先是在一家广告公司做推销员，那时都要敲门推销，很难的。后来积攒一点钱后，买了辆货车，跑货运，整天整夜地干，很不容易。回想起来，我在北京的经历对我来说确实有用，使我自己成长了不少是最主要的。现在我在家门口办厂，招的工人有十来个，主要是附近村里的妇女，在家里闲着没事正好来我这里干干活还能赚点零花钱，挺不错的。

不难看出，X先生能够返乡创业是凭借在城市打工积累的社会资本，获得了原打工企业在霍山总代理的机会。W先生返乡创业的成功离不开其

---

① 刘春华：《80.6万农民工返乡兴起“创业经济”》，《四川日报》2021年1月13日。

在城市积累的经验、资本和对能力的磨炼。从这个意义上讲，异地城镇化能够为就地城镇化提供必要的外部援助与支持，从而反过来助推本地人就地就近非农化与市民化。

以上分析表明，就地城镇化与异地城镇化并不是非此即彼的对立关系，在一定条件下这两种模式可以相互转化，从而形成互补共生关系。从主体的角度，农民可以选择适合自身的城镇化发展模式，可以选择就地就近城镇化，也可以选择迁移至大城市进行异地城镇化。党的十九大报告指出，“以城市群为主体构建大中小城市和小城镇协调发展的城镇格局，加快农业转移人口市民化。”[①] 就地城镇化异地城镇化的互补共生，与上述城市群为主体的大中小城市协调发展的格局是一致的。

第四节　两种城镇化模式的不足及其超越

（一）两种城镇化模式的不足之处

就地城镇化代表了以发展乡村（镇）工业、小城镇（特色小镇）和推进乡村就地整治改造或农民集中居住为表征的城镇化模式。但是，这种发展模式在实践中也存在一定的不足：一是资源利用较为粗放。传统的乡村（镇）工业技术含量不高，资源利用较为粗放，“村村冒烟”对环境造成了污染。二是小城镇的集聚辐射能力不强。相较于大城市，小城镇对人口的集聚度不高，一些镇由于缺少产业支撑，发展后劲明显不足，对乡村的辐射和带动能力有限。目前中心镇的集聚辐射能力总体较好，而普通镇的集聚辐射能力相对不足。以浙江为例，该省 200 个省级中心镇的平均镇域面积为 105 平方千米，镇区面积 9.1 平方千米，分别是其他普通建制镇的

---

① 习近平：《决胜全面建成小康社会　夺取新时代中国特色社会主义伟大胜利——在中国共产党第十九次全国代表大会上的报告》，人民出版社 2017 年版，第 33 页。

1.4倍和1.8倍；中心镇人口平均6.6万人，镇区人口2.8万人，分别是其他建制镇的2.1倍和2.8倍。① 三是小城镇对于农民市民化的形塑作用不及大中城市。正如学者指出的，“如果我们把城市化的终极目标看作是人的城市化，是人的城市性特征的极大彰显的话，很显然，发展大城市比发展小城镇更能够体现这一特征。”②

对于异地城镇化的弊端，学术界诟病最多的是流动人口向大城市过于集中造成了各种“城市病”以及人户分离造成的农村“三留守”（留守老人、留守妇女和留守儿童）问题。研究表明，“城市病”主要表现为城市人口膨胀、交通拥挤、城市贫困、房价高涨、就业困难、环境污染、资源能源紧张等方面。“‘城市病’的本质是城市发展速度和扩张规模超过了城市资源、环境所能承受的最大负荷”③，这显然与大规模的人口流入有关。与农村“三留守”相关的另一个问题是农村空心化现象。农村空心化突出地表现为人口、土地、产业和基础设施等的空心化，其中人口是关键。不难看出，作为异地城镇化副产品的“三留守”问题、农村空心化问题也是农村青壮劳动力大规模进城和流失所致。

（二）两种城镇化模式的功能优化

就地城镇化存在的种种不足不能成为否定该城镇化模式的价值与意义的充分理由。当前国家大力推进乡村振兴战略，县域就地城镇化的地位愈加凸显，在并非任一农民都适合异地城镇化的情况下，就地城镇化的优势还是较为明显。尤其重要的是，就地城镇化满足了农民家庭的实际需要以

---

① 郑小碧、孙晓雨：《中心镇人口集聚的模式、水平及其影响因素研究——基于浙江省的理论和实证分析》，《浙江师范大学学报》（社会科学版）2020年第1期。

② 文军：《回到“人”的城市化：城市化的战略转型与意义重建》，《探索与争鸣》2013年第1期。

③ 焦晓云：《新型城镇化进程中农村就地城镇化的困境、重点与对策探析——“城市病”治理的另一种思路》，《城市发展研究》2015年第1期。

及农民的心理需求。正如斯科特所言："把生存作为目的的农民，在规避经济灾难而不愿冒险追逐平均收入最大化方面很有代表性……农民的价值标准和生活经验反映了安全第一的逻辑结论。"[①] 从这个意义上讲，就地城镇化是一种安全城镇化，它满足了农民安全城镇化的需求。

同样，"城市病"和"三留守"问题也不能成为否定异地城镇化模式的价值与意义的充分理由。有学者认为，虽然"三留守"问题导致农民家庭的分离，"却增加了农民家庭的收入，改善了农民生活条件"。故而，"留守"是农民家庭的"选择与权利"，是弱势农民获得"基本保障"和"底线救济"的方式。[②] 也就是说，对于一些农民家庭来说，"留守"有其现实必要性，"留守"未尝不是一种切合实际的正确选择。辩证地看，城镇化的两种模式中一方的不足正好是另一方的优势所在，或者说可以通过另一方得以克服和弥补。

第五节　城镇化发展的多元模式

应该说，就地城镇化与异地城镇化这两种模式并没有本质上的孰优孰劣，只是针对不同对象具有不同的适用性。二者的区别表面上看是距离远近的问题，实则是发展战略与发展道路的选择问题，即，是"留守发展"还是寻求"外出发展"？是优先发展小城镇还是发展大城市？

基于中国区域差异较大的基本国情，城镇化并没有固定的发展模式，而是要根据地区实际选择符合自身特点的城镇化发展道路。正如费孝通所言："因为各地所具备的地理、历史、社会、文化等条件不同，所以在向现代经济发展过程中采取了不同的路子这是可以在实际中看到的。不同的

① 参见斯科特：《农民的道义经济学：东南亚的反叛与生存》，程立显、刘建译，译林出版社 2013 年版，第 1—39 页。

② 贺雪峰：《留守问题不应一概而论》，《决策》2019 年第 5 期。

发展路子就是我所提出的不同发展模式。"① 费孝通先后概括出了"苏南模式"（乡镇企业模式）、"温州模式"（小商品、大市场）、"珠江模式"（三来一补企业）、"民权模式"（公司+农户）、"侨乡模式"（侨胞投资兴办企业）等。这些模式代表了各地"农村经济发展的不同模式"以及农民"生财之道"的多样性，体现了城镇化因地制宜的特点。这其中既有就地城镇化方式，也有异地城镇化方式，如温州农民外出经商后回乡办厂，就是先异地城镇化后就地城镇化。因此，就地城镇化与异地城镇化是两种最基本的类型和单元，是城镇化发展的两个基点，而实现就地城镇化与异地城镇化则有多种方式和途径。

如果将由乡到城看作是"（中心）村——小城镇（市）——中等城市——大城市——城市群（都市圈）"的发展的连续体，相应地可以形成以下推进方式：一是以中心村为载体的城镇化。主要通过合村并居，加强中心村建设，引导农民向中心村集中居住的方式。2017 年 10 月 18 日，党的十九大提出实施乡村振兴战略，党的十九届五中全会进一步提出实施乡村建设行动，为乡村建设和发展提供了政策支持。二是以小城镇（市）为载体的城镇化。主要通过小城镇（包括特色小镇）建设来推进城镇化。党的十九届五中全会提出要"强化县城综合服务能力，把乡镇建成服务农民的区域中心"，2022 年 5 月国家则发布了《关于推进以县城为重要载体的城镇化建设的意见》，凸显了县城和小城镇在农村城镇化过程中的地位。三是以大中城市为载体的城镇化。主要通过大城市（包括特大城市）和中等城市建设来推进城镇化。四是以城市群为载体的城镇化。主要通过城市群（都市圈）建设来推进城镇化。2018 年 11 月 18 日，中共中央、国务院发布的《关于建立更加有效的区域协调发展新机制的意见》明确指出，以

① 费孝通：《农村、小城镇、区域发展——我的社区研究历程的再回顾》，《中国城乡发展的道路》，上海人民出版社 2016 年版，第 434 页。

京津冀城市群、长三角城市群、粤港澳大湾区、成渝城市群、长江中游城市群、中原城市群、关中平原城市群等城市群推动国家重大区域战略融合发展，从而凸显了城市群在区域发展中的重要地位。

以上可以看作是城镇化从乡村到城市的整个连续体。显然，建设（中心）村、小城镇（市）、中等城市，引导人口向（中心）村、小城镇（市）、中等城市转移就是一种就地城镇化模式，而建设大城市、城市群（都市圈），引导人口向大城市、城市群（都市圈）转移就是一种异地城镇化道路，因而就地城镇化与异地城镇化互为补充。这种“两基—多维”模式与费孝通关于由乡村到小城镇再到区域，直至形成“全国一盘棋”格局[①]的城镇化思想是一致的。

---

① 费孝通：《中国城乡发展的道路》，上海人民出版社2016年版，第447页。

第四章　区域城镇化发展的质量评价与提升策略

当前中国进入高质量发展阶段，推动城镇化高质量发展已成为必然趋势，也是以人为核心的城镇化的必然要求。城镇化质量与人的生活质量紧密相关，提高生活质量是城镇化发展的目的，也是城镇化发展质量的具体体现。江苏省集中居住区居民生活质量能够在一定程度上代表和反映我国东部地区城镇化发展的质量和水平。从江苏省集中居住区居民生活质量，到长三角城市群城镇化质量，再到中国城镇化总体发展质量，是一个由点到面、逐层推演的过程。

第一节　江苏省域集中居住区居民主观生活质量

当前，我国城市化进程迅速推进，伴随而来的是大规模的征地拆迁或村庄整治。因此，越来越多的农民被迁移至政府部门新建的居民区（又称“农民集中居住区”）。大约从 2001 年开始，江苏开始试行农村“三集中”。江苏作为华东地区经济发达地区，是我国农村居民最早迁入高密度、多层公寓式集中居住社区的省份之一，其现代化设施和服务水平均优于全国其他地区。江苏省的这一开创性实践与党的十六届五中全会确定的“建设社会主义新农村”的原则和要求一致[①]。并得到了中央的批准和支持，

① Ahlers, A. Rural Policy Implementation in Contemporary China: New Socialist Countryside. Abingdon: Routledge. 2014.

作为一种良好的发展模式和典型经验，在全国迅速推广。可以想象，这种农民向居住社区的大规模集中，必然会给农村带来巨大的变化，包括农民生产生活方式的变化、农村居住环境的变化、城乡关系的变化。例如，农民上楼后不再像以前那样依赖土地；同时，农村户口转为城市户口，这就意味着他们的生活与原来的农民生活截然不同。从最早开始实行“三集中”至今，已经过去了20多年。他们目前的生活怎么样？是否满意？集中居住政策的初步预期目标实现了吗？总括之，这一政策究竟给农民和农村带来了什么样的影响？

一、文献回顾

“生活质量”最早起源于经济学家对经济增长目的的反思。正如加尔布雷斯所言，“重要的不是商品的数量，而是生活质量”①，从而将经济增长与生活质量联在一起。之后，由于罗斯托②、坎贝尔等人③的发展，生活质量的研究引起了学术界的广泛关注。康明斯将现代形式的生活质量定义为人的特征以及国家繁荣的标志。④ 诺尔对比了斯堪的纳维亚客观模型和美国主观生活质量模型。前者关注人们生活的客观条件，后者则考虑人们对这些条件和其他生活环境的感受。⑤ 生命质量研究的一个关键问题是如

---

① Galbraith, J. K. The New Industrial State. London, Penguin Books, 1967: 9.

② Rostow, W. W. Politics and the Stages of Growth. Cambridge: Cambridge University Press. 1971.

③ Campell, A., Converse, P. E. and Rodgers, W. L. The Quality of American Life: Perceptions, Evaluations, and Satisfactions. New York: Sage. 1976.

④ Cummins, R. A. Comprehensive Quality of Life Scale: Manual. Melbourne: Deakin University. 1997: 117.

⑤ Noll, H. Social Indicators and Social Reporting: The International Experience. In Canadian Council on Social Development (Ed) Symposium on Measuring Well Being and Social Indicators. Final Report. Ottawa: CCSD. 1996; Inoguchi, Takashi. The Quality of Life in Asia: A Comparison of Quality of Life in Asia. New York: Springer. 2013: 4.

何构建一个定量的衡量指标体系。国际研究先后发展了“生活满意度指数”、“物质生活质量指数”和“人的发展指数”等反映生活质量的指标，最终形成了主观指标、客观指标，并将这两个指标结合起来衡量。因此，生活质量被定义为“主体的总体幸福感，包括身体、心理、物质、社会和精神幸福感的客观指标和主观评估”①。

国内生活质量研究开始于20世纪80年代初期。1985年，美籍华裔社会学家林南在天津开展了千户居民生活质量调查，将生活质量的主观指标（生活满意度）测量方法引入国内。随后一些学者尝试将主观指标与客观指标结合起来，集中探讨了生活质量的主客观指标之间的关系。2000年以后，幸福感研究开始为国内学者所关注，于是呈现出生活质量、生活满意度、幸福感三个方面研究并存的局面。② 国内对于农民集中居住后的生活质量研究归纳起来大致有以下几种研究视角：

第一，从福利变化情况反映农民的生活质量。生活质量与福利有一定的关联，一些学者从福利变化的角度进行了调查和研究。贾燕等人基于江苏江都农民的实证研究认为，集中居住使得农户总体福利水平稍有提高，其中，农民的经济状况、居住条件、发展空间、心理指标都有不同程度改善，但是社会保障、社区生活和环境有待提高。③ 马贤磊、孙晓中通过对南京和淮安两地农民调研后发现，集中居住改善了农户的居

① Felce, David, & Jonathan Perry. Quality of Life: Its Definition and Measurement. Research in Developmental Disabilities.1995, 16(1): 51-74.

② 风笑天：《生活质量研究：近三十年回顾及相关问题探讨》，《社会科学研究》2007年第6期。

③ 贾燕、李钢等：《农民集中居住前后福利状况变化研究》，《农业经济问题》2009年第2期。

住条件和居住环境，但并没有显著改善农户的家庭经济状况、社会保障状况。[①] 伽红凯、王树进通过对苏州、扬州、宿迁三地农民的问卷调查后认为，农户福利水平在土地征收后有所提高，但在不同经济发展水平的地区之间，集中居住前后农户福利变化的差异较大。[②] 而蒋和胜等人通过对成都市不同圈层的研究后发现，征地和集中居住改善了农户的居住条件、社会保障、社区活动和社会资源等功能。这些研究都认为，农民集中居住后总体福利有所改善，但在得到改善的具体内容上有所分歧，甚至结论相反。[③]

第二，从生活满意度方面反映农民的生活质量。生活满意度是反映生活质量的重要指标之一。吴云青、张文静等通过对天津市农民进行的问卷调查发现，农民的总体生活满意度得分为 3.8 分（采用 5 分 Likert 量表，其中 5 分最为积极），总体尚可。[④] 夏永久、朱喜刚通过对南京郊区拆迁安置社区的案例研究，发现社区满意度评价整体偏低，其中以就业环境、设施配套及地理空间维度问题的不满意尤为突出。不难看出，这些针对不同地区农民生活满意度的研究结果差异较大。[⑤]

以上从不同角度对农民集中居住后生活质量的研究有助于人们认识和了解该群体的实际生活状况，也为本书奠定了基础。但这些研究也存

---

① 马贤磊、孙晓中：《不同经济发展水平下农民集中居住后的福利变化研究》，《南京农业大学学报》（社会科学版）2012 年第 2 期。

② 伽红凯、王树进：《集中居住前后农户的福利变化及其影响因素分析——基于对江苏省农户的调查》，《中国农村观察》2014 年第 1 期。

③ 蒋和胜、费翔、唐虹：《不同经济发展水平下集中居住前后农民的福利变化》，《经济理论与经济管理》2016 年第 4 期。

④ 吴云青、张文静、张再生、蔡为民：《中心村集中居住区农民满意度及其敏感性分析》，《中国人口资源与环境》2015 年第 4 期。

⑤ 夏永久、朱喜刚：《城市被动式动迁居民社区满意度评价研究——以南京为例》，《地理科学》2013 年第 8 期。

在一定的不足：第一，不同的研究者设定了不同的指标体系，一些研究的指标设计过于简单，相互间很难进行对比研究；第二，生活质量指标体系或指数既存在结构性差异，也存在区域性差异，但很少将两者结合在一起进行考察；第三，对于生活满意度的研究，只给出了单维度生活质量得分，没有计算多维度生活质量得分，也没有阐明单维度与多维度之间的关系。

本书在借鉴已有研究的基础上，以生活满意度（即生活质量的主观感受）作为分析工具，“主观生活质量指数包含了个体的主观体验，其基本假设是生活质量可以由人们的主观幸福感和满足感来决定”①。本书首先建构一个相对完善的指标体系，将“那些人们认为比较重要并可以据此判断其整个生活质量的所有事物”纳入进来，完善已有的指标体系。② 其次从单维度和多维度两方面呈现集中居住区居民的主观生活质量，并分析其区域性差异和结构性差异，形成生活质量研究的“维度——区域——结构”三个向度（见图 4-1）。再次运用结构模型的方法，分析影响集中居住区居民生活质量的因素。

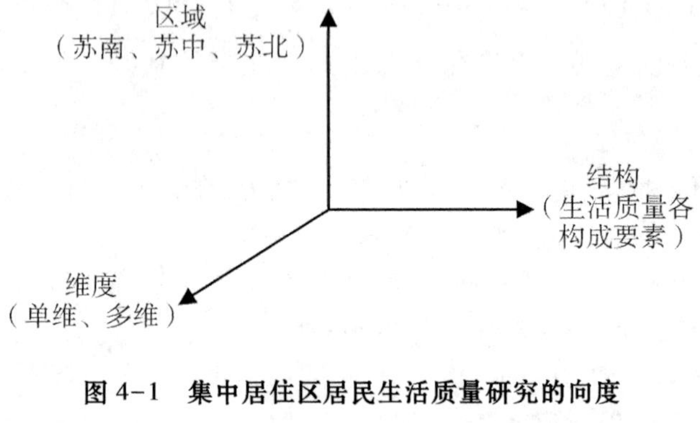

图 4-1　集中居住区居民生活质量研究的向度

① 周长城：《生活质量的指标构建及其现状评价》，经济科学出版社 2009 年版，第 410 页。

② Inoguchi, Takashi, & Seiji Fujii. The Quality of Life in Japan. Social Indicators Research. 2009, 92(2): 227-262.

表 4-1　集中居住区居民主观生活质量（生活满意度）指标体系

名称	领域	测量指标
集中居住区居民主观生活质量（生活满意度）	经济生活	就业状况
		收入状况
		消费状况
	居住出行	居住条件
		交通出行
		配套服务
	社会关系	邻里关系
		社会交往
	休闲娱乐	闲暇生活
	家庭生活	婚姻生活
		家庭生活
		子女教育
		自我教育
	社会保障	社会保障
	环境与健康	小区环境
		物业管理
		身体健康
		心理健康

二、指标建构、方法、数据来源

（一）指标体系建构

评价居民生活质量的关键是如何构建一套涵盖生活质量各领域的、科学的评价指标体系。个体的生活质量水平可以由个体对各个生活领域的满意度来反映，如健康、工作、休闲、教育、家庭、友谊、生活水平、邻里关系、居住环境等。[①] 在文献梳理的基础上，围绕生活质量的 7 个方面（经济生活、居住出行、社会关系、休闲娱乐、家庭生活、社会保障、环境与健康），设计由 18 项指标组成的主观生活质量指标体系（见表 4-1）。

（二）主观生活质量（生活满意度）的测量

主观生活质量可以从单个维度或多个维度来衡量。单个维度生活满意度是指对个体生活状况的总体感受和评价。我们使用了这样一个项目来测量："总体上您对自己目前的生活满意吗?"采用李克特量表，将"非常满意"、"比较满意"、"一般"、"不太满意"、"非常不满意"，分别赋值为"5、4、3、2、1"。得分越高，表明其生活满意度水平越高，反之则生活满意度水平越低。

多维生活满意度是积累的结果，它反映了"一个人在各个领域（如收入、住房、休闲娱乐、家庭生活等）的满意度总和，根据给定领域的相对重要性进行加权"。[②] 多个维度生活满意度的计算方法是，先按照单个维度生活满意度的计算方法，计算各城市在 18 项指标上的满意度得分，然后根据各项指标的权重计算各城市多维度生活满意度得分。指标权重的设计采用的是主观与客观相结合的方法。主观赋值法采用德尔菲法（Delphi

① 周长城：《生活质量的指标构建及其现状评价》，经济科学出版社 2009 年版，第 58 页。

② Inglehart, R. The Silent Revolution in Europe: Intergenerational Change in Post-Industrial Societies. Princeton: Princeton University Press. 1977: 117.

method，又称为专家咨询法[①]），邀请 20 多位相关专家对评价指标进行两两比较得出相对重要性判断矩阵，然后计算判断矩阵的最大特征根和特征向量，得到各评判指标的相对权重。

客观赋值法采用主成分方法，这种方法主要运用 SPSS 统计软件对相关数据进行因子分析来确立指标权重。根据因子分析法的基本原理，因子得分系数矩阵可以将主因子表示为其所包含的各个变量的线性组合。[②] 根据因子得分系数矩阵可以建立起各个主因子与其所包含的各变量的线性回归方程，而回归方程中自变量的回归系数，即因子得分系数，反映了自变量的变化对因变量的影响程度。将这些回归系数进行归一化处理，就可以得到各自变量在其主因子上的权重值。

（三）结构模型方法

结构方程模型是一种建立、估计和检验因果关系模型的方法。通过建立集中居住区居民生活满意度结构方程可以分析生活满意度的内部结构关系。本书将生活质量的诸要素看作是影响其生活质量的因素，分析这些要素对于总体生活满意度的影响。在建立结构方程之前需要通过因子分析抽

---

① 德尔菲法计算过程如下：首先构造判断矩阵。假设下一层（即索引层）有 n 个元素被上层（目标层）的元素所支配，则 n 个元素构成一个成对比较判断矩阵 a=（aij)n×n，其中 aij 表示元素 i 与元素 j 的重要性比，那么元素 i 与元素 j 的重要性比等于一个 ij=1/全部。量化的标度值一般为 1—9。1 表示这两个元素的重要性相同，9 表示前者比后者重要得多。如果向量 $W=(W_1, W_2, \cdots, W_n)T$，满足

$$AW=\lambda_{max}W_i \qquad (1)$$

式（1）中，λ_{max}是矩阵 A 的最大特征值，则 W 是相应的特征向量，归一化后的 W 可以作为权向量，即式（2），详细内容请参见 Saaty（2003）。

$$W_i=\frac{\overline{W}_i}{\sum_{j=1}^{n}W_i} \qquad (2)$$

② 田水承、薛明月：《基于因子分析法的矿工不安全行为影响因素权重确定》，《矿业安全与环保》2013 年第 5 期。

取代表生活满意度的主因子，然后分析各主因子与生活满意度之间的关系。

（四）数据来源

本书数据来自生活满意度的问卷调查。在查阅文献和实地调研的基础上，设计了用以反映集中居住区居民生活质量的调查问卷，其中包含18个主观满意度指标，每项指标采用Likert（李克特）五级量表法进行测量，分数越高表示满意程度越高。课题组2016年4—6月对江苏13个城市进行问卷调查，其中苏南5市（苏州、无锡、常州、镇江、南京），苏中3市（南通、扬州、泰州），苏北5市（淮安、宿迁、盐城、连云港、徐州）。这13个城市组成的三个地区经济发展差异明显。统计显示，2018年江苏省从苏南到苏中再到苏北，人均可支配收入和人均GDP总体呈明显的梯度下降趋势（见表4-2）。统计还显示，2018年，苏南城乡居民人均可支配收入分别是苏北和苏中的1.84倍和1.44倍，苏中是苏北的1.32倍；苏南地区人均生产总值是苏北和苏中地区的2.26倍和1.34倍，苏中地区是苏北地区的1.68倍，呈现出典型的阶梯式经济发展差异。

表4-2　2018年江苏省13个城市人口与经济基本情况①

		GDP（亿元）	常住人口（万人）	人均可支配收入（元）	人均GDP（元）
苏南地区	苏州	18597.47	1072.17	55476	173456
	无锡	11438.62	657.45	50373	173985
	常州	7050.27	472.86	45933	149098
	南京	12820.40	843.62	52916	151969
	镇江	4050.00	319.64	40883	126705

① 资料来源：《江苏统计年鉴2019》。

续表

		GDP（亿元）	常住人口（万人）	人均可支配收入（元）	人均 GDP（元）
苏中地区	南通	8427.00	731.00	37071	115280
	扬州	5466.17	453.10	34076	120639
	泰州	5107.63	463.57	34642	110180
苏北地区	徐州	6755.23	880.20	27385	76747
	连云港	2771.70	452.00	25864	61321
	淮安	3601.25	492.50	27696	73122
	盐城	5487.08	720.00	29488	76209
	宿迁	2750.72	492.59	22918	55842

表 4–3　样本的地区分布

		人数	百分比
苏南地区	苏州	95	8.6
	无锡	93	8.5
	常州	82	7.5
	南京	94	8.6
	镇江	88	8.0
苏中地区	南通	74	6.7
	扬州	89	8.1
	泰州	94	8.6
苏北地区	徐州	88	8.0
	连云港	79	7.2
	淮安	70	6.4
	盐城	86	7.8
	宿迁	67	6.1
合计		1099	100.0

课题组采用入户调查法，在每个城市随机选取 2 个拆迁安置社区。从样本的地区分布来看，各个城市的样本分布比较均衡，大致保持在 6.1%—8.6%之间。其中，苏南地区占 41.2%，苏中地区占 23.4%，苏北地区占 35.5%（见表 4-3）。调查对象的基本情况如下（见表 4-4）。

表 4-4 调查样本的基本情况

		人数	百分比
性别	男性	529	48.1
	女性	570	51.9
年龄	25 岁以下	54	4.91
	26—35	297	27.02
	36—45	284	25.84
	46—55	279	25.34
	56—65	120	10.92
	65 岁以上	65	5.91
文化程度	小学及以下	153	13.9
	初中	323	29.4
	高中	280	25.5
	大专	206	18.7
	本科及以上	137	12.5
婚姻状况	未婚	99	9.0
	已婚	965	87.8
	其他	35	3.2
入住年限	1 年以内	130	11.8
	1—2 年	189	17.2
	2—5 年	369	33.6
	5—10 年	300	27.3
	10 年以上	111	10.1

续表

		人数	百分比
家庭收入	4万元以下	248	22.6
	4万—8万	503	45.8
	8万—12万	186	16.9
	12万以上	162	14.7

三、结果分析

（一）集中居住区居民生活质量状况

统计显示（图4-2），集中居住区居民的生活满意度在两个维度上的均值分别为3.589（单维）和3.564（多维）。可见，无论在哪个维度上，集中居住区居民的生活满意度均值都在3.5分以上，生活满意度水平总体尚可。同时，单维度生活满意度大于多维度生活满意度之和，但两个维度计算出的生活满意度总体上偏差较小，除了连云港（-0.208）、南京（0.146）、泰州（0.137）、盐城（-0.128）四地偏差较大外，其他地区都在0.1以下。两种方法计算出的满意度得分非常接近，偏差仅为0.028。独立样本t检验在0.05水平无显著性差异（t（24）=

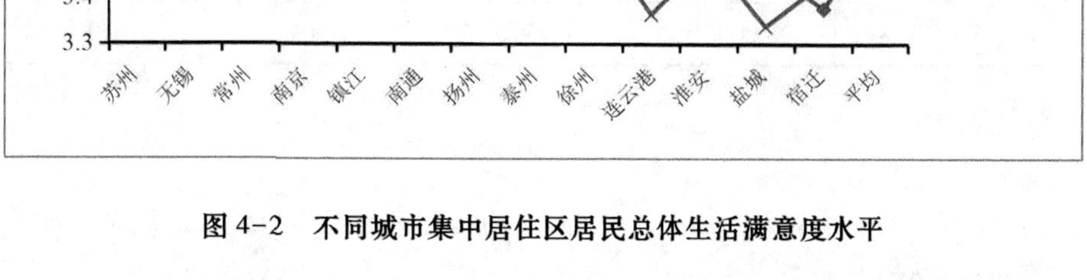

图4-2　不同城市集中居住区居民总体生活满意度水平

-0.155，p=0.878>0.05，双尾）。因此，说明，总体上单维度生活满意度可以大体上反映总体生活质量。

为了更直观地展示江苏集中居住区居民生活满意度的地区差异，本研究对各地区满意和不满意的维度数值进行了计算。计算方法为，将每个被调查者回答为“非常满意”或“比较满意”计为满意维度，回答为“不太满意”或“很不满意”计为不满意维度，然后分别进行加总。[①] 结果显示，无锡（11.5）、南通（11.3）、扬州（10.7）、苏州（9.8）4市的满意度总量排在前4位，而宿迁（2.7）、徐州（2.3）、淮安（2.2）、连云港（2.0）4市的不满意总量排在前4位（见表4-5）。显然，不满意总量得分较高的4个城市都位于苏北地区，而满意度得分较高的4个城市都位于苏南、苏中地区，显示出显著的区域差异。

表4-5 生活满意度维度表现与维度数值

		维度表现		维度数值	
		最满意	最不满意	满意	不满意
苏南地区	苏州	婚姻生活	自我教育	9.8	0.9
	无锡	配套服务	自我教育	11.5	0.7
	常州	婚姻生活	社会保障	8.7	1.1
	镇江	婚姻生活	自我教育	9.2	1.0
	南京	家庭关系	自我教育	9.7	1.8
苏中地区	南通	婚姻生活	自我教育	11.3	0.6
	扬州	婚姻生活	自我教育	10.7	0.5
	泰州	婚姻生活	自我教育	8.2	1.2

① Inoguchi, T. The Quality of Life in Asia: A Comparison of Quality of Life in Asia. New York: Springer. 2013.

续表

		维度表现		维度数值	
		最满意	最不满意	满意	不满意
苏北地区	徐州	婚姻生活	收入状况	8.5	2.3
	连云港	婚姻生活	社会保障	9.1	2.0
	淮安	婚姻生活	小区环境	8.2	2.2
	盐城	家庭关系	小区环境	8.0	1.0
	宿迁	婚姻生活	收入状况	7.5	2.7

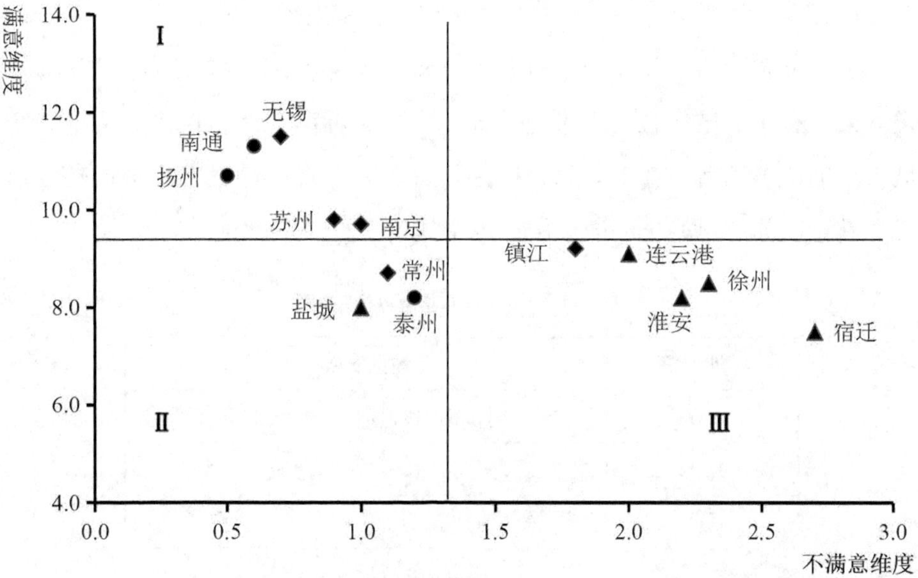

图 4-3　不同城市生活满意度的空间分布图①

（◆代表苏南地区城市，●代表苏中地区城市，▲代表苏北地区城市）

从满意的项目来看，婚姻生活和家庭关系几乎是各个城市最为满意的项目。从不满意的项目来看，苏南与苏中地区最不满意的主要是自我教

① 分界线 9.31 和 1.34 是加权平均数，即将 13 个城市的满意（不满意）数值分别乘以它们的权重（百分比）相加所得。

育、社会保障，而苏北地区则是收入状况、小区环境和社会保障，显示出一定的差异性。如果以满意维度为纵坐标，以不满意维度为横坐标，就会形成坐标图。从坐标图上不难看出，无锡、南通、扬州、苏州、南京5个城市为第一象限，代表满意项最大、不满意项最小的类型（A类）；镇江、连云港、徐州、淮安、宿迁5市为第三象限，代表不满意项最大、满意项较低的类型（C类）；而常州、泰州、盐城为第二象限，代表满意项较低、不满意项最低的类型（B类），在水平上介于上述两种类型之间。总体而言，苏南、苏中集中居住社区居民满意度高于苏北地区居民满意度。因此，满意度的地理分布不如经济实力的地理分布那么清晰。

表4-6显示，A类城市中有3个位于苏南地区、2个位于苏中地区，C类城市中有4个城市位于苏北地区、1个位于苏南地区，B类城市中3个城市分别位于苏南、苏中和苏北地区。这表明，总体趋势上集中居住区居民的满意度苏南要好于苏中地区，苏中地区又好于苏北地区。

表4-6　集中居住区居民生活满意度水平

类型/水平	地区分布
A类	无锡、南通、扬州、苏州、南京
B类	常州、泰州、盐城
C类	镇江、连云港、徐州、淮安、宿迁

生活质量的区域性差异反映了生活质量的一个向度，与此同时，生活质量内部各要素之间也存在一定的差异性和不平衡性。为了深化分析，我们引入重要性指标（以各个具体满意度维度的权重来表示），基于Martilla和James[①]的重要性绩效分析（importance-performance analysis，IPA）技术，将满意度得分作为纵坐标、以重要性得分为横坐标，形成一个坐标

① Martilla, A. J. & James, C. J., Importance-performance Analysis. The Journal of Marketing. 1977, 3(2), 77-79.

图。18 项满意度指标分布在 4 个象限内（见图 4-4），其位置分布显示了需要改进的内容和次序。

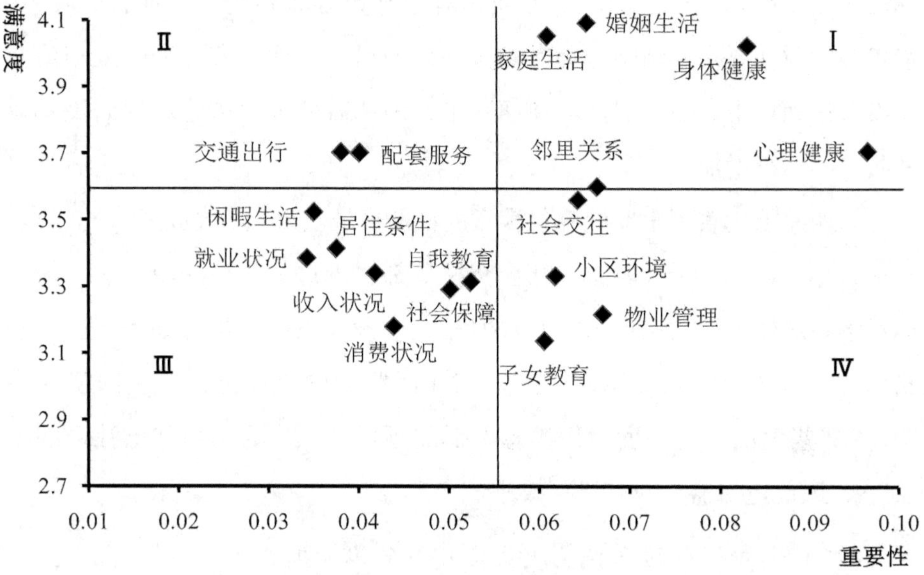

图 4-4　不同维度生活满意度的空间分布图①

第一象限代表了满意度和重要性得分都较高的区域（“继续保持区”）。婚姻生活、家庭生活、身体健康、心理健康、邻里关系这 5 项指标，落在了该区域。说明集中居住区居民对健康和家庭较为关注、也较为满意，可以继续保持下去。

第二个象限代表了满意度高但重要性低的区域（“过度努力区”）。交通出行和配套服务两项指标属于这一区域。一方面说明这 2 项服务（主要是硬件设施服务）的供给已达到较高水平，值得肯定。另一方面，需要把重点转移到其他更重要的方面，比如在不降低或继续提高这两方面满意度的前提下，加强居住区软环境建设。

① 3.564 分界线为生活满意度 18 个维度的均值。0.056 的分界线是 18 个维度生活满意度项目的平均权重。

第三象限代表了满意度和重要性得分都较低的区域（“低优先区”）。就业、收入、消费、居住条件、社会保障、自我教育和闲暇生活等7项指标均落在该地区。这说明，一方面相对于健康等非物质要素而言，收入、消费等物质性要素逐渐降低为次要方面，但另一方面，实际的收入与消费又没有达到集中居住区居民的预期水平，因此需要采取措施确保居民就业和收入的持续增加。

第四象限代表了重要性高但满意度低的区域（“重点改进区”）。物业管理、小区环境、子女教育、社会交往等都属于这一区域，说明这4项指标对集中居住区的居民更为重要，但相关服务或条件并不尽如人意。这些指标主要指向社区软环境，这是未来社区服务的重要方向。一项研究表明，“那些生活中重要度高但满意度低的领域应该成为构建和谐社会的重点”①，因此迫切需要对其进行改进。

（二）集中居住区居民主观生活质量的影响因素

在建立结构方程之前，需要通过因子分析提取代表生活满意度的主因子。运用SPSS20.0软件进行主成分分析，选用最大方差正交旋转法，保留特征根大于1的因子。最终得到5个公因子，即物质与闲暇生活、居住与服务、婚姻家庭、社会网络、环境与健康，其累积方差贡献率61.356%（见表4-7）。

在因子分析的基础上，本书建构了集中居住区居民生活满意度结构模型。该模型包含5个潜变量和25个观测变量，其中生活满意度为内生潜变量，物质与闲暇生活、居住与服务、婚姻家庭、社会网络、环境与健康为外生潜变量，是影响生活满意度的主要因素，因而该模型是一个具有相关关系的结构方程模型。此外，观测变量中性别、年龄、受教育程度、个人收入、地区为个体特征变量。

---

① 周长城：《生活质量的指标构建及其现状评价》，经济科学出版社2009年版，第484页。

表 4-7 测量指标因子分析结果①

公因子	因子	特征根	方差贡献率	因子载荷
公因子 1	收入状况	5.931	32.951	0.835
	消费状况			0.735
	就业状况			0.635
	社会保障			0.515
	闲暇生活			0.485
公因子 2	物业管理	1.569	8.716	0.802
	居住状况			0.694
	配套服务			0.585
	交通出行			0.572
公因子 3	婚姻生活	1.329	7.385	0.830
	家庭生活			0.821
	子女教育			0.561
	自我教育			0.513
公因子 4	邻里关系	1.152	6.397	0.875
	社会交往			0.864
公因子 5	心理健康	1.036	5.907	0.757
	身体健康			0.563
	小区环境			0.481

① 在因子分析中，KMO（Kaiser-Meyer-Olkin）和 Bartlett 检验是用来检验它是否适合于因子分析。一般来说，KMO 值越接近 1 越好（因子分析的最低要求在 0.5 以上）。在本研究中，KMO 值为 0.838，表示非常合适，P=0.000，表示非常显著。累积方差的贡献率越大越好。它越大，这些因素就越能代表原始变量。本研究提取的 5 个因子可以代表原始变量的 61.356%，说明因子对变量的解释能力是可以接受的。

为考察各潜变量之间的结构关系是否合理，对结构模型进行检验和修正。删除了社会网络、性别、年龄、文化程度等不显著的因素。经过数次修正后，模型拟合结果达到了较为理想的水平。结果显示，χ^2/df = 2. 490，CFI、GFI、IFI 都达到了大于 0. 9 的标准，表明模型适配度非常好。虽然 NFI、AGFI 未达 0. 9 的标准，但介于 0. 8—0. 9 之间表示模型拟合度可以接受①（见表 4-8）。总的来说，修正后的模型拟合度较好，拟合结果比较理想（见表 4-9），因此选择为最终模型（见图 4-5）。

表 4-8　修正模型评价结果

	χ^2/df	RMSEA	RMR	GFI	NFI	IFI	CFI	AGFI	PGFI	PNFI	PCFI
判断标准	<3	<0.1	<0.5	>0.9	<0.9	>0.9	>0.9	<0.9	>0.5	>0.5	>0.5
模型参数	2.490	0.064	0.060	0.915	0.861	0.912	0.910	0.872	0.606	0.630	0.666

表 4-9　模型路径系数拟合结果

路径	标准化回归路径	标准误	*t* 值	*P* 值
生活满意度<——物质与闲暇生活	0.261	0.169	1.338	0.074*
生活满意度<——居住与服务	0.310	0.083	2.619	0.014**
生活满意度<——婚姻家庭	0.288	0.365	1.865	0.044**
生活满意度<——环境与健康	1.330	0.302	5.229	0.000***
生活满意度<——地区	0.108	0.029	1.872	0.039**
生活满意度<——个人收入	0.154	0.022	2.384	0.017**

* $P \leq 0.1$，** -$P \leq 0.05$，*** $P \leq 0.01$。

① 钱佳、汪德根、牛玉：《城市居民使用市内公共自行车的满意度影响因素分析》，《地理研究》2014 年第 2 期。

结果显示，居住与服务、婚姻家庭、环境与健康都在0.05显著水平下通过检验，物质与闲暇生活是在0.1的显著水平下通过，同时人口统计变量值中地区、个人收入也在0.05显著水平下通过检验。

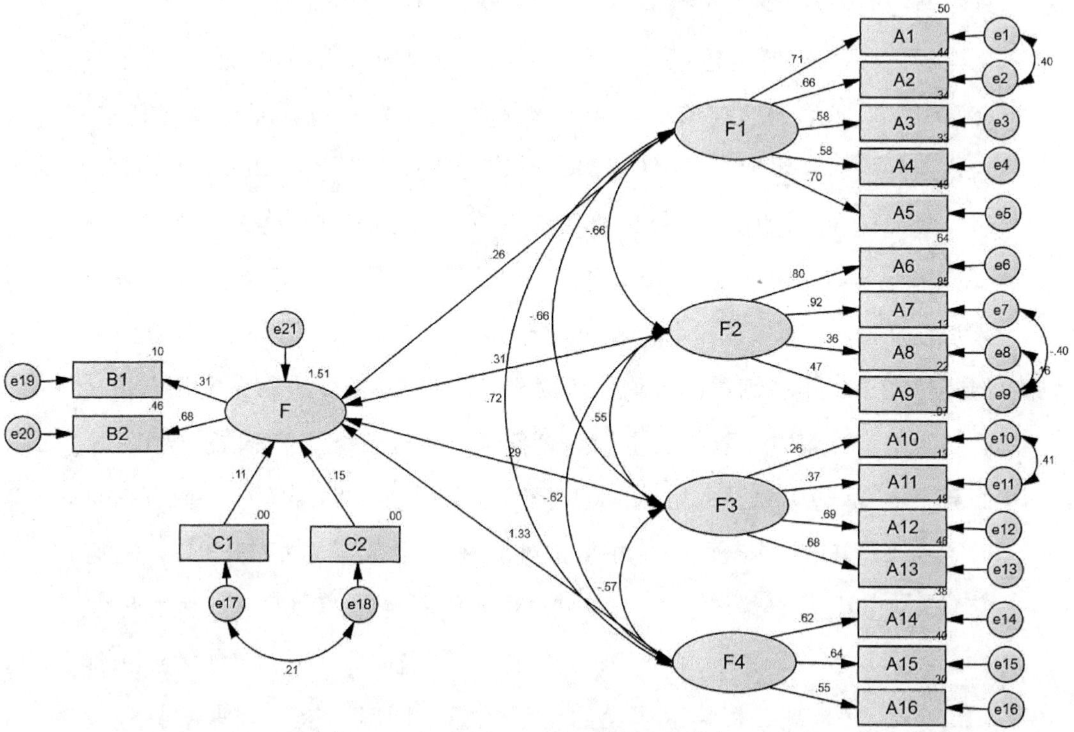

图4-5　修正后的生活满意度结构方程模型图

注： F＝生活满意度，F1＝物质与闲暇生活，F2＝居住与服务，F3＝婚姻家庭，F4＝环境与健康，A1＝收入状况，A2＝消费状况，A3＝就业状况，A4＝社会保障，A5＝闲暇生活，A6＝物业管理，A7＝居住条件，A8＝配套服务，A9＝交通出行，A10＝婚姻生活，A11＝家庭生活，A12＝子女教育，A13＝自我教育，A14＝心理健康，A15＝小区环境，A16＝身体健康。C1＝地区，C2＝个人收入。

环境与健康是影响生活满意度的首要因素，影响系数达到1.33（$p<0.001$）。这表明，被调查者健康状况越好，生活满意度越高。其中，“心理健康”的路径系数最大（0.62），其次为“身体健康”（0.55），说明集

中居住区居民对身体健康和心理健康都较为重视。这两项均值分别为3.707、4.023，表明被调查者对身体健康的满意度要远大于对心理健康的满意度。问卷显示，分别有18.2%、21.8%的被调查者表示身体状况和心理平衡能力较差。农民集中居住后的健康问题不容忽视。

居住与服务是影响生活满意度的第二个重要因素，影响系数达到0.31（$p<0.05$）。这表明，被调查者居住环境越好，生活满意度越高。其中，居住条件的路径系数最大（0.92），其次为物业管理（0.80）。征地拆迁后，集中居住区居民平均每户分到1.8套房屋，家庭住房平均为165.8平方米，人均住房面积为42.3平方米，这一数据低于2016年江苏农村人均住房面积56.9平方米，表明征地拆迁后他们的住房面积有所缩小，但仍然高于当年城镇居民人均住房面积40.3平方米。从家庭主要设备来看，彩电、冰箱、洗衣机、空调等设备普及率很高，几乎都在九成以上，而数字电视（70.9%）、电脑（63.0%）、私家车（54.6%）的拥有率也占了相当的比例。然而，被调查者对居住与服务满意度却不高，只有3.413。究其原因，居住区存在小区配套服务（50.0%）、卫生环境（41.4%）、房屋质量（28.9%）、地理位置（15.8%）、户型设计（15.6%）等问题，影响了居民的生活质量。同时，被调查者对物业管理的满意度也不太高，只有3.217。这在很大程度上与拆迁安置社区物业管理与服务不完善有关。

婚姻家庭是影响生活满意度的第三个重要因素，影响系数达到0.29（$p<0.05$）。这表明，被调查者婚姻家庭生活越好，生活满意度越高。问卷显示，85.0%的被调查者表示家庭关系“很好”（39.8%）和“比较好”（45.2%）；四分之三（74.4%）的家庭在夫妻相互尊重方面做得“很好”（22.9%）和“比较好”（51.5%）；“商量着办”成为集中居住区居民家庭的首选，达到62.4%，而由“丈夫”（17.7%）、“妻子”（10.6%）、“老人”（5.1%）等决定的比例较低。被调查者对婚姻生活和家庭生活的满意

度也分别达到了4.319、4.271。所有这些都表明，集中居住区居民家庭的婚姻关系较为和谐，尽管我们不能说他们是否比集中居住前更和谐。而从子女教育和自我教育来看，二者的路径系数基本相当，说明子女教育已成为家庭生活的中心，农民集中居住后出现就业难而认识到知识和教育的重要性。这两项的均值分别为3.137、3.313，可见被调查者对两者的满意度都不高，尤其是对子女教育的不满。当前子女教育费用支出已成为集中居住区居民家庭一项沉重的负担，影响了农民家庭的生活满意度。

物质与闲暇生活是影响生活满意度的又一个因素，这表明，被调查者物质与闲暇生活越好，生活满意度越高。但影响程度相对较低，只有0.26（$p<0.1$）。在本书的分析中，收入状况（0.71）与闲暇生活（0.70）的路径系数基本相同。由此可见，闲暇生活几乎与收入状况同等重要，与健康、住房、教育等因素相比，收入至少在江苏已不再是制约农民集中居住后生活的最主要问题。调查显示，当前在江苏尤其是苏南地区，集中居住区居民稳定就业率在63.8%；工资收入（55.2%）、房租收入（23.0%）、经营收入（11.7%）成为家庭收入的最主要来源，家庭平均收入为7.9万元。再从消费来看，苏南地区集中居住区居民最主要的消费支出项目为食品消费、衣住用消费、文教娱乐消费，分别占总体的35.6%、28.5%和13.6%，其恩格尔系数（35.6%）已处于“富裕”水平①。不过，在闲暇生活方面，情况似乎不那么乐观。问卷显示，57.6%的被调查者表示文化生活较为单调，尤其是苏北地区，集中居住区居民的文化生活单调率达到了67.4%。因此，集中居住区文化建设亟待加强。

此外，从个体特征来看，收入和地区对生活满意度有显著影响，收入越高，生活满意度越高；不同地区的生活满意度有显著差异，越靠近经济

① 根据国际上通行的评估标准，恩格尔系数在30%—40%之间为富裕。

发达的苏南地区，居民的生活满意度越高。

通过上述数据分析，可以得出以下结论：

第一，江苏集中居住区居民的主观生活质量评价总体尚可。说明江苏推进农民集中居住政策对于改善农民生产生活环境、提升农民的生活质量都起到了积极作用，政策效果比较明显。同时，单维生活满意度均值大于多维生活满意度均值。可能的解释是，被调查者对于自身的生活总体上感觉满意，但一旦具体到生活的某一领域，如生活成本、子女教育、社会保障、城市交通等方面，则会感觉不太满意，因而造成了生活满意度的下降。这也说明，生活质量的各领域存在一定的关联和相互影响，虽然“一个领域的满意弥补了另一个领域的不满意”[①]，但加权后的生活满意度得分有所下降。然而，这并不能否定单维生活满意度的代表性，它能够大致反映和代表集中居住区居民对生活的总体感受，但是在实际应用过程中可能会高估研究对象的满意度水平，进而影响政策实施的科学性。因此，需要将单维和多维生活满意度结合起来使用，从而更加精准地测定研究对象的生活质量水平。尤其是，多维度的措施更适合将未来的政策引导到更需要改进的领域。

第二，江苏集中居住区居民的主观生活质量存在一定的区域性差异。总体上，苏南、苏中地区集中居住区居民生活质量的主观感受要好于苏北地区，在三大区域经济差异显著的背景下，满意度的地域差异并不明显。如苏中、苏南农民集中居住后主观生活质量基本处于同一水平，而在区域内则出现了一定的差异，常州、镇江在苏南地区明显落后于其他三个城市；泰州在苏中地区明显落后于其他两个城市。江苏三大地区集中居住区居民的生活质量差异实质上是三大地区经济社会发展差异的一个缩影。正

① Inglehart, R. The Silent Revolution Changing Values and Political Styles among Western Publics. Princeton Princeton University Press. 1977: 118.

如 Yep 所分析的，它也可能受到土地征用的不同政治过程的影响。① 同时可以将这种差异看作是农民集中居住不同发展阶段和水平的表现。总体上，苏南、苏中代表了推进农民集中居住相对成熟的、中高级发展阶段以及城乡一体化发展基本实现的阶段。苏北地区则代表了推进农民集中居住的初级阶段，城乡一体化发展相对滞后，农村产业发展的内生动力不足。当前苏南、苏中两大区域与苏北地区的主要差异，仍然表现在就业、收入与消费等经济生活方面，而在社区硬件设施与居住环境方面的问题相对容易解决。因此，从提升经济生活质量的角度，如何发挥地区资源优势，加大区域经济发展，“不断创造更多的就业、收入、商品和服务”②，促进农民非农化和城镇化，提升其人力资本素质与自我发展能力，仍然是苏北地区以及其他类似地区未来推进农民集中居住的工作重点。

第三，江苏集中居住区居民的主观生活质量存在一定的内部结构性差异。当前江苏集中居住区居民的生活质量在物质与闲暇生活、居住与服务、婚姻家庭、健康与环境等维度存在一定的内在差异。传统上对被征地农民生活质量的关注，主要侧重征地补偿、就业与社会保障、收入与消费等结构性要素，而近些年来健康、环境、休闲文化等因素得到重视并被纳入进来，从而使得生活质量的结构体系不断趋于完善。这表明，随着江苏集中居住区居民生活水平的提高，物质因素逐渐被健康、环境等非货币因素所超越，物质因素的重要性正在下降，尤其是在经济较为发达的苏南地区。这也基本符合英格尔哈特对后物质主义价值观的判断。英格尔哈特认为③，

① Yep, R. Local Alliances in Rural Urbanization: Land Transfer in Contemporary China, China Information 2020, 34 (2) 168-186.

② Opp, S. M., & Osgood Jr, J. L. Local Economic Development and the Environment: Finding Common Ground, Boca Raton, FL: Taylor& Francis. 2013: 286.

③ Inglehart, R. The Silent Revolution in Europe: Intergenerational Change in Post-Industrial Societies. The American Political Science Review, 1971: 65, (4): 991-1017.

随着现代化的进程与工业社会的进步，人们的价值观越来越从物质主义转向后物质主义——即从优先强调物质温饱和安全转变为更强调归属感、自我表现和生活质量。被调查者对环境、健康、教育、社会交往、休闲等的强调，可看作诸如此类的后物质主义价值观的表达。虽然健康和教育肯定有其物质的方面，但之前对中国农村的研究表明，这些与超越纯粹物质的价值观有着错综复杂的联系。[①][②]

第四，非货币因素在我们研究中的重要性日益增加，表明江苏集中居住区居民的生活正在由温饱型向小康型转变。从恩格尔系数来看，江苏被征地农民的恩格尔系数为36.9%，虽然由于土地被征用可能会使他们的恩格尔系数有一定幅度的上升，不过总体上还属于富裕中下的范围。当前江苏尤其是苏南地区农民集中居住区居民生活水平的变化，使得传统上视被征地农民为“弱势群体”的固有印象与定位发生改变，要求给被征地农民去标签化。这也预示着以苏南地区为代表的发达地区被征地农民已从“谋生活”向更高的“生活质量”的方向发展。这与Heger[③]和Thünken[④]在中国其他地方从定性角度提出的结果相吻合。

第五，阐述了农民集中居住政策的效果。政府制定和执行的每一项政策都需要与该地区的情况相适应。在苏南这样的发达农村地区，20世纪80

① Kipnis, A. Governing Educational Desire: Culture, Politics and Schooling in China. Chicago: University of Chicago Press. 2011.

② Lora-Wainwright, A. The Inadequate Life: Rural Industrial Pollution and Lay Epidemiology in China. China Quarterly, 214 (214): 302-320.

③ Heger, I. More Than "Peasants Without Land": Individualisation and Identity Formation of Landless Peasants in the Process of China's State-Led Rural Urbanisation. Journal of Current Chinese Affairs. 2020: 1-25.

④ Thünken, F. Rural-to-Urban Transition in Chongqing's Hinterland: State-Led Urbanisation or Urbanisation From Below? Journal of Current Chinese Affairs. 2020. https://doi.org/10.1177/1868102620914998.

年代，由于繁荣的乡镇集体企业和市场经济，农村劳动力主要转移到非农部门就业，许多农村居民自发地迁入城镇定居。这就是费孝通所说的“苏南模式”①② ——一种原地城市化的模式。地方政府实施的农民社区集中居住政策正好符合农民的需要，有利于改善农民的生产生活环境和生活质量，将大大加快农村城镇化进程。因此，在苏南地区推行农民集中居住政策是可行的，但这并不意味着这项政策可以在任何地方推广而不作改动。

总之，我国21世纪初启动的农村居民集中搬迁工程，为改善农村环境和农民生活质量提供了良好的契机。与早期的批判性研究③④相比，本书基于“维度——区域——结构”向度的大样本研究显示出更乐观的前景。江苏省集中居住区居民主观生活质量总体尚可，尽管存在区域性和结构性差异。本书反映了江苏移民政策的优点和成就，也为其他地区重新思考移民政策提供了一个视角。本书的意义在于：一方面，江苏省三个地区的居民生活质量差异与我国东、中、西部地区的居民生活质量差异大致相同。因此，本书也可以大致反映中国城市化发展的区域差异。另一方面，生活质量因其“维度——区域——结构”向度而呈现出复杂的样态，因此，要全面把握对象的生活质量，形成对生活质量的整体性、全面性、深入性认识，就离不开对生活质量进行“维度——区域——结构”分析。同样，应根据生活质量的这一多方面特点，采取不同的推进策略。比如对于苏北地区，重点是提升集中居住区居民的收入、社保等物质层面的福利水平；而对于苏南、苏中地区，重点是提升集中居住区居民的教育、健康、休闲等

① 费孝通：《小城镇 大问题》，载《江苏省小城镇研究论文选》（第一集），江苏人民出版社1984年版，第1—40页。

② Shen, X. P., & Ma, L. J. C. Privatization of Rural Industry and De Facto Urbanization from Below in Southern Jiangsu, China. Geoforum. 2005, 36(6): 761-777.

③ Rosenberg, L. Urbanizing the Rural. China Perspectives.2013, 3, 63-71.

④ Ong, L. H. State-led Urbanization in China: Skyscrapers, Land Revenue and 'Concentrated Villages'. The China Quarterly. 2014, 217, 162-179.

非货币方面的福利水平，从而做到精准施策，科学施策，最终实现人的城镇化与城乡一体化。

第二节　长三角城市群城镇化质量综合评价

党的十八大以来，党中央以全面提高城镇化质量为新要求提出新型城镇化战略。而城市群作为城镇化的空间主体形态，以其特有的经济特征，在经济社会发展中一直发挥着强大的引擎作用。① 《国家新型城镇化规划（2014—2020年）》就指出：要优化城镇化布局和形态，进一步提升京津冀、长三角和珠三角三大城市群发展水平，使之成为引领全国经济社会发展的重要平台。2016年国务院常务会议通过的《长江三角洲城市群发展规划》则提出要培育更高水平的经济增长极，到2030年，将长三角城市群全面建设为具有全球影响力的世界级城市群。2018年11月中共中央、国务院发布的《关于建立更加有效的区域协调发展新机制的意见》提出了长江三角洲区域一体化的战略目标，进一步强调了城市群高质量发展对于区域协调发展的重要作用。可见，推进长三角城市群地区新型城镇化高质量发展，不仅是新时期优化城镇发展布局、推动区域协调发展的有力抓手，更是新时期促使我国经济社会发展在更高层次参与国际竞争合作的重要举措。因此，有必要针对长三角城市群地区的城镇化质量问题进行探讨，以进一步发挥城市群发展的增长极作用，增强城市群区域内的一体化能力，从而推动经济社会的高质量发展。

一、文献回顾

从国际研究视野来看，国外关于城镇化质量的研究主要从与之相关的

① 胡荣涛：《新时代推进我国城市群发展的理论逻辑与实践进路》，《新疆社会科学》2019年第5期。

城市扩张建设、城市可持续性发展和城市居民生活质量等方面展开。Cobbinah 和 Aboagye 研究发现城市蔓延是一种复杂的多尺度城市发展挑战，涉及多个利益攸关方，解决城市蔓延难题，必须建立多方协商合作体系。[①] Jarrar 和 Al-Zoabi（2008）提出城市可持续发展形式只有在具备支持性的交通、环境、经济和社会政策等配套措施的前提下才能实现。[②] 在城市人居生活质量研究方面，联合国人居中心构建的城市发展指数（CDI）和城市指标准则（UIG）基本涵盖了城镇化质量评价的各方面，具有一定的代表性。[③④]

从国内相关研究来看，目前关于城镇化质量的研究，其焦点主要集中于以下两个方面：一是城镇化质量内涵的界定及其评价指标体系的理论探究。叶裕民最早将城镇化质量定义为城市现代化和城乡一体化，并构建了包含城市经济现代化、基础设施现代化、人的现代化和城乡一体化 4 个方面的城镇化质量评价指标体系，被较多学者认可和采用[⑤⑥⑦]，但其指标体系忽视了城镇化进程中的效率成本问题。李明秋和郎学彬着眼于城市投入

---

① Cobbinah, P. B., Aboagye, H. N. A Ghanaian Twist to Urban Sprawl. Land Use Policy, 2017, 61: 231-241.

② Jarrar, O. M. & Al-Zoabi, A. Y. The Applicability of Sustainable City Paradigm to the City of Jerusalem: Criteria and Indicators of Efficiency. Building and Environment, 2008, 43(4): 550-557.

③ United Nations Human Habitat. The State of the World's Cities Report 2001. New York: United Nations Publications, 2002: 116-118.

④ United Nations Human Habitat. Urban Indicators Guideliners, United Nations Human Settlement Programme. New York: United Nations Publications, 2004: 8-9.

⑤ 叶裕民：《中国城市化质量研究》，《中国软科学》2001 年第 7 期。

⑥ 国家城调总队福建省城调队课题组：《建立中国城市化质量评价体系及应用研究》，《统计研究》2005 年第 7 期。

⑦ 袁晓玲、王霄、何维炜等：《对城市化质量的综合评价分析——以陕西省为例》，《城市发展研究》2008 年第 2 期。

要素利用效率，建立的指标体系虽重点凸显了城镇化推进效率，却杂糅了城镇化质量、城市发展质量等众多概念。[①] 郭叶波对城镇化水平、城镇化质量、新型城镇化等概念做了区分和解读，从城镇化的本质内涵和构成要素出发构建了较为科学全面的城镇化质量综合评价指标体系。[②] 二是针对区域范围城镇化质量的实证分析，具体可分为全国、省域、市域和县域 4 个层次。齐红倩等运用因子分析法测算了 1996—2013 年间中国城镇化发展水平，并分析了城镇化质量的时变特征，研究发现我国城镇化的资源利用效率偏低。[③] 续亚萍和俞会新采用主成分分析法对全国 30 个省市的新型城镇化质量进行评价，结果显示 30 个省市间的城镇化质量差异十分显著。[④] 韩增林和刘天宝用熵值法对除拉萨外的 286 个地级市城镇化质量进行了分析，研究表明城镇化质量和城市规模并没有对应关系。[⑤] 张春玲等利用聚类分析法区分了河北省 31 个县域的城镇化发展水平现状及其所属类型，分类结果显示绝大部分县域的城镇化质量十分低下，城乡之间发展差距较大。[⑥] 从对长三角城市群发展质量的研究来看，文献相对较少。杨丽霞与苑韶峰研究发现，城镇化质量较高的区域大都集中在省会城市及其邻近城市，呈“带状分布”特征，城镇化质量中等的区域主要分布在城镇化质量

---

① 李明秋、郎学彬：《城市化质量的内涵及其评价指标体系的构建》，《中国软科学》2010 年第 12 期。

② 郭叶波：《城镇化质量的本质内涵与评价指标体系》，《学习与实践》2013 年第 3 期。

③ 齐红倩、席旭文、高群媛：《中国城镇化发展水平测度及其经济增长效应的时变特征》，《经济学家》2015 年第 11 期。

④ 续亚萍、俞会新：《基于主成分分析的我国新型城镇化质量评价》，《工业技术经济》2015 年第 7 期。

⑤ 韩增林、刘天宝：《中国地级以上城市城市化质量特征及空间差异》，《地理研究》2009 年第 6 期。

⑥ 张春玲、杜丽娟、马靖森：《县域新型城镇化质量评价研究——以河北省为例》，《河北经贸大学学报》2019 年第 1 期。

较高区域周围，呈“点状分布”特征[①]；龚志冬与黄健元的研究发现，城市群内城镇化质量增长率与质量指数间存在负相关关系，即质量指数相对较高地区的增长率一般较低，显示了城市群各地级单元城镇化发展的空间收敛效应。[②]

通过以上文献回顾，不难发现，目前国外学者的研究主要侧重于城镇化质量的某一个子系统层面，是一种单一视角的研究，因而并不能全面系统地反映地区城镇化发展状况。国内关于城镇化质量的研究文献虽较为丰富，但也有值得完善之处：第一，从研究维度来看，多数研究选取的指标体系依旧是传统城镇化思路的延续，并不能全面深入地反映新型城镇化与传统城镇化的不同；第二，从研究尺度来看，目前专门针对城市群地区新型城镇化质量的研究尚不多见；第三，从研究方法来看，多数研究局限于传统熵值法、主成分分析和因子分析等方法，使用探索性空间数据分析方法的研究较少。鉴于此，本书以长三角城市群为研究样本，在构建新型城镇化质量评价指标体系的基础上，运用改进后的面板数据熵值法对其新型城镇化质量进行测度，并结合探索性空间数据分析方法对长三角城市群新型城镇化质量的空间差异格局展开研究。

二、指标体系构建、研究方法及数据来源

（一）指标体系构建

《国家新型城镇化规划（2014—2020 年）》指出：“新型城镇化是以城乡统筹、城乡一体、产业互动、节约集约、生态宜居、和谐发展为基本特征的城镇化，是大中小城市协调发展、互促共进的城镇化。”由此可见，

---

① 杨丽霞、苑韶峰：《长三角城市群城镇化质量测度及其空间格局分析》，《上海国土资源》2017 年第 3 期。

② 龚志冬、黄健元：《长三角城市群城镇化质量测度》，《城市问题》2019 年第 1 期。

新型城镇化从其本质内涵来看，是一个包含了城市现代化，城镇化推进效率和城乡一体化的统一体；从其构成要素系统来看，新型城镇化是经济城镇化、社会城镇化、生态城镇化、人口城镇化和土地城镇化的有机交融。基于以上分析，本研究认为新型城镇化与传统城镇化的区别主要有以下几点：一是构成要素的相互统一，不同于传统城镇化片面追求经济提速的发展模式，新型城镇化更加注重经济、社会、生态、人口和土地等要素系统的和谐共生；二是强调发展的成本代价，不仅重视城镇化发展的经济产出，也同时关注城镇化发展的资源投入和成本效益；三是走协调发展之路，统筹城乡两盘棋，不断消除城乡二元经济结构以推动城乡一体化发展，同时注重城镇化与工业化、经济发展水平的协调。这是多数研究所忽略的一点，新型城镇化的“协调”不仅是要实现空间域面上的城乡协调，更是要改变城镇化滞后于工业化这一发展现象，同时避免城镇化发展脱离于地区经济发展水平，出现“过度城镇化”或“浅度城镇化”的怪象。

遵循指标选取的系统性、代表性、可比性和可获得性等原则，在上述探讨基础之上，本研究从城市现代化、城镇化推进效率和城镇化协调发展三方面出发，选取了41个具体指标，从而构建起长三角城市群新型城镇化质量的综合评价指标体系（见表4-10）。部分指标说明如下：

人均可支配收入占人均GDP比重：用以衡量新型城镇化进程中的社会价值分配机制，其占比相对较高表明城市居民从新型城镇化发展中获得了较高的分配福利，进而说明，城市新型城镇化发展质量较高。由于统计数据的口径不一与部分缺失，参考郭叶波的做法，将城乡居民收入加权平均合成人均可支配收入，具体公式为：人均可支配收入=城镇居民人均可支配收入×城镇化率+农村居民人均可支配收入×（1-城镇化率）。

二元反差指数：即非农业产值比重与劳动力比重之差的绝对值，用以反映地区城乡二元经济结构强度，二元反差指数为零时，二元经济即转变为一元经济，二元性消失。

城镇化与经济发展水平协调指数：分别采取人均 GDP 和城镇人口比重作为衡量经济发展水平和城镇化水平的指标，通过离差标准化法进行标准化后，生成两个新的变量 XGDP 和 YURB，以两者之差的绝对值表示地区城镇化水平与经济发展水平的协调程度，数值为零表明城镇化与经济水平完全协调。

劳动力工业化率与城镇化率比值：用以反映地区城镇化水平与工业化发展的协调程度，劳动力工业化率即工业部门劳动力占全部产业劳动力的比重。

（二）研究方法

1. 熵值法

测度长三角城市群新型城镇化质量的关键环节在于确定评价指标权重，目前常用的确定指标权重的方法可分为主观赋权法和客观赋权法两种。相对于主观赋权法，客观赋权法基于指标本身的信息量出发进行赋权，一定程度避免了主观随意性。其中，熵值法在多维指标分析中运用较为广泛，但传统的熵值法只能针对于截面数据，杨丽和孙之淳在传统熵值法模型中加入了时间变量，使其可以处理分析面板数据。① 借鉴以上研究成果，本节熵值法评价模型如下：

1）指标选取：设有 m 年，r 个城市，n 个指标，则 X_{xij} 为第 y 年城市 i 的第 j 个指标值。

2）指标标准化处理：不同的指标有不同的量纲和单位，故需要进行标准化，采用极差标准化法对正、负向指标分别进行标准化处理。

正向指标标准化：$Z_{yij}=(X_{yij}-X_{min})/(X_{max}-X_{min})$

负向指标标准化：$Z_{yij}=(X_{max}-X_{yij})/(X_{max}-X_{min})$

① 杨丽、孙之淳：《基于熵值法的西部新型城镇化发展水平测评》，《经济问题》2015 年第 3 期。

式中，X_{max}、X_{min}分别代表第 j 项指标的最大值和最小值；X_{yij}、Z_{yij}分别代表第 j 项指标标准化处理前和处理后的值。由于部分指标标准化后会出现指标值为零的情况，考虑到后续的取自然对数操作，按经验以 $1E-09$ 予以替代。此外，对于适中指标，采用公式 $Z_{yij} = | X_{yij} - N |$ 转换为负向指标。其中，N 为适度指标参考值，城乡恩格尔系数比取为 1，劳动力工业化率与城镇化率比值按国际经验取为 0.5①。其他指标按上述公式分别处理即可，无需转换。

1）指标归一化：$P_{yij} = Z_{yij} / \sum_{m} \sum_{r} Z_{yij}$

2）计算各指标熵值：$E_j = -k \sum_{m} \sum_{r} P_{yij} \ln P_{yij}$。其中，$k = 1/\ln(m \times r)$

3）计算各指标的冗余度：$D_j = 1 - E_j$

4）计算各指标权重：$W_j = D_i / \sum_{j} D_j$

5）得到各城市的新型城镇化质量综合得分：$S_{yi} = \sum_{j} (W_j \times Z_{yij})$

2. **探索性空间数据分析**（ESDA）

地理学第一定律指出，任何事物都是相互联系的，只不过邻近的事物比较远的事物联系更为紧密②。近几年，随着 GIS 技术的不断发展，空间数据分析也逐渐引起了学界关注，探索性空间数据分析技术（ESDA）随之产生并得到了广泛应用。作为一种数据驱动分析方法，ESDA 技术的核心在于度量事物或现象之间空间关联或者依赖程度，从而发现数据的空间分布规律并进行可视化呈现③，一般可将其分为全局空间关联分析和局部空间关联分析两大部分。

---

① 蓝庆新、刘昭洁、彭一然：《中国新型城镇化质量评价指标体系构建及评价方法——基于 2003—2014 年 31 个省市的空间差异研究》，《南方经济》2017 年第 1 期。

② 孙俊、潘玉君、和瑞芳等：《地理学第一定律之争及其对地理学理论建设的启示》，《地理研究》2012 年第 10 期。

③ 苏方林：《中国省域 R&D 活动的探索性空间数据分析》，《广西师范大学学报》（哲学社会科学版）2008 年第 6 期。

1）全局空间自相关分析

全局空间自相关分析通过计算全局空间自相关统计量来描述研究数据的总体空间关联性。本研究采取常用的全局莫兰指数统计量，其公式表达如下：

$$I=\sum_{i=1}^{n}\sum_{j=1}^{n}w_{ij}\ (x_i-\bar{x})\ (x_j-\bar{x})\ /S^2\sum_{i=1}^{n}\sum_{j=1}^{n}w_{ij}$$

式中，I 代表全局莫兰指数的具体数值，x_i 和 $\bar{x}$ 分别代表第 i 个城市的属性观测值（即新型城镇化质量得分）及其平均值，n 是研究的空间单元样本数，w_{ij} 代表空间权重矩阵，S^2 是全部空间权重矩阵的聚合。全局莫兰指数值大于零表示存在空间正相关性，反之则存在空间负相关性。全局莫兰指数的显著性检验一般可通过 P 统计量和 Z 统计量来进行推断，通常 P 值小于 0.05，Z 得分大于 1.96 即可认为全局莫兰指数通过了 5%水平下的显著性检验。

2）局部空间自相关分析

全局莫兰指数统计量只能检验全局空间相关性，但不能确定具体空间集聚区域，而局部空间自相关分析中的局部莫兰指数和 $Getis-Ord\ G_i^*$ 局部统计量则解决了这一问题。两者公式表达如下：

$$I_i=z_i\sum_{i=1}^{n}=w_{ij}z_j \qquad G_i^*=\sum_{j=1}^{n}w_{ij}x_j/\sum_{i=1}^{n}x_i$$

式中，I_i 和 G_i^* 分别代表第 i 个城市的局部莫兰指数值和 $Getis-Ord\ G_i^*$ 值，z_i、z_j 分别代表城市 i 和 j 的空间属性观测值 x_i 和 x_j 的标准化值，w_{ij} 为空间权重矩阵。

基于 GIS 技术支持，可将以上两种统计量进行可视化呈现。根据 Anselin 提出的 LISA 方法论①，GIS 可由局部莫兰指数推算局部聚集的范围并自动绘制 LISA 聚集图，LISA 聚集图共分四部分：一是高值—高值区域，表示新型城镇化质量高值区域相互包围；二是高值—低值区域，表示新型

① Anselin, L. Local Indicators of Spatial Association—LISA. Geographical Analysis, 1995, 27 (2): 93-115.

城镇化质量高值区被低值区包围；三是低值—高值区域，表示新型城镇化质量低值区被高值区包围；四是低值—低值区域，表示新型城镇化质量低值区被其他低值区包围。一般而言，当研究样本的观测属性值多聚集于高值—高值和低值—低值两个区域时，就可认为研究样本的属性观测值存在较强的空间自相关性。依据 $Getis-Ord\ G_i^*$ 值，GIS 还可自动绘制具有统计显著性的高值（热点）和低值（冷点）的空间聚类图，从而揭示区域新型城镇化发展的热点区域与冷点区域。①

3）空间权重矩阵

在探索性空间数据分析中，空间权重矩阵是另一重要概念。空间权重矩阵定义了地理单元空间的相互邻接关系，并直接决定了地理单元空间相互作用力量的联系模式。可以说，空间权重矩阵的设定是利用 ESDA 技术进行探索性空间数据分析的前提和基础②。

在 ESDA 技术中，常用的空间权重矩阵主要分为邻接矩阵和距离矩阵两种。本研究采取常用的邻接矩阵，基于 Queen 邻接规则将位置相邻的地区标记为 1，反之标记为 0，其定义表达如下：

$$W_{ij}=\begin{cases}0, & i=j\\ 1, & i\neq j\end{cases}$$

其中，舟山市为岛屿，无陆地城市与其相邻，通过 ArcGIS 10.2 软件将其自定义为与宁波市相邻。

（三）数据来源

本书以国家发改委在 2016 年颁布的《长江三角洲城市群发展规划》中设定的长三角城市群名单为准，选取了包括上海、南京、无锡等共计 26 个

① Getis, A. & Ord, J.K. The Analysis of Spatial Association by Use of Distance Statistics. Geographical Analysis, 2010, 24 (3): 189-206.

② 麻永建、徐建刚：《基于 ESDA 的河南省区域经济差异的时空演变研究》，《软科学》2006 年第 5 期。

城市作为分析样本。原始指标数据均来自 26 个城市的统计年鉴（2013—2019）、《江苏统计年鉴》（2013—2019）、《浙江统计年鉴》（2013—2019）、《中国城市统计年鉴》（2013—2019）和《中国城市建设年鉴》（2012—2018）。邻接矩阵中各城市的相邻关系由中国科学院资源科学与数据中心提供的 2015 年中国地市行政边界数据并通过 ArcGIS 10.2 软件计算得到。

三、实证研究

（一）长三角城市群新型城镇化质量综合测度分析

1. 长三角城市群新型城镇化质量综合评价指标权重分析

在构建长三角城市群新型城镇化质量综合评价指标体系的基础上，执行上述熵值法步骤，得到如表 4-10 所示的各指标权重值。从子系统层来看，备受关注的经济发展子系统层的权重值仅为 12.05%，位居第三，社会发展子系统层的权重值反而最高，为 39.27%，经济社会效率子系统层次之，为 20.14%。由此可见，随着中部崛起战略的实施和长三角一体化格局的推进，各城市间的经济发展水平差距实际在不断缩小，但受制于历史发展基础，不同城市间的社会发展和经济社会资源利用效率差距仍然较大，并对城市新型城镇化质量产生较大影响。从指标权重值来看，万人拥有在校大学生数、单位固定资产投资实现的 GDP 以及人均公共图书馆藏书量 3 个指标权重值较高，分别达到了 0.0745、0.0696 和 0.0647，表明新型城镇化进程中各城市的高等教育发展、固定资产投资效率和精神文化建设对于新型城镇化质量影响甚深。这也侧面反映出不同城市间高等教育发展的严重失衡，以及城市精神文明建设的相对滞后。此外，人均一般公共预算收入、万人拥有公共交通车辆、单位建成区面积 GDP 和单位建成区面积人口数量 4 个指标权重值均在 0.040 以上，表明城市之间的经济实力水平、城镇基础设施建设以及经济社会要素的产出效率对于提升城市新型城镇化质量具有重要作用。

表 4-10　长三角城市群新型城镇化质量综合评价指标体系及其指标权重值

准则层	子系统层	指标内涵	指标层	指标属性	指标权重值
城市现代化	经济发展（0.1205）	经济实力	人均 GDP	正向	0.0372
			人均可支配收入占人均 GDP 比重	正向	0.0274
	社会发展（0.3927）	产业结构	人均一般公共预算收入	正向	0.0435
		科教文卫	二、三产业产值占 GDP 比重	正向	0.0125
			科技支出占财政支出比重	正向	0.0360
			教育支出占财政支出比重	正向	0.0262
			万人拥有在校大学生数	正向	0.0745
			人均公共图书馆藏书量	正向	0.0647
			每万人拥有医疗床位数	正向	0.0283
		居民生活	城镇居民家庭恩格尔系数	负向	0.0116
			人均存款余额	正向	0.0310
			人均社会消费品零售额	正向	0.0376
		基础设施	万人拥有公共交通车辆	正向	0.0401
			万人互联网宽带接入用户数	正向	0.0366
			城镇用水普及率	正向	0.0033
			城镇燃气普及率	正向	0.0028
	生态环境（0.0700）	工业污染	工业废水排放量	负向	0.0077
			废气二氧化硫排放量	负向	0.0055
			工业固体废弃物综合利用率	正向	0.0101
		生活污染	城镇生活污水处理率	正向	0.0100
			生活垃圾无害化处理率	正向	0.0019
		城市绿化	城市建成区绿化覆盖率	正向	0.0180
			人均公园绿地面积	正向	0.0168
	人口发展（0.0381）	人口集聚	常住人口城镇化率	正向	0.0198
		人口就业	二、三产业就业人员比重	正向	0.0183
	空间发展（0.0806）	生活空间	居住用地占建设用地面积比重	正向	0.0159
			人均居住面积	正向	0.0105
		生产空间	工业用地占建设用地面积比重	正向	0.0203
			人均道路面积	正向	0.0340

续表

准则层	子系统层	指标内涵	指标层	指标属性	指标权重值
城镇化推进效率	生态环境效率（0.0300）	资源能耗	万元 GDP 耗电量	负向	0.0196
			万元 GDP 耗水量	负向	0.0104
	经济社会效率（0.2014）	投入产出	单位固定资产投资实现的 GDP	正向	0.0696
			单位劳动力实现的 GDP	正向	0.0375
			单位建成区面积 GDP	正向	0.0402
			单位建成区面积人口数量	正向	0.0541
城镇化协调发展	城乡统筹（0.0363）	收入消费差距	城乡居民人均可支配收入差值	负向	0.0093
			城乡居民人均消费支出差值	负向	0.0060
	同步协调（0.0305）	生活水平差距	城乡恩格尔系数比	适度	0.0044
		二元经济结构	二元反差指数	负向	0.0166
		速度协调	城镇化与经济发展水平协调指数	负向	0.0179
		水平协调	劳动力工业化率与城镇化率比值	适度	0.0126

2. 长三角城市群新型城镇化质量综合测度结果分析

根据上述的新型城镇化质量综合得分公式，得到 2012—2018 年间各城市新型城镇化质量得分及其排名（表 4-11）。从中不难看出，2012—2018 年间，长三角城市群新型城镇化质量整体呈现出提升态势，但也存在着显著的两极分化格局。上海市、南京市、无锡市、苏州市、杭州市、宁波市等城市的新型城镇化质量得分 7 年间排名变动不大，基本稳居前十。其中，上海市作为长三角中心城市，新型城镇化质量得分一直牢牢占据第一的位置，南京市、杭州市两座省会城市优势突出。苏州市新型城镇化质量得分值提升最快，7 年间增幅高达 46.5%，在 2017 年其新型城镇化质量得分更是首次超越省会城市南京市。南通市新型城镇化质量得分排名提升较快，由2012年的第16位提升至2018年的第11位，已基本进入长三角城市群新型城镇化质量高值区域。与之相应，长三角城市群新型城镇化质量得分排名靠后的城市变动也不大，芜湖市、铜陵市、安庆市等城市新型城镇化质量长期居于末尾，提升缓慢，难以向上突破。但省会城市合肥市近几年发展较为迅速，其新型城镇化质量则从2012年的第15位跃升至2018年的第9位，是长三角城市群新型城镇化质量得分排名提升最大的城市，充分反映出新时期中部崛起战略下中部地区中心城市的飞速发展。

总体来看，沿海城市、省会城市比较发达，内陆城市和边缘地区则依然相对落后，长三角城市群新型城镇化质量较高（较低）的城市相互靠近，存在明显的两极分化现象，因此，有必要进一步进行长三角城市群新型城镇化质量的空间探索性数据分析。

表4-11　长三角城市群各城市2012—2018年新型城镇化质量综合得分及其排名

年份 城市	2012	2013	2014	2015	2016	2017	2018	排名动态度
上海	0.5474(1)	0.5468(1)	0.5722(1)	0.5923(1)	0.6120(1)	0.6310(1)	0.6513(1)	0
南京	0.4536(3)	0.4778(3)	0.5041(2)	0.5283(2)	0.5594(2)	0.5880(3)	0.6026(3)	0
无锡	0.4262(5)	0.4361(5)	0.4392(5)	0.4546(5)	0.4906(5)	0.5170(5)	0.5464(5)	0
常州	0.3819(8)	0.3986(7)	0.4144(7)	0.4181(8)	0.4546(7)	0.4763(7)	0.4822(8)	0
苏州	0.4356(4)	0.4640(4)	0.4826(4)	0.5091(4)	0.5551(3)	0.5949(2)	0.6381(2)	2
南通	0.3429(16)	0.3721(12)	0.3902(11)	0.4060(11)	0.4264(11)	0.4574(9)	0.4706(11)	5
盐城	0.2968(21)	0.3065(21)	0.3366(21)	0.3341(19)	0.3576(20)	0.3714(20)	0.3832(20)	1
扬州	0.3510(14)	0.3644(14)	0.3745(17)	0.3877(15)	0.4053(15)	0.4150(17)	0.4369(17)	−3
镇江	0.3817(9)	0.3950(9)	0.4104(8)	0.4250(7)	0.4466(8)	0.4702(8)	0.4960(7)	2
泰州	0.3429(17)	0.3338(19)	0.3400(19)	0.3601(18)	0.3811(18)	0.4094(18)	0.4141(18)	−1
杭州	0.4646(2)	0.4890(2)	0.4998(3)	0.5140(3)	0.5366(4)	0.5526(4)	0.5729(4)	−2

续表

年份 城市	2012	2013	2014	2015	2016	2017	2018	排名动态度
宁波	0.3935(6)	0.4048(6)	0.4201(6)	0.4342(6)	0.4553(6)	0.4905(6)	0.5069(6)	0
嘉兴	0.3798(11)	0.3964(8)	0.4029(9)	0.4111(9)	0.4302(9)	0.4347(12)	0.4707(10)	1
湖州	0.3552(13)	0.3773(11)	0.3842(14)	0.3930(14)	0.4092(14)	0.4353(11)	0.4567(13)	0
绍兴	0.3814(10)	0.3611(15)	0.3898(12)	0.4015(13)	0.4212(12)	0.4310(14)	0.4563(14)	-4
金华	0.3839(7)	0.3878(10)	0.4016(10)	0.4044(12)	0.4116(13)	0.4346(13)	0.4583(12)	-5
舟山	0.3404(18)	0.3559(17)	0.3728(18)	0.3845(17)	0.4047(17)	0.4266(16)	0.4412(16)	2
台州	0.3570(12)	0.3677(13)	0.3756(16)	0.3851(16)	0.4049(16)	0.4301(15)	0.4534(15)	-3
合肥	0.3468(15)	0.3570(16)	0.3878(13)	0.4064(10)	0.4294(10)	0.4453(10)	0.4722(9)	6
芜湖	0.3039(20)	0.3173(20)	0.3385(20)	0.3323(20)	0.3671(19)	0.3803(19)	0.3893(19)	1
马鞍山	0.2911(22)	0.2777(22)	0.2843(22)	0.3067(22)	0.3155(22)	0.3348(22)	0.3577(21)	1
铜陵	0.3305(19)	0.3433(18)	0.3759(15)	0.3185(21)	0.3002(23)	0.3418(21)	0.3362(22)	-3
安庆	0.2119(25)	0.2381(25)	0.2573(24)	0.2969(23)	0.3159(21)	0.3238(23)	0.3357(23)	2
滁州	0.2289(24)	0.2408(24)	0.2595(23)	0.2776(24)	0.2838(24)	0.3010(24)	0.3227(24)	0
池州	0.2406(23)	0.2474(23)	0.2502(26)	0.2713(25)	0.2805(25)	0.2899(26)	0.2992(26)	-3
宣城	0.2011(26)	0.2267(26)	0.2524(25)	0.2634(26)	0.2735(26)	0.2953(25)	0.3108(25)	1

（二）长三角城市群新型城镇化质量的探索性空间数据分析

1. 全局空间自相关分析

根据长三角城市群2012—2018年的新型城镇化质量得分，通过ArcGIS 10.2软件计算得到2012—2018年长三角城市群新型城镇化质量得分的全局莫兰指数（表4-12）。从全局空间自相关分析的3个参数值来看，P值和Z得分大多通过了5%水平下的显著性检验，全局莫兰指数值均大于零，这说明长三角城市群新型城镇化质量存在显著的空间正相关性，即高值与高值聚集，低值与低值聚集。从不同年份来看，2015年后的全局莫兰指数值均高于 2012 年，说明 2012—2018 年间长三角城市群新型城镇化质量的空间聚集效应有所加强；而 2014 年的 P 值与 Z 得分仅通过了 10% 水平下的显著性检验，全局莫兰指数值最低，这表明 2014 年是长三角城市群各城市新型城镇化质量差距最小的年份。之后，各城市间的新型城镇化质量差距逐渐拉开，这可能与 2014 年出台的去库存、棚改货币化政策有关。在市场虹吸效应的作用下，大规模的中央投资实际流向了大城市，推动了大城市的基础设施建设和产业开发，一定程度加剧了沿海、省会城市和欠发达城市新型城镇化发展的空间聚类现象。

表 4-12　长三角城市群 2012—2018 年新型城镇化质量得分全局莫兰指数

年份	2012	2013	2014	2015	2016	2017	2018
Moran's I	0.216	0.221	0.181	0.219	0.217	0.222	0.264
P 值	0.038	0.036	0.075	0.037	0.040	0.036	0.015
Z 得分	2.075	2.092	1.783	2.081	2.055	2.094	2.425

2. **局部空间自相关分析**

全局莫兰指数只能说明长三角城市群地区新型城镇化质量的整体空间聚集特征，但无法识别局部区域新型城镇化质量的空间差异。为进一步揭示长三角城市群新型城镇化质量在局部区域的空间格局差异，选取 2012 年、2014 年和 2018 年的研究数据，借助 ArcGIS 10. 2 软件绘制出长三角城市群新型城镇化质量的局部 LISA 聚集图（图 4-6）。由图 4-6 不难发现：从数量上来看，长三角城市群新型城镇化质量存在空间显著聚集的城市，2012 年有 4 个，其中“高—高”聚集区的有一个，“低—低”聚集区的有 2 个，“高—低”聚集区的有一个；2014 年有 3 个，安庆市退出低—低聚集区，其余不变；而 2018 年局部空间聚集城市数量有所增加，共有 6 个，其中“高—高”聚集区 2 个，“低—低”聚集区 3 个，“高—低”聚集区 1 个，新型城镇化质量高值区与低值区城市数量相比 2012 年都有所增加，这与上文的全局莫兰指数值增大相对应。从空间分布来看，2012—2018 年“高—高”聚类城市均为上海及其周边城市，充分反映出上海作为长三角城市群中心城市的优势地位；而“低—低”聚类城市主要分布在西南翼的安庆、池州等城市，这些城市居于内地，与省会城市也相距较远，新型城镇化发展呈现出“俱乐部趋同”现象，城市发展受周边地区发展影响较大①；此外，南京市长期处于“高—低”聚类区，实际充当了低值聚集与高值聚集两种模式的缓冲地带②，使得长三角内陆地区城市新型城镇化发展的空间格局呈现出一种“单核”结构形态③。

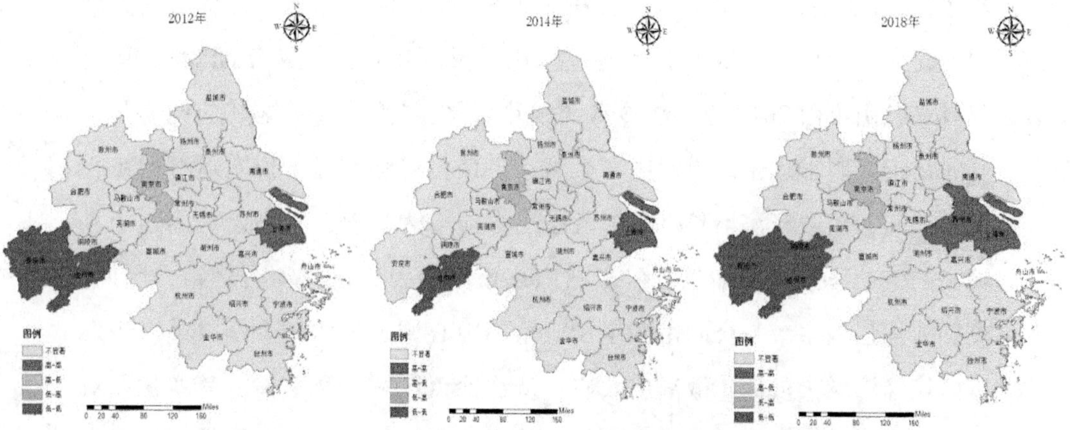

图 4-6　长三角城市群新型城镇化质量得分的 LISA 聚集图

为了更有效地研究长三角城市群新型城镇化质量的空间格局演变状况，需要对其热点区域演化进行分析。在 ArcGIS 10.2 软件中，通过调用

---

① 赵明华、郑元文：《近 10 年来山东省区域经济发展差异时空演变及驱动力分析》，《经济地理》2013 年第 1 期。

② 曾昭法、左杰：《中国省域城镇化的空间集聚与驱动机制研究——基于空间面板数据模型》，《中国管理科学》2013 年第 2 期。

③ 杜挺、谢贤健、梁海艳：《基于熵权 TOPSIS 和 GIS 的重庆市县域经济综合评价及空间分析》，《经济地理》2014 年第 6 期。

其 $Getis-Ord\ G_i^*$ 工具箱计算得到 2012 年、2014 年和 2018 年长三角城市群新型城镇化质量得分的 $Getis-Ord\ G_i^*$ 值，并根据 Jenks 最佳自然断裂法将其自动分为热点、次热点、次冷点和冷点四类，从而得到长三角城市群新型城镇化质量的空间格局热点图（见图 4-7）。从热点区域变化来看，长三角新型城镇化质量的热点区域主要集中于上海市及其邻近城市苏州市、嘉兴市一带，说明以上海市为中心的周边地区是长三角城市群新型城镇化发展最具活力的区域。其中，苏州市 2014 年由热点区域降为次热点区域，但在 2018 年又升为热点区域，反映出近几年苏州市在新型城镇化建设方面进步较快，这与前述的质量得分分析和 LISA 图分析也相吻合；从次热点区域变化来看，长三角城市群新型城镇化质量次热点区域 7 年间变化不大，只有马鞍山市由 2012 年的次冷点区域升为次热点区域。马鞍山市与滁州市同时邻近合肥市、南京市两座省会城市，区位优势明显，说明新型城镇化建设期间，区域经济增长极的扩散溢出效应较为显著，大城市对周边中小城市的带动作用有所加强。但显然南京市的辐射力远强于合肥市，因此，有必要加强南京市与合肥市两座长三角副中心城市的协调合作以进一步发挥区域经济增长极的扩散溢出效应；从次冷点区域变化来看，其变化相对显著，合肥市、铜陵市由冷点区域升为次冷点区域，安庆市则常年处于次冷点区域。近些年在中部崛起战略的支持下，合肥市进步较快，这与上文合肥市新型城镇化质量排名提升最快的分析相吻合，说明合肥市已逐渐摆脱区域发展的“俱乐部趋同”效应，正在成为中部地区崛起的核心力量，而铜陵市由于其特有的自然资源禀赋和历史基础条件，其城市建设发展近几年也较为迅速。与此对应的是安庆市却逐渐衰落，城市发展遭遇瓶颈，难以向上突破。从冷点区域变化来看，其数量变化最为显著，由 2012 年的四座城市降为 2018 年的两座城市，这可能与新时期长三角一体化格局下国家不断强调区域协调发展有关。而与前述 LISA 聚集图相匹配的是，池州市常年处于冷点区域，并影响到周边城市芜湖，乃至铜陵、安庆的城市发展，这表明处于长三角城市群的西南翼城市发展可能存在着“俱乐部趋同”现象，区域城市发展易陷入弱者恒弱的恶性循环圈。

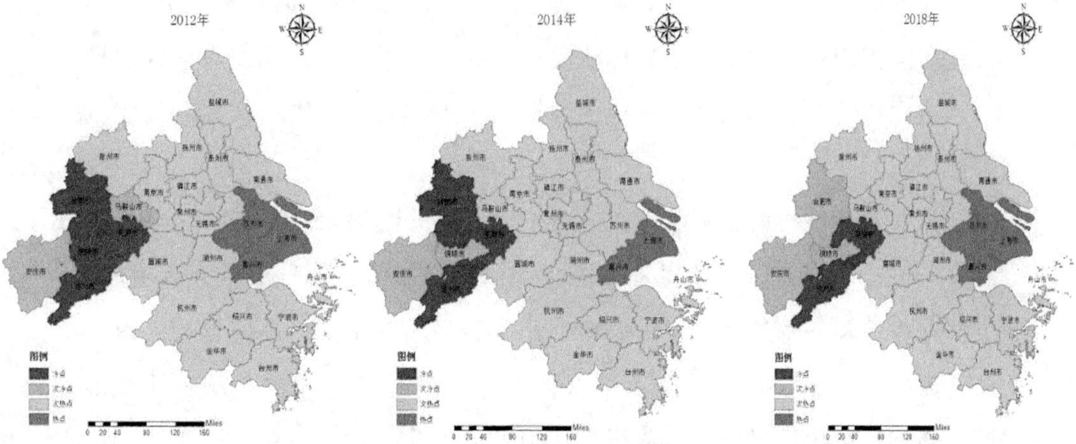

图 4-7　长三角城市群新型城镇化质量的空间格局热点图

四、结论与建议

在探讨新型城镇化质量内涵的基础上，本书先构建起新型城镇化质量综合评价指标体系，并采用改进后的面板数据熵值法对 2012—2018 年长三角城市群新型城镇化质量进行了综合测度分析。同时基于 GIS 的技术支持，利用 ESDA 方法分别进行了长三角城市群新型城镇化质量的全局、局部空间自相关性分析。最终得到以下几点结论：

从指标权重值测度结果来看，2012—2018 年长三角城市群地区经济发展差距趋于缩小，但城市社会发展、经济社会资源利用效率相对差距较大。万人拥有在校大学生数和人均公共图书馆藏书量指标权重值分别位居第一、第三，反映出长三角地区城市文化教育事业发展的相对滞后及发展的紧迫性。区内沿海城市与内陆城市，省会城市与中小城市拥有的教育资源差距悬殊，优质教育资源和人才跨域流动多集中于大城市，中小城市发展的人力资本支持不足；大部分城市发展的提速提质依旧存在片面倚重物质建设，忽视城市精神文明建设的发展现象，文化事业发展较之经济发展还比较落后。单位固定资产投资实现的 GDP、单位建成区面积 GDP 和单位建成区面积人口数量三个指标权重值较高，凸显了城镇化发展的效益导向，这内在要求改变以往粗放式的城镇化发展模式，从高增长转向高质量发展。

从长三角城市群新型城镇化质量的综合得分结果来看，2012—2018 年长三角城市群新型城镇化质量整体呈现出提升态势，部分城市表现突出。上海市作为长三角地区的龙头城市，稳居新型城镇化质量高值首位，南京市、苏州市、无锡市、杭州市、嘉兴市等江浙省域老牌城市发展基础雄厚，新型城镇化质量较高。苏州市、南通市近几年城市发展较为迅速，这部分得益于邻近上海市的区位优势；部分城市，如金华市、绍兴市近几年新型城镇化发展后力不足，整体排名呈现下降趋势；合肥市作为安徽省会城市，近几年城市发展提速较快，是长三角城市群发展的后起之秀，未来随着中部崛起战略的深入推进，合肥市有望成为推动中部地区发展的中坚力量。

全局自相关分析中全局莫兰指数显著为正，且通过了 5%水平下的显著性检验，表明长三角城市群新型城镇化发展存在显著的空间正相关性。这与龚志冬、黄健元研究得出的“区域全局空间自相关不显著，即各单元城镇化质量的空间集聚特征不明显”的结论不同。表明不同城市的新型城镇化发展并非孤立，而是深受周边地区的发展影响。此外，2014 年的全局莫兰指数最小，表明国家政策的调整变化会对区域城镇化建设产生较大影响。国家政策的优化调整虽着眼于区域平衡和资源倾斜，但在市场虹吸效应以及城镇等级制的作用下，大量的资源实际上会流向经济发达地区和城镇等级较高的城市，从而间接加剧大中小城市发展的两极分化趋势。

局部空间自相关分析结果显示，长三角城市群新型城镇化发展存在三种空间格局形态：一是以上海为中心，新型城镇化质量高值城市不断靠近的耦合聚集型空间关联形态；二是以南京为中心，区内中部城市新型城镇化发展呈现出的“单核”结构形态；三是皖南地区部分城市发展的“俱乐部趋同”现象。前两种空间格局说明长三角城市群大城市增长极的扩散溢出效应有所加强，都市发达经济圈的辐射带动作用明显。而皖南地区的池州市、芜湖市等城市新型城镇化发展“俱乐部趋同”效应显著，有陷入弱者恒弱的城市发展风险。

针对以上几点研究结果，为进一步推动长三角城市群新型城镇化的高质量发展，本研究提出以下几点建议：

一是坚持以“人”为本，提升城镇化的质量与效益。改革开放 40 余年，我国经济发展取得了举世瞩目的成就，但城市精神文明建设却远滞后于物质文明发展。长三角城市群地区自然禀赋与历史基础较好，经济区位优势明显，城市经济发展水平全国领先，未来长三角城市群应着眼于城市文化教育事业，以经济硬实力反哺城市软实力，培育城市人力资本，建设城市精神文明，从而实现“人”的全面发展。与此同时，要从城镇化过程中经济社会要素投入的成本效益角度出发，合理控制城镇固定资产投资和土地开发规模，增强吸纳农业转移人口的能力，实现产城深度融合。

二是推进区域协调发展，凸显城市发展的公平权利理念。作为现代化进程中的一项重大战略规划，新型城镇化本身蕴含着公平发展的理念，但在严格的城镇行政等级制下，市场资源配置极易被行政等级扭曲，从而加剧大中小城市发展的“两极化”倾向①。未来长三角城市群新型城镇化的发展应通过市场、政府“两只手”共同发力，形成“政府引导+市场主导”的一体化发展格局，以政策扶持推进区内中小城市、内陆城市的快速

① 孙崇明、叶继红：《“等级制”下的城镇化治理风险与改革路径——基于“反梯度理论”的探讨》，《学习与实践》2018 年第 9 期。

发展，以市场思维加速长三角区域经济一体化的资源要素配置。

三是加快都市圈建设，加强区域增长极的扩散溢出效应。一是牢牢树立以上海为龙头中心的长三角一体化格局，加速构建上海市及其周边城市苏州市、南通市、嘉兴市的一小时都市圈，通过特大城市的辐射带动，形成长三角地区最具发展活力的排头兵；二是加强南京市、合肥市两座省会城市的协作，构建长三角中部地区新型城镇化的“双核”结构形态，通过合肥市、南京市的强强联合来加快安徽、江苏两地的协同发展；三是在中部崛起战略的支持下，积极推进合肥市作为长三角副中心城市的建设。目前相较于另外两座省会城市，合肥市的辐射范围比较有限，滁州市、马鞍山市城市发展反而受南京市影响较大，未来要有针对性地增强合肥市的省域内城市中心地位，增强其辐射力以带动皖南地区城市的发展，从而构建起以上海市为龙头城市，以南京市、杭州市、合肥市三座省会城市为副中心城市的四方联动，互为一体的长三角一体化发展格局。

第三节　中国区域城镇化发展质量的总体特征

从全国来看，根据蓝庆新等人①的研究，我国各省域整体城镇化率和新型城镇化质量指数呈现出以下特征：

①“高—高”型，即城镇化率和新型城镇化质量指数均高于全国平均水平，这一类型的省域主要分布在东部地区 8 个省市（包括沪、京、津、浙、苏、粤、闽、鲁），西部地区的重庆也属于这一类型。

②“低—高”型，即新型城镇化质量高于全国水平但城镇化率相对滞

① 蓝庆新等人从城镇发展质量、城镇化推进效率以及城镇化协调程度三方面选取 34 项具体指标构建了新型城镇化质量评价指标体系（蓝庆新、刘昭洁、彭一然：《中国新型城镇化质量评价指标体系构建及评价方法：基于 2003—2014 年 31 个省市的空间差异研究》，《南方经济》2017 年第 1 期）。

后，中部地区的湖南、湖北，西部地区的陕西、广西呈现出这一特点。

③“低—低”型，即城镇化速度与新型城镇化质量均低于全国水平。属于这一类型的省份绝大部分来自中西部地区。其中，西部省份8个（宁、青、新、甘、贵、川、滇、藏），中部省份4个（晋、豫、皖、赣），东部地区的河北也属于这一类型。

④“高—低”型，即城镇化率高于全国水平，新型城镇化质量低于全国水平，包括黑、吉、辽、内蒙古、琼5个省份（图4-8）。

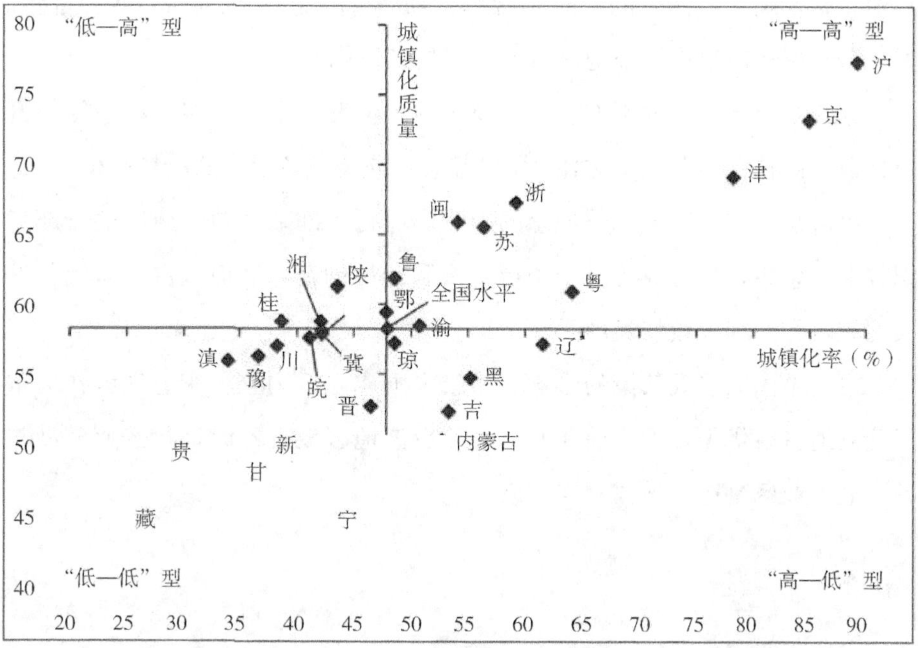

图4-8　全国省域城镇化率及城镇化质量与全国水平比较（2003—2014）①

上述不同特征类型一方面肯定了城镇化发展取得的成效，如“高—高”型区域代表了城镇化实现了可持续发展，需要继续保持；另一方面也反映了城镇化发展的差距以及需要解决的重点任务，又如“低—高”型区

① 蓝庆新、刘昭洁、彭一然：《中国新型城镇化质量评价指标体系构建及评价方法：基于2003—2014年31个省市的空间差异研究》，《南方经济》2017年第1期。

域需要加快体制机制创新，“低—低”型区域需要加快新型工业化步伐，“高—低”型区域需要关注城镇化的社会与生态效应，从而具有较强的政策指导意义。

这表明，我国城镇化发展存在明显的区域差异和发展不均衡，造成这一现象的原因是多方面的。

首先是区位因素的影响。由于不同区域内“资本、自然资源，比如原材料以及区域区位和环境资产、历史经济基础、竞争性区位、人力资本和技术基础设施等”条件的不同①，因而形成了各自的资源禀赋与区位优势。显然，东部地区较中西部地区具有更好的区位优势。

其次是经济因素的影响。一个地区的经济发展水平，如“产业结构升级指数、高技术产业产值占比”② 等都会对该地区城镇化的质量产生影响。

再次是地方政府的执政理念的影响。通常东部地区地方政府的创新意识较强，思想较为开放，勇于先行先试和开拓创新，因而抢占了城镇化发展的先机并实现了较快发展。

最后是国家宏观政策的影响。如新中国成立后国家将东北地区作为重工业基地进行优先发展，而在改革开放后该地区没有及时进行产业转型与城市老工业区改造，导致发展落后。

---

① ［澳］罗伯特·J. 斯廷森，罗杰·R. 斯托、布莱恩·H. 罗伯茨：《区域经济发展：分析与规划战略》，朱启贵译，格致出版社 2012 年版，第 29 页。

② 朱高立、李发志、邹伟：《产业结构升级对城镇化发展质量的影响效应分析》，《兰州学刊》2020 年第 10 期。

第五章　城镇化发展的空间结构

空间结构是认识城镇化发展的一个重要维度。从空间结构上看，主要存在城镇化的布局结构、层级结构、产城结构等，反映了区域城镇化发展的空间性特征。同时从这些空间结构中也能发现城镇化发展存在的一些问题，因此，需要相应地进行城镇化的空间治理。

第一节　城镇化的布局结构：以特色小镇为例

一、问题的提出

我国特色小镇建设最早起源于浙江。此后，全国各地相关部门都纷纷出台关于特色小镇建设的相关政策文件。浙江特色小镇的灵感来自国外的特色小镇，如瑞士的达沃斯（Davos）、英国的格林尼治（Greenwich）等，它们的主要特点是产业独具特色、文化充满韵味、生态富有魅力。历史上最早的特色小镇构想始于英国，霍华德（Howard）在其所著《明日：一条通向真正改革的和平道路》一书中提出了“田园城市”（Garden City）的概念，倡议建立一种兼具城市和乡村优点的田园城市，用城乡一体的新社会结构形态来取代城乡分离的旧社会结构形态——“城市和乡村都各有其优点和相应缺点，而城市—乡村则避免了二者的缺点”①。世界上第一座和

---

① ［英］霍华德：《明日的田园城市》，金经元译，商务印书馆2000年版，第17页。

第二座“田园城市”——莱奇沃思（Letchworth）、韦林（Welwyn）成为霍华德理论构想的伟大实践，同时也为国外特色小镇的建设提供了范例。美国城市规划理论家芒福德（Mumford）则认为“城市病”是驱动人们离开城市前往乡村的主要动力：“浪漫主义的运动，为人们涌往郊区提供了新的理论基础，而城市日益增加的烟雾和拥挤状况又促使人们涌往郊区。”① 这种动力同时驱动了特色小镇的发展。1944 年，阿伯克龙比（Abercrombie）提出的“大伦敦规划”（Greater London Plan）提出了在距伦敦 50 英里（80 公里）范围内新建 8 个市镇的计划，最多可容纳 50 万人。该计划分为 3 个阶段于 1946 年至 1976 年实施。此后，美国出台“示范城市运动”（Model Cities Program）②、韩国出台“新村运动”及小城镇发展计划、③ 日本颁布实施“造村运动”及村镇综合建设示范工程，④ 这些运动或计划都为我国特色小镇的建设提供了参考。

从国家出台相关文件定下基调开始，全国各地掀起建设特色小镇的热潮，国内学者对特色小镇进行了大量研究。特色小镇由“特色”和“小镇”组成，因此有学者从构词角度出发分析了特色小镇的“特色”之处，并提出关于“特色”的要求。⑤ 受西方“空间转向”（Spatial Turn）研究的影响，有学者开始关注对特色小镇的空间组织和空间生产的解释，如“特色小镇是一种产业空间组织形式。”⑥ “特色小镇是特色产业、地域文

① ［美］芒福德：《城市发展史——起源、演变和前景》，宋俊岭、倪文彦译，中国建筑工业出版社 2004 年版，第 497 页。

② 苏晓智、白娟：《美国城市示范运动及其启示研究》，《人文地理》2013 年第 4 期。

③ 金钟范：《韩国小城镇发展政策实践与启示》，《中国农村经济》2004 年第 3 期。

④ 周岚、于春：《何培根 · 小村庄大战略——推动城乡发展一体化的江苏实践》，《城市规划》2013 年第 11 期。

⑤ 王小章：《特色小镇的“特色”与“一般”》，《浙江社会科学》2016 年第 3 期。

⑥ 盛世豪、张伟明：《特色小镇：一种产业空间组织形式》，《浙江社会科学》2016 年第 3 期。

化、优美环境和良好配套的交汇体。”[①] “以区域性空间再造和增长要素集聚为主要特征的城市化模式。”[②] 在新型城镇化语境下，从城乡一体化视角出发，特色小镇作为国家战略的重要组成部分，应该“在城乡治理合流中实现产业转型、人口导入和文化传承的功能融合”[③]。对特色小镇的评价不仅包括发展水平评估（如构建“产业维度、功能维度、形态维度、制度维度”四重维度的指标体系对特色小镇的发展水平进行评估），[④] 也应包括对其核心竞争力评估（如构建以环境资源力、资本资源力、基础设施力、产业发展力、政府支持力的核心竞争力评价体系）。[⑤] 在实践上，学者更多关注浙江省的特色小镇实践，例如对浙江省特色小镇的缘起、政策内涵与创建进展进行总结梳理、提出浙江特色小镇创建中需注意的问题[⑥]，或是对浙江省特色小镇进行案例研究，总结其建设的主要成效、基本经验、主要问题和启示。[⑦] 但这些文献大多集中于单一地区的研究或进行相关政策解读，特色小镇作为一种新经济社会产业分类，在其空间形态上有别于一般小镇，又鲜有对其空间形态进行分析的文献资料，因此本研究从空间视角着手，通过分布密度及核密度（Kornel Density）、平均最近邻（Average Nearest Neighbor）、全局莫兰指数（Global Moran’s I）等工具对特色小镇的

① 马斌：《特色小镇：浙江经济转型升级的大战略》，《浙江社会科学》2016 年第 3 期。

② 周晓虹：《产业转型与文化再造：特色小镇的创建路径》，《南京社会科学》2017 年第 4 期。

③ 姚尚建：《城乡一体中的治理合流——基于“特色小镇”的政策议题》，《社会科学研究》2017 年第 1 期。

④ 吴一洲、陈前虎、郑晓虹：《特色小镇发展水平指标体系与评估方法》，《规划师》2016 年第 7 期。

⑤ 温燕、金平斌：《特色小镇核心竞争力及其评估模型构建》，《生态经济》2017 年第6 期。

⑥ 赵佩佩、丁元：《浙江省特色小镇创建及其规划设计特点剖析》，《规划师》2016 年第 12 期。

⑦ 郁建兴、张蔚文等：《浙江省特色小镇建设的基本经验与未来》，《浙江社会科学》2017 年第 6 期。

空间分布进行分析，分析我国特色小镇空间分布的典型案例，探索我国特色小镇的空间分布形态，并尝试从空间视角对特色小镇进行解读，发现一些关键的因素，为特色小镇寻求可循的发展模式和路径。

二、研究方法与数据来源

（一）研究方法

1. 分布密度及核密度（Kernel Density）

分布密度 $D=\frac{n}{A}$，其中 n 为特色小镇分布个数、A 为所在省份面积（单位：万平方千米），其数值可以显示出各省份每万平方千米区域内拥有特色小镇的个数情况，粗略概括出特色小镇的空间分布状况；核密度主要是通过 ArcGIS10. 2 使用核函数根据点或折线（Polyline）要素计算每单位面积的量值，以将各个点或折线拟合为光滑锥状表面，通过核密度的使用可以较为明显识别各个区域的特色小镇空间分布密度情况。

2. 平均最近邻

平均最近邻是用来测定数据的具体聚集程度的指数，通过该指数，可以对比不同数据的聚集程度。首先假设一个在研究区域以内随机分布的平均距离，记为 $\overline{De}$：

$$\overline{De}=\frac{0.5}{\sqrt{n/A}}$$

接下去测量每个要素与它距离最近的要素之间的距离，并计算它们的平均值，记为 $\overline{Do}$：

$$\overline{Do}=\frac{\sum_{i=1}^{n} d_i}{n}$$

距离测定方法使用欧几里得距离（Euclidean Distance），公式为：

$$D(x, y) = \sqrt{(x_1 - y_1)^2 + (x_2 - y_2)^2 + \cdots + (x_n - y_n)^2} = \sqrt{\sum_{i=1}^{n} (x_i - y_i)^2}$$

如果 $\overline{De} > \overline{Do}$ ，计算的指数小于 1，那么就表示这份数据的模式趋向于聚集；如果 $\overline{De} < \overline{Do}$ ，计算的指数大于 1，那么就表示这份数据的模式趋向于离散。而这个指数，越接近 1，就表示随机的几率越大。

3. **全局莫兰指数**

空间自相关（Spatial Autocorrelation）可以理解为相近位置的区域具有相似的变量取值，如果高值与高值聚集在一起，低值与低值聚集在一起，则为“空间正相关”（Spatial Positive correlation）；反之，如果高值与低值相邻，则为“空间负相关”（Spatial Negative correlation）。检验空间自相关的常用工具是全局莫兰指数，后文简称为莫兰指数（Moran's I）①，其公式如下：

$$I = \frac{n\sum^{ni=1}\sum_{j=1}^{n} w_{i,j} z_i z_j}{S_0 \sum_{i=1}^{n} z_i^2} = \frac{n\sum_{i=1}^{n}\sum_{j=1}^{n} W_{i,j} \times (x_i - \overline{X})(x_j - \overline{X})}{(\sum_{i=1}^{n}\sum_{j=1}^{n} W_{i,j}) \times \sum_{i=1}^{n}(x_i - \overline{X})^2}$$

其中，I 为莫兰指数，Z_i是要素 i 的属性与其平均值$(x_i - \overline{X})$ 的偏差，$W_{i,j}$是要素 i 与 j 之间的空间权重，n 等于要素总数，S_0是所有空间权重的聚合②：

$$S_0 = \sum_{i=1}^{n} \times \sum_{j=1}^{n} \times W_{i,j}$$

Moran's I 的取值一般在-1～1，在不存在空间自相关的零假设条件下，Moran's I 的期望值为：

$$E\ (I) = -1/\ (n+1)$$

因此，若 Moran's I$<E\ (I)$ 表示空间负相关，Moran's I$>E\ (I)$ 表示空

① Moran, P. A. Notes on Continuous Stochastic Phenomena. Biometrika, 1950, 37(1/2): 17-23.

② Li, H., Calder, C., & Cressie, N. Beyond Moran's I: Testing for Spatial Dependence Based on the Spatial Autorregressive Model. Geographical Analysis. 2007, 39 , 357-375.

间正相关，*Moran's* $I=E(I)$ 表示空间零相关，即该区域之间的属性值在空间上是随机分布的。根据正态分布检验值，当 Z 得分处于-1.65~1.65之间，在统计上呈现随机分布的趋势；反之如果 Z 得分大于1.65（或小于-1.65），表明区域之间的空间正相关（或负相关）具有显著意义。

（二）数据来源

本书涉及的特色小镇名单来源于《住房和城乡建设部关于公布第一批中国特色小镇名单的通知》① 及《住房和城乡建设部关于公布第二批全国特色小镇名单的通知》，② 以两份文件中公布的403个特色小镇为研究样本，研究范围不包括香港、澳门、台湾地区。特色小镇的相关资料主要来源于特色小镇培育网（www.charmingtown.cn）以及住房和城乡建设部网（www.mohurd.gov.cn）。本研究以1：400万全国矢量化图为底图，借助Google Map获取403个特色小镇的点数据，以GCS_ Beijing_ 1954为坐标系，运用ArcGIS10.2构建全国特色小镇空间分布数据库。

三、研究结果

（一）特色小镇在"胡焕庸线"东南部大规模聚集

通过对特色小镇进行分布密度（D）与核密度（KD）分析，发现特色小镇在"胡焕庸线"③ 东南部大规模聚集，尤其是长三角、珠三角和京津冀等地区表现得最为密集；而在线的西北部则显得较为零散，在地图上出

---

① 住房和城乡建设部：《住房城乡建设部关于公布第一批中国特色小镇名单的通知》，http://www.mohurd.gov.cn/wjfb/201610/t20161014_229170.html。

② 住房和城乡建设部：《住房城乡建设部关于公布第二批全国特色小镇名单的通知》，http://www.mohurd.gov.cn/wjfb/201708/t20170828_233078.html。

③ 胡焕庸线（Hu Line，或Heihe-Tengchong Line，或Aihui-Tengchong Line），即中国地理学家胡焕庸（1901—1998）在1935年提出的划分我国人口密度的对比线，最初称"瑷珲—腾冲一线"，后因地名变迁，先后改称"爱辉—腾冲线""黑河—腾冲线"。

现大面积留白（图 5-1、图 5-2）。

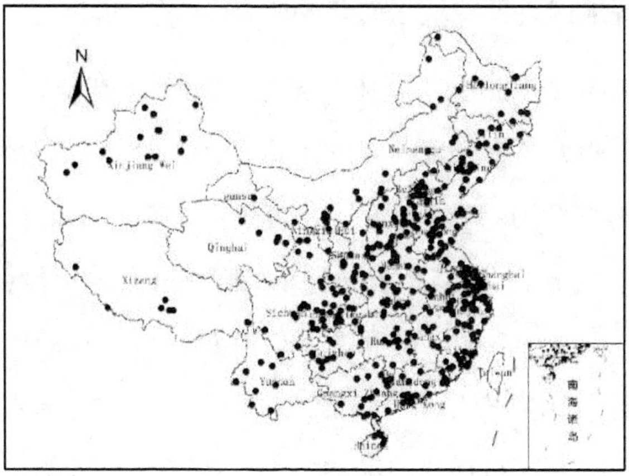

图 5-1　特色小镇空间分布密度图

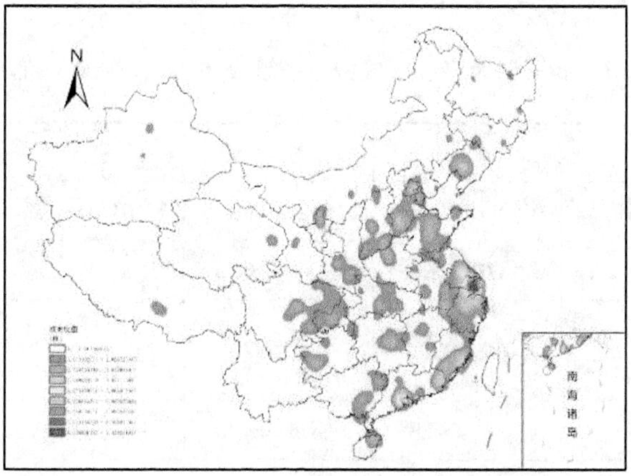

图 5-2　特色小镇空间分布核密度图

根据密度高低，可以将这些省份划分为三个等级：第一等，0<D≤0.5，有西藏、青海、新疆、内蒙古、甘肃、黑龙江、云南、四川、吉林；第二等，0.5<D≤1，有广西、河北、陕西、江西、湖南、山西、贵州、湖北、辽宁、河南；第三等，1<D，有宁夏、安徽、广东、福建、山东、重庆、海南、江苏、浙江、北京、天津、上海。密度最低的第一等区域涵盖

了除宁夏、陕西、辽宁、广西、重庆、贵州外所有西部、东北地区；而密度最高的第三等地区，涵盖了除河北外所有东部地区。

（二）东部地区特色小镇分布的聚集性高于西部地区

通过对我国四大经济区域（东北地区、东部地区、中部地区、西部地区）[①] 特色小镇的平均最近邻测定，发现我国东部和西部地区的最近邻比率均小于1且Z值小于-1.65，数据分布呈随机分布的可能性小于1%且能够显著地拒绝零假设，表明东部和西部的特色小镇分布趋向聚集；中部和东北地区的最近邻比率均趋近于1且Z值介于-1.65~1.65之间（表5-1），数据分布模式与随机模式之间的差异并不显著，表明东部和西部的特色小镇分布趋向离散。同时，东部地区特色小镇分布的最近邻比率小于西部地区，反映了东部地区特色小镇分布的聚集性比西部更强。

表5-1　我国四大经济区域特色小镇分布的平均最近邻汇总表

汇总地区	东部	中部	西部	东北
平均观测距离（$\overline{Do}$）	0.4086Degrees	0.5627Degrees	1.1015Degrees	0.9172Degrees
预期平均距离（$\overline{De}$）	0.5870Degrees	0.6007Degrees	1.5371Degrees	0.9464Degrees
最近邻比率（Nearest Neighbor Ratio）	0.695992	0.936820	0.716583	0.969179
Z得分（Z-Score）	-7.240728	-1.140262	-6.276383	-0.363472

再从全局莫兰指数的测定来看，数据分布仅有小于5%的可能是随机分布的，出现数据聚集的可能性大于随机分布的可能，且能够显著地拒绝

① 该划分方式根据国家统计局2011年《东西中部和东北地区划分方法》，东部包括：北京、天津、河北、上海、江苏、浙江、福建、山东、广东和海南；中部包括：山西、安徽、江西、河南、湖北和湖南；西部包括：内蒙古、广西、重庆、四川、贵州、云南、西藏、陕西、甘肃、青海、宁夏和新疆；东北包括：辽宁、吉林和黑龙江。具体参见：http://www.stats.gov.cn/ztjc/zthd/sjtjr/dejtjkfr/tjkp/201106/t20110613_71947.htm。

零假设，此结果表示全国特色小镇的空间分布出现一定的聚集特征，且具有空间正相关模式。其中东部沿海地区尤其是江苏、浙江、上海、山东四省份特色小镇分布的莫兰指数为 0.427044，高出全国水平，表现出更高的聚集性。

表 5-2　全国特色小镇分布的莫兰指数（Moran's I）汇总

莫兰指数（Moran's I）	0.208768
预期指数（Expected Index）	-0.033333
方差（Variance）	0.013825
Z 得分（Z-Score）	2.059015
P 值（P-Value）	0.039493

（三）特色小镇主要表现为孤点式与聚合式两种空间模式

1. 孤点式

这一类型的典型代表为西藏自治区的扎囊县桑耶镇和云南省的畹町镇，二者均入选第一批中国特色小镇名单，从直线距离上，畹町镇距离大理市 280.3 公里，桑耶镇距离拉萨市 49 公里；从驾车距离上看，畹町镇距离大理市 394 公里（驾车时间约为 5 小时），桑耶镇距离拉萨市 128.7 公里（驾车时间约为 2.5 小时）。不论是从直线距离还是驾车时间上，二者都与区域内最具有影响力的城市相距较远，因而其发展的过程中，难以依赖其他城市的影响力扩散，更多的依靠自身的核心吸引力。孤点式小镇虽然与区域内具有影响力的中心城市距离较远，无法像距离中心城市近的小镇一样享受城市的辐射带动作用，但能成为特色小镇的孤点式小镇一定有其他小镇无可比拟的自然、产业、历史文化优势。桑耶镇虽不具有优良的区位优势，但其境内的藏族文化宝藏——桑耶寺，以周边秀丽的风光和寺内悠久的历史文化吸引着大量游客。同样的小镇还有红安县七里坪镇、普兰县巴嘎乡等，它们虽没有区位优势，但内部空间中具有的特色资源促成了小镇发展。瑞丽市畹町镇虽然距离国内中心城市较远，但其位于中缅边境，是国家深化与周边国家和地区合作的重要平台，形成特殊的区位优势，这样的小镇还有鹤岗市名山镇、绥芬河市阜宁镇、普洱市勐马镇、额尔吉纳市莫尔道嘎镇等，从国家内部看来它们虽然没有区位优势，但位于边境要塞，形成特有的区位优势，可推动小镇发展。

2. **聚合式**

聚合式的主要特征是靠近省会、直辖市、经济强市以及周边特色小镇，这类模式多位于长三角经济圈、珠三角经济圈、环渤海经济圈、海西经济区以及四川盆地经济区等地区，一来由于这些地区经济实力雄厚，经济强市数量多；二来由于这些地区是新型城镇化的先行地区，特色小镇发展基础好、基数大。这些小镇不仅形成了“小镇——小镇”的联系，还组成了“小镇——小镇——中心城市”的发展网络。

如图 5-3 中成都市的三道堰、德源、安仁以及洛带四镇，相互间直线距离最远为 69.02 公里、最近为 11.90 公里，据成都市直线距离最远为

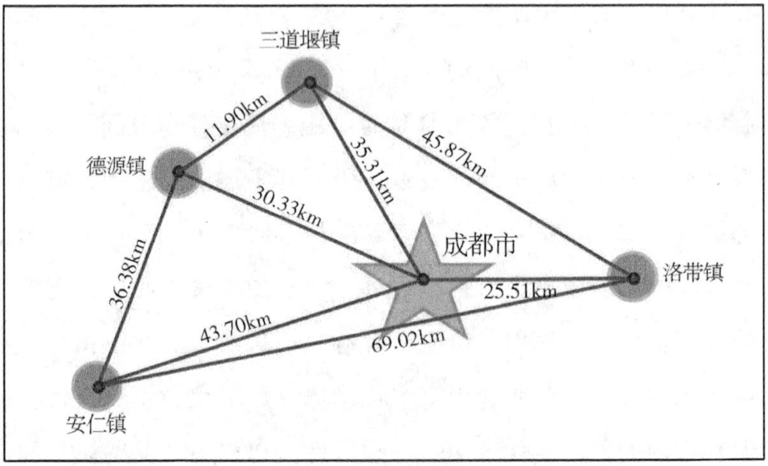

图 5-3　成都四镇网络图

43.70公里、最近为25.51公里①，形成了“小镇——小镇——中心城市”的发展网络，这种网络将特色小镇的特色产业与区位优势相结合，形成规模效应，同时发挥特色小镇的“卫星城”作用，缓解中心城市的人口压力，以特色产业为诱导，吸引外来人口迁入和外出就业人口的主动回迁，区域共同体形成后，增加资源共享的互动，提高资源利用效率。

四、基于空间视角的特色小镇发展对策

（一）“小独”“奇新”是发展的基本要素

“小独”——小镇建设要“小题小做”，切忌“小题大做”，利用好原有的镇域特色和镇域空间打造小镇的“特色”；“奇新”——建镇形式要新颖，具有自身的特点，避免“千镇一面”现象。莫干山镇遵从自然地理的特点并结合已有的人文特色进行空间规划，以“清境·莫干山项目”为代表的多功能综合体为面，辅之“低碳环保、中西融合”的理念，形成了乡村发展的“莫干山模式”。震泽镇顺应原有水系形态进行布局、营造多元化滨水公共活动空间，避免了其他地区曾经出现过的强行对河流水系截弯取直、填河围湖的“逆生态建设”，同时将江南特色的“一河一路”整体格局与江南风格的民居、小巷等传统风貌完好保存，推动一批散乱的污染型企业入园区发展或直接淘汰，确保生态红线不动摇，大力推进农业产业结构调整，形成集城乡一体、产业集聚、生态突围、改善人居、田园风光于一体的震泽模式。北方的“乌镇分店”——古北水镇，节假日期间游客接待量、订房量在全北京市范围内名列前茅，它把具有当地原真性的入口牌楼、有趣的破碎空间拆解了，取而代之的是没有“粉墙黛瓦”的北方“水乡”，反而在价值捷径下，打破了相对于周边地区而言的“千镇一面”现象，迎合了大量消费者的青睐，其原因就在于古北水镇对于北方地区的

---

① 距离测定工具来自Google Map。

消费者而言具有“新奇”的价值。

（二）“产业——区位——运营”的发展模式

“特色小镇主要指聚焦特色产业和新兴产业，集聚发展要素，不同于行政建制镇和产业园区的创新创业平台。特色小城镇是指以传统行政区划为单元，特色产业鲜明、具有一定人口和经济规模的建制镇。”① 首先，特色小镇的核心在“特色”，即特色产业或新兴产业，如白地镇的宣砚文化产业、古田镇的红色旅游产业、杏花村镇的白酒产业，以特色产业作为小镇发展的最强驱动力；其次，结合区位优势为小镇发展增添外部驱动要素。前文所述的聚合式小镇，要利用好已有的区位优势，而孤点式小镇则要在“酒香也怕巷子深”的环境下通过建设公路、铁路等来创造交通便利弥补区位劣势；最后，着力提升运营水平，将特色产业和区位优势发挥出来，改善小镇的后发要素，形成“产业——区位——运营”于一体的发展模式，确保特色小镇发展拥有持久动能。

（三）“特色产业——特色产业链”的发展模式

若特色小镇只依靠单一产业的发展，往往会孤掌难鸣。应该结合区域特色，形成从特色产业到特色产业链的发展路径，优势互补，形成乘法效应。以位于瑞士东南部的小镇达沃斯为例，它以阿尔卑斯山雪景为特色资源，打造欧洲最大的高山滑雪场——克罗斯特滑雪场，同时以滑雪这个特色产业为核心，组合形成集温泉度假、会议、运动度假于一体的“旅游+商务”特色产业链。世界经济论坛（World Economic Forum）选址达沃斯后，更是让这个小镇声名鹊起。在天然风光上，达沃斯小镇具有不可复制性，不可能让每个特色小镇都拥有得天独厚的自然风景，但其从最初以滑雪为核心的特色产业到“旅游+商务”特色产业链的过程值得借鉴和学

① 国家发展改革委：《关于加快美丽特色小（城）镇建设的指导意见》，《城市规划通讯》2016年第22期。

习，用特色产业打造小镇的核心魅力，构建特色产业链让小镇永葆魅力，实现小镇“特色产业——特色产业链”的发展路径。

（四）发掘特色小镇建设中的“边缘效应”

“边缘效应”的概念源于生态学：“在边缘地带可能发现不同的物种组成和丰度，即所谓边缘效应”①。本研究对处于特色小镇边缘、与邻镇交界且具有一定宽度的区域定义为边缘地带，这种边缘地带与其相邻地区往往具有相同的属性，形成地区间联结的天然纽带，是地区与地区之间的“关节”。生态上，边缘地区相对中心地区开发程度低，可以作为生态绿地和生态防线；发展上，边缘地区开发的优先级低于中心地区，可以发展建设备用地、为小镇开发保有空间；经济上，边缘地区是联结地区的通道和纽带，开发边缘地区有利于地区间的沟通交流，促进地区间的经济发展。因此在特色小镇建设的过程中，应发掘“边缘效应”，平衡内部空间的发展水平。

（五）提高特色小镇的空间生产与空间治理水平

从空间视角看，特色小镇发展的整个过程，就是空间生产（开发）与空间治理（再生产）的过程；从经济维度来看，特色小镇的空间生产和治理要便于生产要素和社会资本在区域内流动，逐步缩小城乡差距；从政治维度来看，空间生产和治理要赋予人民政治参与的权利，享受平等的空间发展机会；从社会维度来看，空间生产和治理要赋予人民同样的公共资源享有权（例如教育、医疗资源等资源的空间生产和治理），减少传统城乡二元差异导致的空间不平等；从文化维度来看，空间生产和治理要保护原有人文景观和非物质文化遗产的原真性，避免“千镇一面”；从生态维度来看，空间生产和治理要摆脱对于自然资源一味地依存、开发和掠夺，做到人与自然和谐相处。在新型城镇化语境下，将空间正义作为特色小镇空

① 邢忠：《“边缘效应”与城市生态规划》，《城市规划》2001年第6期。

间生产与治理的价值追求，通过提高空间生产和治理水平消解空间非正义，构建“人——小镇——文化——自然”发展新路径。

特色小镇不是行政区划单元，而是产业发展载体；不是产业园区，而是同业企业协同创新、合作共赢的企业社区；不是政府大包大揽的行政平台，而是企业为主体、市场化运作、空间边界明确的创新空间、创业空间。特色小镇鲜明特征在于组成形式、运作模式和空间构成上与一般小镇的差异。在差异化时空下，不可能将影响特色小镇形成和发展的种种因素都放置在一个理论模型中解释，只有具体问题具体分析，形成各因素的有机耦合，才能让小镇走上“特色”之路。特色小镇起源于浙江，这种以区域性空间再造和增长要素集聚为主要特征的城市化模式一经推出，迅速推向全国，它在中国城市化和产业转型方面具有多方面的推广和辐射意义。[①] 与此同时，各省市地区拥有的资源禀赋、区位条件、经济基础、历史文化背景各不相同，“浙江经验”可以作为参考依据但不能作为最高标准，要从自身实际出发，创造自己的发展机遇。

从空间视角下，我国特色小镇呈不均匀分布态势，不论是从分布密度、最近邻比率，还是从空间自相关程度上，东部沿海地区都要优于其他地区，一是由于东部沿海地区经济实力雄厚，建设特色小镇的基础更好；二是由于东部沿海地区是新型城镇化先行地区，运营经验丰富、打造“特色”的能力更强。与此同时，在“振兴东北”、“中部崛起”、“西部大开发”的背景下，中西部及东北地区更应把握好建设特色小镇的政策机遇，改变区域发展在空间上不断分化的态势。在特色小镇高速推进的时期，一方面要认可发展的成果和建设的经验，另一方面要防止“用新瓶、装旧酒”、“穿新鞋、走老路”的恶性生态，以“产业——区位——运营”的

---

① 周晓虹：《产业转型与文化再造：特色小镇的创建路径》，《南京社会科学》2017 年第 4 期。

发展模式为依托，建构“特色产业——特色产业链”的发展路径，发掘特色小镇建设中的“边缘效应”、提高特色小镇的空间生产与空间治理水平，从而维护特色小镇发展的空间正义。

第二节 城镇化的层级结构与非均衡发展

一、问题的提出

作为现代化进程中的一项战略性规划，新型城镇化被寄予了协调区域发展的厚望。然而，城镇化在大批大城市涌现的同时，还伴生着部分小城镇的衰败和大城市病的并存。党的十八届三中全会首次提出“要严格控制特大城市规模”；《国家新型城镇化规划（2014—2020年）》继续强调“协调区域发展”，“严格控制城区人口500万以上的特大城市人口规模”；党的十九大报告更是鲜明地指出未来要“构建大中小城市和小城镇协调发展的城镇格局”。然而，无论是传统的城市规划设计、产业结构调整还是严格的户籍政策限制，“大城市太大，小城市太小，中等城市难以形成规模”的困局依旧在延续。这与新型城镇化所倡导的“区域协调、互促共进”理念相悖逆，甚至在暴露城镇协同发展失调的同时，还使城镇间呈现出类似官僚体制的“等级制”特点。[①] 如何树立“整体木桶”观，破解等级序列下城镇发展的路径依赖，无疑成为未来城镇化协同发展的关键。

“反梯度理论”作为区域经济发展的一项战略性创新，意味着处于边缘区的低梯度地区可以借助外部力量、抓住机遇、突出自身优势，打破

---

① 王垚等：《自然条件、行政等级与中国城市发展》，《管理世界》2015年第1期。

“中心——边缘”区之间的二元“超稳定结构”，实现自身的超常规发展。[①] 该理论的核心价值在于其本身内蕴着区域公平发展的权利理念，这与新型城镇化协同发展的理念相契合。受这一理论的启发，本书尝试将“反梯度理论”作为一种社会科学方法论指导，从“反梯度理论”所蕴含的权利视角出发，以期为破解“等级制”下的城镇化治理风险提供改革思路。

二、城镇化发展进程中的“层级制”：特点与逻辑

不同于西方国家“切块设市”的城镇设置模式，中国城镇化的突出特征是“政府主导、大范围规划、整体推动、土地的国有或集体所有、空间上有明显的跳跃性、民间社会尚不具备自发推进城镇化的条件”[②]，基于这一判断，中国城镇化的发展更易受政府行政力量的驱动。譬如，按照不同行政级别的划分，中国政府的层级结构可以划分为“中央——省——市——县——乡镇”5个层级，不同层级的政府处于不同行政层级的城镇，中央在各方面的支持力度存在着显著的差异。总体上使城镇间在“资源集聚——发展权限——制度倾斜”等方面呈现出明显的“层级制”特点。

（一）行政级别越高的城市，其资源集聚程度越高

受传统行政管理体制的影响，资源的流向取决于城市层级而非市场。在权力结构上的临近，促使中央政府优先将资源分配给直辖市、省会城市、副省级城市，这导致城镇间各种资源匹配处于一种非均衡的境况。主要表现在4个方面：一是行政资源。中国作为单一制国家，在中央集权的

---

① 李立辉等：《区域产业集群与工业化反梯度推移》，经济科学出版社2005年版，第21页。

② 李强、陈宇琳、刘精明：《中国城镇化“推进模式”研究》，《中国社会科学》2012年第7期。

政府治理架构下，地方政府行政级别的高低与其享有的行政权力大小呈现正相关关系，行政资源配置按照行政级别由高到低的顺序逐级向下递减。[①]特别是，直辖市、省会等大城市往往是各级人大、党委、政府等国家机关的所在地。这些城市一方面在地理位置和行政梯度上更接近权力中心，更容易获得中央政府行政资源的支持；另一方面其本身就处于本地区的政治权力中心，对下一级政府控制的各种资源享有一定的支配权。二是经济资源。一般而言，城市的层级越高，其市场经济的力量就越强大，在资源再分配过程中的权限就越大。[②] 大城市的市场发育度较好，凭借着市场的规模效应和产业优势，行政层级较高的城市能够源源不断地吸引企业入驻和资金流入，而行政级别较低的城市在产业、金融等方面的集聚能力相对弱势，往往处于从属地位。三是公共服务资源。大城市掌握的行政权力较大，拥有的经济集聚能力较强，故在公共服务资源配置方面更具优势。这直接体现在教育和医疗资源的配置方面，譬如全国大部分“985”、“211”高校和“三甲”医院都集中分布于各直辖市、省会城市。四是人力资源。行政级别较高的城市，在引导经济和公共服务资源集聚方面更具优势，因此相应的就业机会和社会福利越多，更容易吸引人力资源的汇集，[③] 相反由于各种公共资源的供给不足缺乏人力资本的支持，小城市和小城镇遭遇更多的是“结构性供给”缺陷的发展困境。

（二）行政级别越高的城市，拥有的发展权限越大

计划经济时期，国家对生产要素实行严格的统一调配，行政层级较高

① 贾春梅、葛扬：《城市行政级别、资源集聚能力与房价水平差异》，《财政问题研究》2015 年第 10 期。

② 蔡昉、都阳：《转型中的中国城市发展——城市级层结构、融资能力和迁移政策》，《经济研究》2003 年第 6 期。

③ Black & Hendenson，“A theory of Urban Growth”，*Journal of Political Economy*，1999，107（2）：252-284.

的城市拥有优先发展的权限。随着改革开放的深入，市场在资源配置过程中所发挥的作用越来越突出，但长期受计划经济体制的路径依赖以及国家基于社会稳定和经济发展的需要，行政力量在经济社会领域依旧强势。从直辖市、省会城市到一般地级市，再到县级市和建制镇，这些城镇不仅行政级别不同，在立法、行政、经济和社会管理等方面的权限也迥然有异。① 首先，在发展权限方面。城市行政级别越高，行政审批、财政税收、招商引资等方面的权限就越大，在外资吸引、经济增长方面越明显。例如“负面清单”制、金融开放权试行等管理权限，优先适用于行政级别较高的大城市，相比较而言小城市很难获得优先试验权。其次，在政策偏好方面。行政权力的供给错位，使城镇间存有层级的明显界线，行政梯度上的临近使大城市更容易获得中央政策的青睐。再次，在财政支出方面。分税制改革之后，中央全面实施转移支付制度，通过财政支出的层层下拨赋予地方财政支持。与小城市和小城镇相比，大城市在财政上更容易获得优先支配权；尤其在税收“向上集中”的进程中，大城市更容易优先获得财政资源，因而垄断着更多的发展特权和机会，小城市的发展权限则被变相剥夺了。

（三）行政级别越高的城市，制度倾侧越为明显

制度变迁是一个城市发展的重要保障性因素。不同于激进式改革，为了进一步处理好改革、发展、稳定三者之间的关系，我国根据自身国情的需要选择了“渐进式改革”的道路，即通过增量改革，逐步释放改革红利以期达到社会经济发展的“帕累托最优”。这种“摸着石头过河”般的渐进式改革，先通过有条件地区的“试点”，再在经验积累的基础上向全国推广，这在一定程度上造成了地区间制度供给的非均衡。诺斯、科斯、威廉姆森等新制度经济学家已经充分证明了制度变迁对国家发展的影响，他

① 魏后凯：《中国城市行政等级与规模增长》，《城市与环境研究》2014 年第 1 期。

们认为国家间的竞争实质就是制度间的竞争，① 同理制度的供给错位也会直接影响城市的发展潜力。一方面，在渐进式改革进程中，行政层级越高的城市越接近中央决策中心，有着天然的发展优势。譬如，综合保税区、自由贸易试验区等制度变迁优先在“试点”条件较好的大城市进行；另一方面，制度供给倾侧在一些具体规定方面更为明显。行政层级越高的城市，户籍人口所获得的教育、医疗卫生、社会保障等福利制度往往优于中小城市。此外，传统城镇化发展严重依赖于“土地财政”制度，在市场和行政的共同作用下，大城市的市场发育较为完善，人口集聚程度较高，土地出让金和商品房价格较高，城市土地财政的收益率较好，而行政级别较低的城市土地财政收益率远远低于大城市，更多暴露出来的是“吃饭财政”等发展困境。

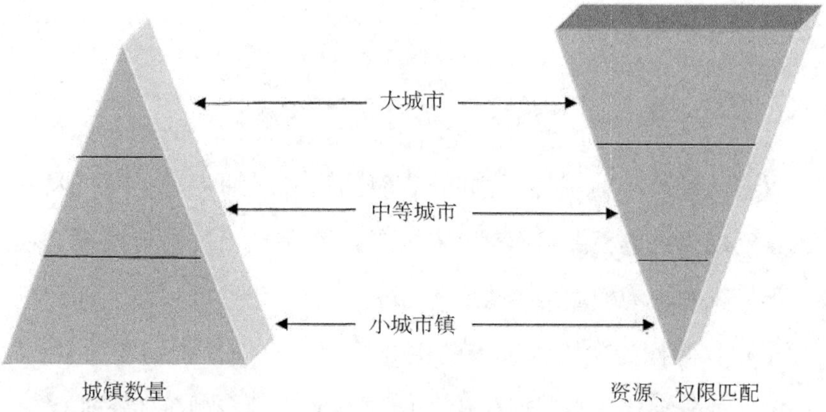

图 5-4　“层级制”下城镇间非均衡发展的“两极化”倾向

总的来说，行政级别的存在，使城镇间在资源集聚、发展权限、制度倾侧等方面呈现出明显差异，其本质内蕴着权力层级的逻辑。在这一逻辑

① ［美］道格拉斯·C. 诺斯：《制度、制度变迁与经济绩效》，刘守英译，格致出版社 1994 年版，第 3 页。

驱动下，行政级别的高低决定了城镇资源配置能力的高低，也决定了城镇间的行政隶属关系。此外，受行政力量的供给驱动，城镇间市场经济和公民社会的发育度也存在显著差异，这种差异进一步使城镇间呈现出“类金字塔”式的阶梯状分布，并趋于马太式的两极化发展倾向（图5-5）。一方面，城镇的行政级别与其数量呈现出“正金字塔”状分布，这表现为：城镇行政层级越高其数量越少；反之行政层级越低其数量越多。另一方面，城镇的行政级别与其资源、权限、制度的匹配度呈现出“倒金字塔”状分布，这表现为：城镇行政层级越高其资源、权限、制度的配置越多；城镇行政层级越低其资源、权限、制度的配置越少。两级化倾向的发展模式使城镇间的二元“结构性矛盾”渐趋明显，“阶梯”落差不断扩大，“鸿沟”越来越难以逾越，并进一步引发了城镇间的诸多治理风险。

三、突破“层级制”城镇化：理论与路径

不可否认城镇间的“层级制”，在特定历史时期促进了经济发展，加快了国家的现代化进程。然而“现代化是一个多层面的社会发展进程，它涉及人类思想和行为领域的变革，城市化、工业化、世俗化、理性化、社会‘原子化’等作为现代化进程的主要层面，它们是密切相关的”。[①] 当前，中国正处于现代化与后现代化“两化叠加”的转型阶段，现代化“取舍性”的发展模式注定是畸形的，梯度层级制下的传统城镇化发展偏好在一开始就带有“选择性”繁荣和衰落的缺陷。如何通过改革在保证经济发展、社会稳定的同时，实现新型城镇化的预期目标、改变行政权力决定城镇资源配置的传统驱动模式、实现城镇间发展权限的“再平衡”，“反梯度

① ［美］塞缪尔·P. 亨廷顿：《变化社会中的政治秩序》，王冠华译，上海世纪出版社2008年版，第25页。

理论”为我们提供了一个反思的视角。

“反梯度理论”（Anti-Gradient theory）的产生源于对“梯度推移理论”（Gradient theory）极化效应的批判，但并不意味着完全取消梯度推移，而意在揭示这一推移方式在变迁进程中所产生的“负外部性”影响。梯度理论也称为“扩散效应”，旨在表达各地区经济和技术水平可以按照“核心——边缘”的发展方向，由高到低依次分期逐步开发，其实质是产业的市场区位配置及其优化。[①] 但“梯度推移理论”却远远低估了高梯度区域内部的组织理性和市场集聚在现实中的固守和机械作用，很容易陷入“梯度推移悖论”，即“梯度推移”在一定程度上只是一种理想推演，在现实中区域间的“二元结构”不会自动随着梯度转移向“一元结构”转变，反而会呈现“马太效应”。诚如，瑞典经济学家缪尔达尔在《经济理论与不发达地区》一书中所言“市场力量的作用通常倾向于增加而不是减少区域差异”，因此在吸收梯度理论合理内核的基础上，有必要抓住机遇，挖掘边缘优势，借助外界力量，通过“反推度改革”打破传统路径依赖，进而实现区域之间的协同发展。作为一种科学指导范式，我们认为“反梯度理论”同样适用于指引未来新型城镇化的协同发展，这是因为它本身内蕴着公平发展的权利理念，与新型城镇化协同发展理念不谋而合。这意味着未来新型城镇化的发展，有必要通过“去层级制”的供给侧结构性改革，以打破行政供给主导下城镇间的“层级制”桎梏，真正实现新型城镇化的协同发展（图 5-5）。

（一）妥善处理好政府与市场之间的关系

城镇化的发展失调，是政府长期行政供给、要素配置扭曲的结果。因此，破除“层级制”的“反梯度改革”，首要前提是处理好市场与政府之间的关系。实践证明，成功的城镇化，既是市场调节、自然发展的过程，

① 刘茂松：《反梯度推移发展论》，湖南人民出版社 2001 年版，第 28 页。

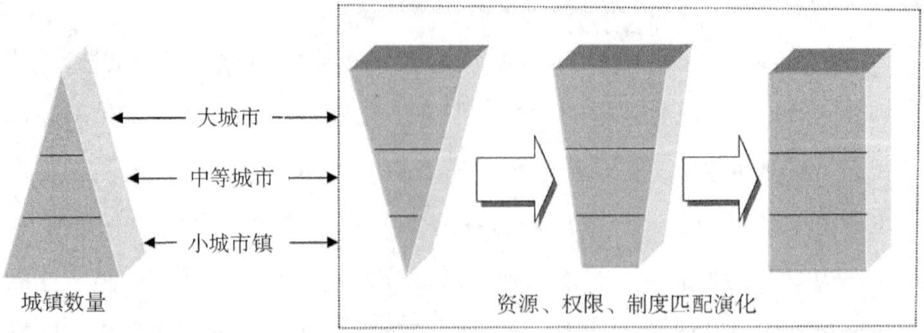

图 5-5 “反梯度改革”实现城镇化战略“再平衡”

又是政府调控、规划引导的结果。① 一方面，在未来新型城镇化发展进程中，需要建立公平的市场环境，充分发挥市场在资源配置中的决定性作用，打破政府主导下的资源配置方式，实现城市行政层级与资源配置方式的“脱钩”，激发小城市的发展活力。另一方面，经验又告诉我们，仅仅依靠市场这只“无形之手”，并不能实现资源的最优配置，还有可能产生市场失灵的风险。政府作为一只“有形之手”，需要积极配合市场进行资源配置，以充分发挥其“驾驭”作用。除此之外，政府在未来新型城镇化的协同发展进程中，更重要的是发挥其“扶植”作用，即转变政府自身的参与模式，由“促强”转变为“扶弱”、由“政府主导”转变为“政府引导”。通过政府政策的适度“倾斜”促使历史积淀雄厚、自然条件较好的小城市镇快速发展，增强其对外来人口、生产要素的吸引力，进而形成“政府引导+市场主导”的城镇化发展模式。②

（二）改革城镇管理体制，减少行政层级

改革行政管理体制，是“反梯度改革”进程中的“关键一招”。传统

① 张占斌：《经济中高速增长阶段的新型城镇化建设》，《国家行政学院学报》2014 年第 1 期。

② 王垚、年猛：《政府“偏爱”与城市发展：以中国为例》，《财贸经济》2015 年第 5 期。

的行政管理层级过多，小城市、小城镇在行政“层级制”的路径依赖下，发展权限越来越小。缩减中央与地方之间的“中心——边缘”距离，释放新型城镇化的改革红利，城镇间的行政管理体制必须做“伤筋动骨”的改造。其一，要继续推进“省直管县”的改革试点。传统的市管县体制已经不能完全适应新型城镇化的改革需要，需要在总结广东、浙江等地的省管县体制改革的基础上，稳步推进“扩权强县”“扩权强镇”的政策，在条件成熟的地区实行县改市、镇改区的试点改革，以削弱大城市的垄断，“冲破利益固化的藩篱”。其二，要适当增加直辖市、计划单列市的数量。直辖市和计划单列市在行政隶属和财政支持方面都优于一般的城市，在行政建制不变的情况下，增加中西部直辖市和计划单列市的数量，不仅可以带动小城市、小城镇的发展，而且能够在行政梯度上进一步拉近与中央之间的行政距离。

（三）下放发展权限，积极培植特色小镇

在行政梯度的作用下，行政梯度较高的城市对其下辖区资源和发展权限的截留，严重制约了小城市和小城镇自主发展的权限，导致小城镇“内生性”增长动力不足，因此需要在“反梯度改革”进程中给予其一定的资源和政策倾斜，适度下放发展权限，能够激发小城市、小城镇的发展活力。通过行政资源、财政资源、经济资源、社会资源的适度倾斜，汇集各种生产要素，改善基础设施条件，为小城市、小城镇的产业和人口的集聚创造条件。除此之外，“反梯度理论”还蕴含着“突变论”的哲学思维，即区域非均衡发展进程中的突变和飞越，积极培植特色小镇就是实现跨越式发展的质变表现。特色小镇在经济发展、吸纳就业和扩大人口规模等方面都有着积极作用，特色就是小城镇发展的核心竞争力，通过错位竞争策略，小城镇可以在一定程度上获得竞争的比较优势并取得良好的综合效益，譬如苏州的丝绸小镇、杭州的云栖小镇、绍兴的黄酒小镇、嘉兴的巧克力小镇都依托区域特色取得了良好的发展绩效，一些低梯度地区可以依

托自身优势在自力更生的基础上，借鉴这一模式实现跨越式发展。与此同时，在扶植特色小镇的改革进程中，要避免重蹈任务化、粗放式的“伪城镇化”之路，积极防范“假小镇真地产”等异化现象。

（四）协调好改革与稳定的张力

“新型城镇化改革的本质是在社会可承受的范围内对社会权利和利益进行再分配，其本身就是一场复杂的权益再调整和再平衡”①。因此政府在去层级制的“反梯度改革”进程中不仅要打破行政层级序列下城镇间的“虹吸”“截留”“固化”和“排斥”效应，还要妥善处理好改革与稳定之间的张力。一则，加快户籍制度改革。户籍改革作为新型城镇化绕不过去的“槛”，如果一下子放开，则城市的承载力受不了，但是如果把发展的成果仅仅封闭在大城市，这将偏离新型城镇化的本义，故应当在总结过往户籍改革经验的基础上继续深化改革，实现改革红利的全民共享。只有当进城农民与当地居民享有均等化的公共福利，城乡间的“两栖人”和“候鸟”才会减少。二则，大城市“去功能化”改革。疏解大城市功能的核心任务是促进形成空间要素在区域间自由流动的体制机制，避免因“系统超载”而引发城市不稳定风险。因此，可以借鉴德国城镇化的发展模式，在保留大城市核心功能的基础上，通过梯度转移将非核心功能和产业分配出去，在大城市“功能减肥”的同时，实现城镇间产业结构的“腾笼换鸟”和“再升级”，进而使城镇间的权益得到“再平衡”。

① 黄建洪：《复杂现代性视域中的国家治理模式转型：基于中国城镇化战略的分析》，《社会科学》2014 年第 6 期。

第三节　城镇化的产城结构与支撑要素

一、城镇化的产城结构

新城新区建设是当前许多地区城镇化发展的一个重要抓手。新城新区主要包括国家新区、经济技术开发区、高新技术产业开发区、工业园区、大学科技园、科教新城、生态城、智慧城等。据国家发展改革委城市和小城镇改革发展中心的调查资料显示，我国 90%的地级市都规划了新城新区，部分城市新城总面积已达建成区的 7.8 倍。[①] 江苏也不例外，江苏现有国家级经济技术开发区 26 个，国家级高新技术产业开发区 15 个，还有众多的省、市及县级开发区。这些开发区大多是通过征用农地开发建设的。

从江苏 13 个城市建成区面积增速与城镇常住人口增速对比来看，2010—2015 年，除盐城、宿迁、徐州、南通、苏州、南京 6 市城镇人口增速快于建成区面积增速外，其他城市都不同程度地存在土地城镇化快于人口城镇化的问题，尤其是扬州、连云港 2 市，其建成区面积增速较其城镇人口增速的偏差较大（表 5-3）。这表明，江苏的一些城市不同程度地存在产城不相融合的问题。按照国家住建部的“占用地标准”，即每平方千米建成区容纳 1 万人口（人口与建成区面积之比的合理比值为 1）。如果新增的建成区面积所容纳的人口规模小于这一标准，而短时间内又难以吸引足够的外来人口的话，就很容易沦为“空城”，不利于城镇化健康发展。从江苏省来看，2015 年人口城镇化与土地城镇化匹配度（城镇人口与建成

---

① 杜放：《中国 90%地级市争建新城 贪多图大或形成“死城”》，《广州日报》2014 年 4 月 21 日。

区面积之比）较好的是盐城、淮安、泰州，都在 0.9 左右。匹配度最低的是连云港，只有 0.5，也就是说 1 万平方千米才容纳 5000 人，说明产城融合存在较大问题。

表 5-3　江苏省 13 城市建成区面积与城镇常住人口增长情况

	建成区面积（平方千米）		增速（%）	城区人口（万人）		增速（%）	偏差系数	匹配度
	（2010 年）	（2015 年）		（2010 年）	（2015 年）			
南京	618.64	755.27	22.09	484.87	617.82	27.42	-5.33	0.818
无锡	231.30	329.43	42.43	196.39	246.30	25.41	17.02	0.748
徐州	239.00	255.20	6.78	150.32	187.35	24.63	-17.85	0.734
常州	153.05	250.31	63.55	119.19	178.97	50.16	13.39	0.715
苏州	329.29	458.29	39.18	206.30	299.81	45.33	-6.15	0.654
南通	125.21	204.72	63.50	93.50	162.45	73.74	-10.24	0.794
连云港	120.00	206.00	71.67	71.00	105.12	48.06	23.61	0.510
淮安	120.00	155.00	29.17	121.10	146.67	21.11	8.06	0.946
盐城	88.50	142.37	60.87	68.20	135.90	99.27	-38.40	0.955
扬州	82.00	140.00	70.73	74.21	109.26	47.23	23.50	0.780
镇江	108.60	137.50	26.61	78.77	88.90	12.86	13.75	0.647
泰州	65.00	104.70	61.08	61.09	93.07	52.35	8.73	0.889
宿迁	65.00	84.70	30.31	46.20	70.08	51.69	-21.38	0.827

数据来源：《2010、2015 年度江苏省城市建设统计年报》。

由于远离城镇和生活区，不少开发区交通不便，生活配套设施跟不上，尤其缺乏优质的教育、医疗资源，加之产业不强，吸纳的就业人口有限，导致就业不足、人气不旺，产城融合不够，致使一些地区出现了“空城”现象。深层次的原因是，一方面，现行财政体制下公共服务不能随人口迁移而进行重新配置，导致新城区域公共服务资源供给不足；另一方面，新城建设与周边区域发展脱节，地方政府寄希望通过外部引资带动发展而忽略了本地区优势的发挥，以及城镇化与人的融合发展。

二、城镇化的产业支撑

产业是城市发展的引擎和基础，城市是产业发展的载体，城市和产业共生、共利。从江苏不同区域来看，2019 年苏南地区二、三产业发展强劲，创造的 GDP 产值占总体的 98.4%，两个产业合计吸纳了 93.8%的劳动力；苏中地区二、三产业创造的 GDP 产值占总体的 95.0%，合计吸纳的就业人口为 82.8%；苏北地区二、三产业创造的 GDP 产值占总体的 89.7%，合计吸纳的就业人口为 74.8%（表 5-4）。从苏南到苏中再到苏北地区，产业支撑呈现为一定的梯度差异。从中不难看出，苏北地区二、三产业发展相对滞后，对就业人口尤其是农村人口的吸纳不及苏南和苏中地区。三大地区产业发展状况既与其内生的发展模式有关，也与其区位条件与资源禀赋有关。“区域是以内生的经济、社会、自然、历史、文化和人力因素相互竞争的。”① 苏南地区尤其是苏锡常地区位于长三角腹地，具有很强的区位优势与地缘优势，借助于强劲的外资投资优势以及上海的辐射，苏南工业化、城镇化推进速度较快。苏北地区由于远离大城市的辐射，资源相对贫乏，工业化、城镇化的产业支撑力不强。苏中地区的区位优势虽不及苏南但要好于苏北地区，特别是近年来随着江苏沿江开发战略的实施、宁镇扬等板块一体化发展、沿江城市群建设，使得分江而治的苏南与苏中地区逐渐走向跨江合作与融合发展，地区差距在不断缩小。区位优势条件的改善必然会对苏中地区的城镇化推进与农村剩余劳动力转移产生积极影响。

① 斯廷森、斯托、罗伯茨：《区域经济发展：分析与规划战略》，朱启贵译，格致出版社 2012 年版，第 31—32 页。

比较来看，目前苏北地区的农业人口基数仍然较大，农村劳动力转移不太通畅，影响了苏北的整体城镇化进程。在此情况下，如果苏北地区大规模推进征地拆迁和农民集中居住工程，就有可能造成因产业欠发达而出现产城不相融合的问题。

表 5-4　2019 年江苏省三次产业与三次就业比率

	三次产业之比	三次就业之比
苏南地区	1.6：44.7：53.7	6.2：48.6：45.2
苏中地区	5.0：48.6：46.4	17.2：44.1：38.7
苏北地区	10.3：41.6：48.1	25.2：34.2：40.6

数据来源：《江苏统计年鉴 2020》。

从比较劳动生产率[①]来看，第一产业的劳动生产率最低，第三产业的劳动生产率最高，第二产业的劳动生产率介于两者之间。同时，第一产业内部的劳动生产率也差异较大，其中苏南地区第一产业劳动生产率依次低于苏中地区以及苏北地区（表 5-5）。这表明，第一产业存在较多的剩余劳动力，需要向第二、三产业转移。从绝对数据来看，苏南、苏中、苏北地区第一产业劳动生产率分别为人均 7. 19 万元、5. 91 万元、5. 44 万元。

表 5-5　2019 年江苏省比较劳动生产率

	第一产业	第二产业	第三产业
苏南地区	0.256	0.919	1.191
苏中地区	0.290	1.102	1.201
苏北地区	0.408	1.218	1.185
全省平均	0.277	1.047	1.219

① 采用 GDP 产业比重除以就业结构比重的计算方法。

三、产业发展的科技支撑

产业支撑的背后是科技与人才的支撑。科技创新是城镇化发展尤其是产业发展的原动力，城镇化的产业发展离不开有效的经费投入。数据显示，近 10 年来江苏省全社会 R&D（研究与发展）投入占 GDP 的比例从 2010 年的 2.10%增长至 2019 年的 2.79%，净增长了 0.69 个百分点（图 5-6），增长总体较为平缓。从省内来看，苏南地区城市的 R&D 投入总体要高于苏中地区，而苏中地区又高于苏北地区，呈现出一定的梯度差异。其中，最高的南京市 R&D 投入（3.28%）比最低的宿迁市（1.70%）高出 1.58%（图 5-7）。由于地区经济和财力的差异，造成科技投入上的较大差异，进而影响到地区产业发展的质量。这也在很大程度上解释了为何苏南地区的三次产业结构总体优于苏中地区，而苏中地区又优于苏北地区。

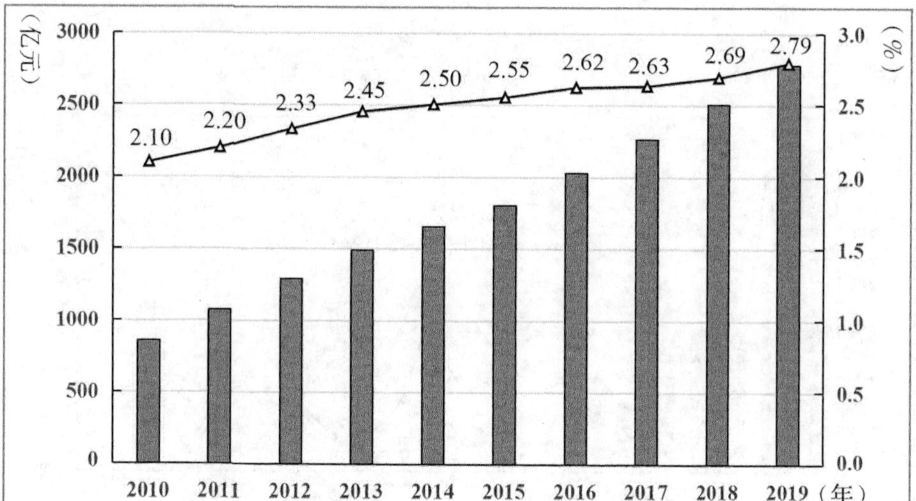

图 5-6　江苏 10 年来 R&D 投入占 GDP 比例（%）

数据来源：历年江苏统计年鉴。

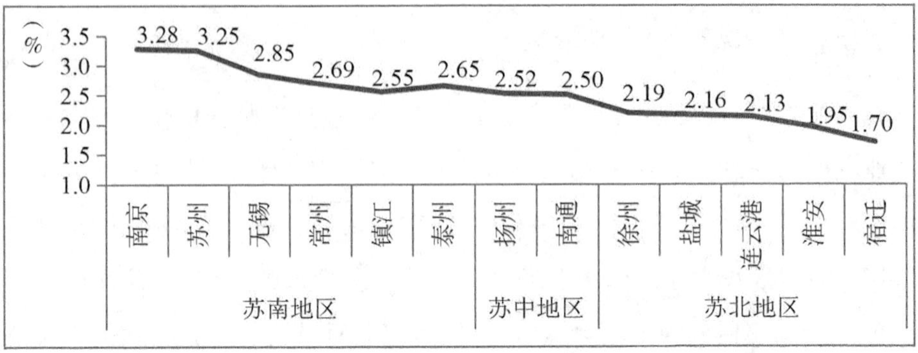

图 5-7　2019 年江苏不同区域 R&D 投入占 GDP 比例（%）

数据来源：各市 2019 年国民经济和社会发展统计公报。

对比全国来看，2019 年我国全社会 R&D 投入占 GDP 的比例为 2.23%，江苏高出全国平均水平 0.56 个百分点，显示出江苏在 R&D 投入方面的强劲实力，但低于北京（6.31）、上海（4.00）、天津（3.28）、广东（2.88）4 地（图 5-8）。这表明，江苏省在这方面还有很大的提升空间。

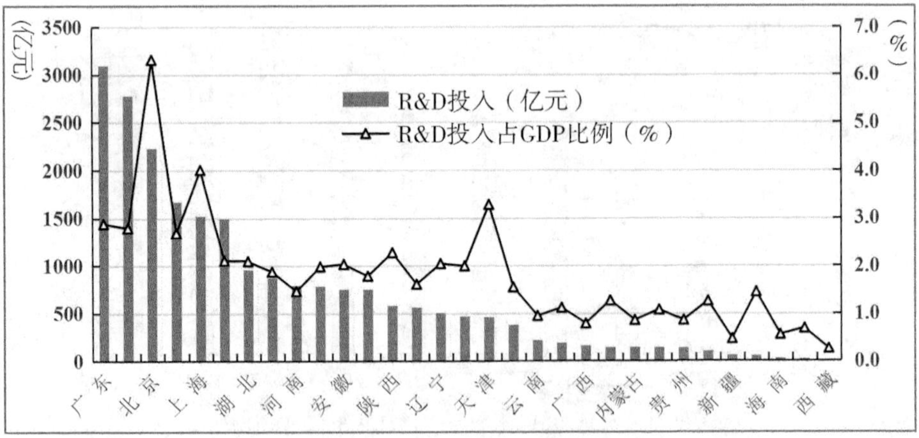

图 5-8　2019 年全国 R&D 投入比例（%）

四、产业发展的人才支撑

首先，城市的产业发展离不开人才支撑。在快速城镇化过程中，城市的新城新区通常需要通过招商引资形成产业集聚。早期的产业以劳动力密集型企业为主，技术含量相对不高，从而吸纳了大量的农业转移人口。随着科技进步的不断加快，传统产业必然面临转型升级。产业转型升级意味着对劳动力素质提出更高要求。以苏州工业园区为例，作为国家级高新技术产业开发区，园区在电子信息、机械制造两大主导产业的基础上，大力发展生物医药、人工智能、纳米技术应用等新兴产业。这些新兴产业离不开高科技人才支撑。而由于进城农民工受教育程度有限，数据显示，2019年农民工（包括外出农民工和本地农民工）中“大专及以上”学历只占11.1%，因而他们在产业转型升级中容易最先遭到淘汰。

表 5-6　2015—2019 年全国农民工受教育程度（%）

年份	2015	2016	2017	2018	2019
未上过学	1.1	1.0	1.0	1.2	1.0
小学	14.0	13.2	13.0	15.5	15.3
初中	59.7	59.4	58.6	55.8	56.0
高中	16.9	17.0	17.1	16.6	16.6
大专及以上	8.3	9.4	10.3	10.5	11.1

数据来源：参见各年《全国农民工监测调查报告》。

其次，农村非农产业发展离不开农村各类人才的支撑。在广大的农村地区，兴办二、三产业需要大量的农村精英人才与农民企业家。然而，随着乡村的青壮年大量外出务工，农村精英人才不断流失，农村人才资源更加匮乏。“人才‘空心化’已成为中国农村最严峻的问题”。[①] 从全国来

① 刘奇：《农村人才之殇》，《中国发展观察》2011 年第 2 期。

看，虽然近年来我国农村劳动力受教育程度总体上在逐年提升，但劳动力仍以初中和小学文化程度为主，2018 年这两项合计高达 83.1%，高中文化程度只占 11.1%，大专及以上文化程度不到 2%（表 5-7）。而从江苏来看也不容乐观，2016 年江苏第三次农业普查显示，农业生产经营人员中初中和小学文化程度合计占 82.4%，大专及以上文化程度只有 1.1%（表 5-8）。农村人才的缺乏导致乡村工商企业发展缺乏带头人和领头雁，从而制约了农民实现就地就近非农化和城镇化。

表 5-7　2015—2019 年全国农村劳动力受教育程度（%）

	2015	2016	2017	2018	2019
未上过学	3.8	3.3	3.2	3.9	3.6
小学	30.7	29.9	29.8	32.8	32.5
初中	53.1	54.6	54.7	50.3	50.8
高中	11.1	10.7	10.8	11.1	11.2
大专及以上	1.3	1.5	1.5	1.9	2.0

数据来源：参见各年《中国农村统计年鉴》。

表 5-8　2016 年江苏省农业生产经营人员受教育程度构成（%）

	全省	苏南地区	苏中地区	苏北地区
未上过学	8.2	6.1	8.7	8.6
小学	36.0	37.4	41.3	33.4
初中	46.4	44.9	41.6	48.9
高中或中专	8.2	9.9	7.4	8.1
大专及以上	1.1	1.8	1.0	1.1

数据来源：参见《江苏省第三次全国农业普查主要数据公报（五）：农业生产经营人员情况》，http://tj.jiangsu.gov.cn/art/2018/1/19/art_4031_7414937.html。

第四节　乡村空间再造与“慢城”经验

2017年11月，党的十九大报告中所提出的“乡村振兴”战略，为“三农问题”的解决开启了一个新思路。不同于以往提出的“新农村建设”“美丽乡村建设”，“乡村振兴”战略以更加高屋建瓴式的提法，对新时代下城乡融合发展提出了新的期许。在这一发展框架下，乡村发展不应该只是城市发展附属品，更不应该寻求在发展路径上与城市发展亦步亦趋，而是更具自我竞争力、极富地方特色的振兴之路。在这一点上，我国第一个“慢城”——桠溪国际慢城的空间实践，可谓国内乡村振兴发展方面的先驱，其通过对传统乡村“慢”价值的重新发现及其现代性的重构，使“慢”乡村也可以在快速城镇化的进程中寻求到自我的价值增长点。但是在这一“慢潮流”的复兴过程中，也存在着一些不容忽视的问题。正视和解决这些问题，对于今后“乡村振兴”工作的开展以及乡村地域空间的现代化改造，都有重要的启示意义。

一、地域空间再造：乡村振兴中的难题

乡村是一个空间地域系统，一般包括乡（镇）域地理空间与村域地理空间。[①] 众所周知，乡村是农业社会的根基，孕育了悠久而又厚重的农耕文明。乡村也是与城市共生共荣的重要一极。然而，伴随着城市化、工业化和现代化的推进，乡村逐渐走向衰落。早在20世纪二三十年代，中国“乡村建设学派”就曾指出，中国的社会问题主要是乡村问题，并将乡村衰败归结为“文化失调”与“愚穷弱私”[②]。当前，乡村衰落主要表现为

① 王景新、支晓娟：《中国乡村振兴及其地域空间重构——特色小镇与美丽乡村同建振兴乡村的案例、经验及未来》，《南京农业大学学报》（社会科学版）2018年第2期。

② 郑杭生、李迎生：《中国早期社会学中的乡村建设学派》，《社会科学战线》2000年第3期。

乡村过疏化[①]（空心化）、农业边缘化、农民老龄化。在城市化的强力推动下，乡村正在经历从“农民的终结”到“村落的终结”的巨变。[②] 于是，如何更好地推进乡村的建设与发展，就成为一个重要的议题。从西方和东亚的经验来看，不论是20世纪60年代美国的新城镇开发建设、英国的农村中心村建设、法国的“农村振兴计划”，还是70年代韩国、日本推行的“新农村运动”“村镇综合建设示范工程”，都具有一定的借鉴意义。[③] 尤其是日本在乡村建设过程中提出的“一村一品”[④] 模式，被广为接受，影响较大。当前我们在借鉴上述经验、推进乡村振兴方面，也取得了一些经验。例如，特色小镇打造的“一镇一特色”在一定意义上便是“一村一品”的升级版。但与此同时，乡村建设也不可避免地存在盲目借鉴、简单模仿[⑤]，商业化开发过度和地域特色文化失真[⑥]，片面追求“形象工程”[⑦]等问题，从而偏离了发展的方向，导致了乡村发展的异化现象。

那么，在一个乡村地域范围内推进新农村建设或特色小镇建设，如何在找准特色的前提下做到既能够促进当地经济发展与民生改善，又能够保留乡村风貌和乡土文化，是本书需要解决的问题。本书以一个乡村地域范围内的空间再造——高淳国际“慢城”为案例，试图通过对该案例的剖析，来回应当前推进乡村振兴与发展的两难问题。

---

① 田毅鹏：《村落过疏化与乡土公共性的重建》，《社会科学战线》2014年第6期。

② 李培林：《从“农民的终结”到“村落的终结”》，《传承》2012年第15期。

③ 刘彦随：《中国新时代城乡融合与乡村振兴》，《地理学报》2018年第4期。

④ Mukai, K. & Fujikura, R. One Village One Product: Evaluations and Lessons Learnt from OVOP Aid Projects, Development in Practice. 2015, 25: 3, 389-400.

⑤ 尹晓敏：《对当前浙江特色小镇建设存在问题的思考》，《浙江经济》2016年第19期。

⑥ 骆建建、周庆元：《休闲观光农业发展困境与策略》，《人民论坛》2015年第35期。

⑦ 胡印斌：《切忌“新农村”沦为地方政绩工程》，《中国青年报》2014年5月23日。

二、“慢城”经验：空间生产中传统与现代要素的融合

“慢城”打造工程中其所谓的“城”并不是字面意义上的城市建设，而是与大规模城市扩张反其道而行的就地城镇化。20世纪西方“慢城运动”兴起之初，将人口5万以下的城镇、村庄或社区定义为“慢城”的规划建设范围，将“慢”发展的理念融于小而精的区域发展中。在其所建构的“慢”空间里，没有污染、噪声、广告牌、霓虹灯，也没有行色匆匆的路人和川流不息的汽车，有的只是悠然自得的慢食、慢出行和慢文化交流。桠溪国际“慢城”的成功打造，使得该地原本深藏于丘陵地区的村庄聚落，一跃成为了国际知名的“慢村落”。在这里，乡村地域的农耕模式与现代要素实现了有机融合（图5-9），迸发出了新的生命力，孕育了新的增长点。桠溪国际“慢城”也因此探索出了一条城乡融合发展的道路。

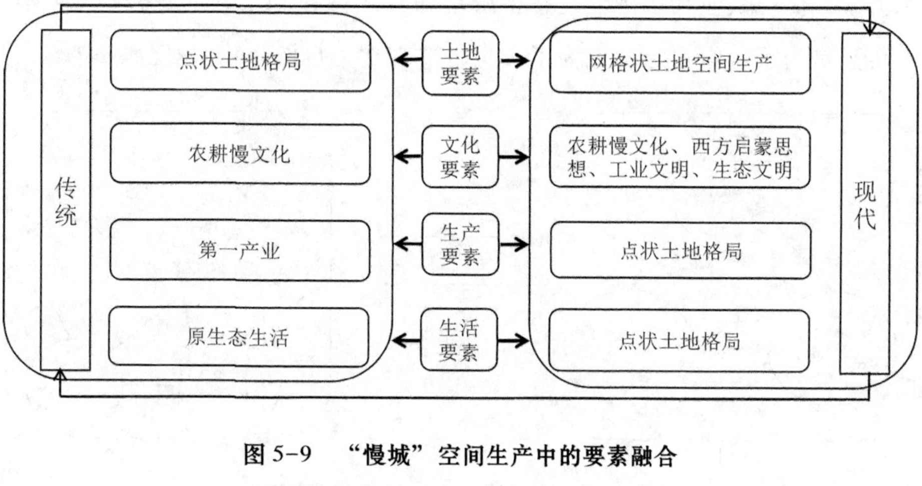

图5-9　“慢城”空间生产中的要素融合

（一）土地：点状布局与网状布局互构

“土地是人类建构生存空间的基座”①，也是乡村发展的基本要素。在

① 胡潇：《空间的社会逻辑——关于马克思恩格斯空间理论的思考》，《中国社会科学》2013年第1期。

“慢城”建成之前，当地的土地布局和利用较为简单，主要分为耕地、林地（山地）、居民点用地。居民点分布也较为散落且交通也不便。2005 年地方政府修建了一条长约 48 公里的柏油马路，贯通了各个村落。同时在各村落交通的连接点上设计出了多条慢行路线。不仅有专供车辆通行的现代化大道，同时还设有专门的自行车道、徒行步道，打造出了一条极富乡村特色的骑行与步行互动的生态游路线，形成了通畅的交通网络。与此同时，各交通路线的节点上也聚齐了一批富有特色的农家乐、生态区和人造自然景区，这极大地带动了“慢城”域内生态旅游资本的流通与运转。这一点线结合的村庄网络空间格局，打破了原有的土地利用格局，乡村土地的功能在“慢城”版图下得以实现多样化（图 5-10）。是故，土地不再只具有单一的农作物生产价值，更兼具了商业开发与休闲服务的潜能。土地利用嵌入现代化商业与服务业资本运营中，突破了单一化的土地耕作与利用方式，传统农业在多维的生态旅游空间开发中找到了新的契合点。耕作不再只是为了自给自足，也为了满足打造观赏类自然作物景观的需求。

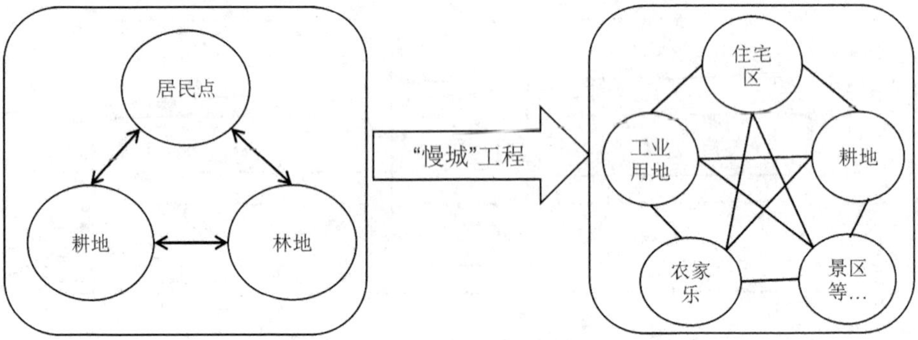

图 5-10 “慢城”土地利用方式变迁

（二）文化：农耕文明与现代文明互融

文化复兴是乡村振兴过程中一个不可回避的话题，“如果说乡村传统产业与现代产业融合是为了乡村发展塑形的话，那么文化发展则是为了乡村复兴塑魂。是乡村永葆其独特魅力的核心所在。”[①]“慢城”的案例之所以能够成功，与其关注农耕文化的创新，并形成了一种独具特色的乡村“慢文化”输出密不可分。“慢文化”，其崇尚自由、追求个性解放的文化价值观经过传统乡村文化的嫁接后落地生根，成为人们眼中的新风尚。原先农村中随处可见的油菜花地、茶园、葡萄园等农作物种植，如今却改头换面成为城市人争先体验的农家休闲项目基地；“慢城”中所保留的徽派建筑、古吴语发音、传统手工艺及地方菜系都变成了稀罕物；“跳五猖”“大马灯”“送春”等众多古老的文化活动也都发展成为现代创意性的旅游文化节目。古老的农村文化与“慢城”文化有机融合，经过这一“慢”发展理念发酵过后的农村不再是衰败和落后的代名词，传统农耕文明与现代工业文明、生态文明在狭小的乡村地域空间内实现了巧妙结合，进一步提升了“慢城”美丽乡村建设的品质。

（三）生产：传统农业与现代产业互促

“慢城”品牌兴起之前的桠溪，单纯地以第一产业发展为主要依靠。被冠以“慢城”品牌之后，产业发展开始逐步转型，农业依托其天然的地理环境优势向休闲观光农产业过渡。与旅游消费相结合之后的传统农业，不再是一个低收入、低保障的落后标志，转而成了极具市场开发价值的农村新经济增长点。在这一农业产业化转型的推动之下，“慢城”的村庄功能也完成了“由居住+农业组合”向“居住+农业+服务功能”的转化。村庄的服务业空间经历了从无到有、再到急剧膨胀的过程后，以家庭为主要单位的农家乐餐饮、客栈已占据了主要的服务型空间。[②]这一点在处于“慢城”中心地带的大山村身上体现得尤为明显，从大山村（图5-11）前

① 申明锐、张京祥：《新型城镇化背景下的中国乡村转型与复兴》，《城市规划》2015年第1期。

② 赵晨：《超越线性转型的乡村复兴——高淳武家嘴村和大山村的比较研究》，南京大学硕士论文，2014年。

后的土地利用格局上，我们可以明显看出“慢城”发展后的大山村产业构成已明显趋于多样化，生态观赏型农作物的种植已占据了大山村传统经济型农作物种植的半壁江山，服务业、生态旅游业等第三产业的发展全面交织于传统农业发展的空间之中。在“旅游+”思维概念的引导之下，类似于毛竹、油菜花、茶叶这类看似普通的农产品种植也得以焕发出新的市场活力，获得了更高的农产品附加值。

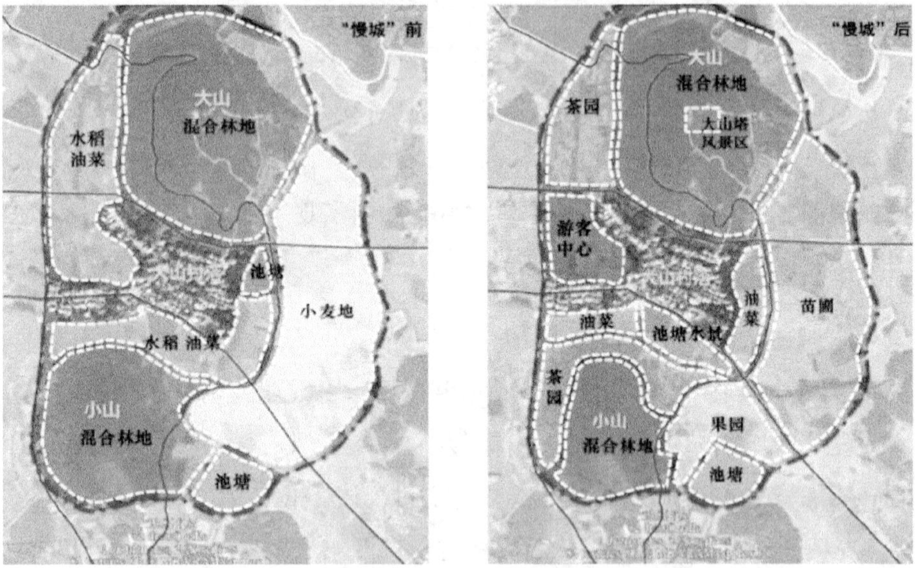

图 5-11　大山村申报“慢城”前后产业占地格局对比①

(四) 生活：原生态与后工业生活互嵌

“慢城”生态旅游产业兴起的同时，也带动了服务业在村庄空间中的发展，服务性经济的收益占据了“慢城”收入的 80%。丹尼尔·贝尔②曾

① 张京祥、申明锐、赵晨：《超越线性转型的乡村复兴——基于南京市高淳区两个典型村庄的比较》，《经济地理》2015 年第 3 期。

② ［美］丹尼尔·贝尔：《后工业社会的来临》，高铦等译，新华出版社 1997 年版，“译者的话”第 2 页。

经将这种以服务性经济为主要支撑的时代归结为后工业时代。“慢城”现今的经济社会发展无疑是迈入了后工业时代当中，后工业化的生活使得人们对于个体的身心解放、人与自然之间的和谐发展更为关注。工业化社会下各种转基因、农药化肥泛滥的时代，在这里已成为过去式。“慢城”生活开始寻求的是一种返璞归真的自然旨趣。在农作物种植过程中，会采用以人工捉虫代替农药治虫、以有机肥料代替化学肥料的农作物培育方式，看似农业技术水平上的倒退，回到了原始农耕生活时期——农民们生产技术水平低下的阶段。但实际上这种选择性的倒退更代表着人们对于原始绿色无污染生活的向往，预示着人类在追求生态文明层面上的进步。这一“逆向”发展现象的存在，也在一定程度上说明了：在经济发展到一定水平之后，经济发展也需要为人类生活本身让步。只有充分建立在以人为本基础之上的“慢”空间中，生活于此的人们才不会感受到被异化为“非人”，空间也不会是“物的牢笼”，而是更具归属感与亲近感的家园①。是故，后工业生活时代的出现并不是向原始生活方式的倒退，而是对于原始生活精神的一种再生与创造。“慢城”的出现从一定程度上而言是后工业化时代人们为逃离城市压力所开掘出来的一块生态“乌托邦”。

三、“慢城”问题聚焦：空间视角下传统与现代的碰撞

桠溪镇“慢城”模式的实践经验表明，传统和现代两种不同类型的要素在同一空间里实现了共存，这为乡村的振兴发展提供了启发和借鉴。但与此同时，在地域空间重构的过程中伴随着资本的输入、空间资源的争夺、多方利益的冲突，一些问题和矛盾也开始显现。依据列斐伏尔对空间

---

① 高春花、孙希磊：《城市空间正义的伦理反思》，《光明日报》2011 年 4 月 26 日。

演化的三个阶段（绝对空间、抽象空间、差异空间）① 的划分，“慢城”的空间生产实践相应地也存在绝对空间的碎片化、抽象空间的阶层化、差异空间的倒置化问题（图 5-12），制约了“慢城”的可持续发展。

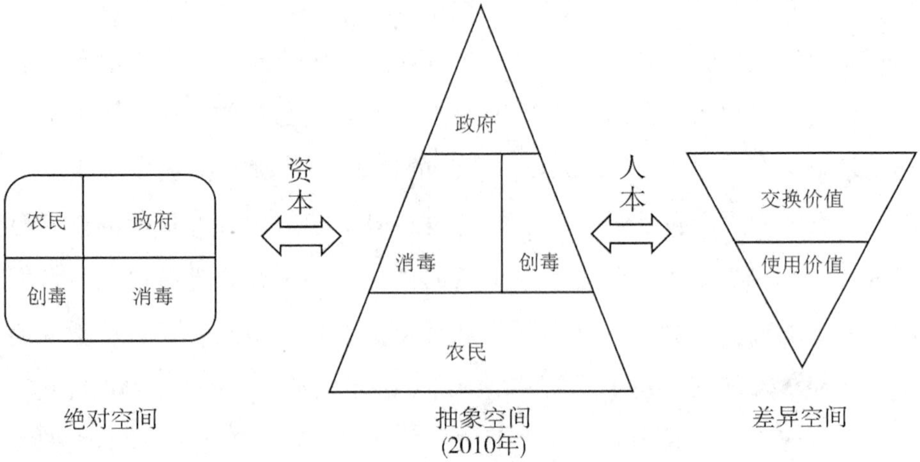

图 5-12　桠溪镇“慢城”空间结构示意图

（一）绝对空间碎片化

所谓“绝对空间”在列斐伏尔（Lefebvre）看来是原始的、最自然、本真的空间状态。“它发源于农牧空间，是最初由农民、牧民或半游牧民占领并使用的空间。”② 这一空间状态的描述，与桠溪镇在申请国际“慢城”之前的空间构成基本类似。在成为“慢城”之前，这里的空间完全是

① 列斐伏尔曾对人类社会演变的空间历程做过六个阶段的精密划分，其先后分别为：绝对空间、神圣空间、历史性空间、抽象空间、矛盾性空间以及差异性空间（Lefebvre, Henri, *The Production of Space*, Trans. Donald Nicholson-Smith. Massachusetts: Black Well, 1991: 48-52）。结合桠溪镇国际“慢城”的发展进程，我们认为其经历过或正在经历的有列氏所归纳的三个空间阶段：绝对空间、抽象空间与差异性空间。

② Lefebvre, H. The Production of Space, Trans. Donald Nicholson-Smith. Massachusetts: Black Well, 1991: 234.

由当地农民所占有和使用的纯天然物理性空间。依靠当地村民的传统种植业，处于丘陵地区的偏僻乡村基本能够自给自足。但是在2010年之后，空间内主体悄然发生了变化。最先介入的是地方政府，政府部门按照规划设计方案倾力打造“国际慢城”地标名片。在政府招商引资等政策性优惠之下，大量带有资本属性的本土和外来创客也开始侵入“慢城”的绝对空间。这些创客有些是从土地上解放出来的当地农民，有些是外出务工回流的农民工群体，当然也有些是看中了“慢城”的发展前景、也想要在“慢城”原始空间开发中分一杯羹的外来投资者。利益的聚合将原本身份迥异的各类群体牢牢吸附在了同一空间中。“慢城”建成后，众多游客纷至沓来。就这样，政府、创客、游客分别以自己独有的形式占据并改造了“慢城”的空间。于是，桠溪镇传统农业发展的渐近性范式宣告终结，整体化的绝对空间随之打破，一个复杂性的碎片化空间初见端倪。这一空间形象的转变印证了后现代地理学家苏贾（E. W. Soja）所言，“空间在其本身也许是原始赐予的，但空间的组织和意义却是社会变化、社会转型和社会经验的产物”①。当政府开始规划打造“慢城”形象，经营者和游客们拿到“慢城”入场券后，农民便不再在“慢城”空间中享有主导话语权，原有单纯的农耕生产生活空间开始在资本逻辑的引导下四分五裂为一个个散见的休闲娱乐度假中心、农家乐、观光景区等。而创客们又会为了迎合消费需求，按照游客臆想中的“慢城”形象随意在“慢城”蓝图上增添修饰，使得原本是属于当地人生产生活的空间，越来越演变为外地人短暂休闲服务的娱乐性空间。当地人的生存空间遭到了严重挤压，外来游客们反客为主，空间当中主客体格局存在着严重的错位。农民在“慢城”空间改造过程中感受到的相对剥夺感日益加重。

---

① ［美］爱德华·W. 苏贾：《后现代地理学——重申批判社会理论中的空间》，王文斌译，商务印书馆2004年版，第121页。

（二）抽象空间分层化

“抽象空间”是由资本主导以及国家管理和控制的空间，该种类型空间的存在通常被认为是一种政治化的工具，用以表达政府的意志。随着政府和空间经营者的进场，“慢城”开始由原先的绝对空间向政府主导话语权下的抽象空间转化。“慢城运动”在高淳全面开展的初期正是依靠着政府的政策帮扶带动起来的。第一批农家乐试点采用的就是政府统一装修和培训的模式。在这6个试点打造完成后，政府就开始逐渐退出了“慢城”空间的营造工程，将具体事务交由新成立的“国际慢城管委会”进行管理。而管委会各部门的主要负责人仍由县政府对口部门的副局长担任。这一领导格局的设置使得政府成为这场“慢城”改造运动当中最具有话语权的角色。第一批“吃螃蟹”的6家农家乐因起步早并得到政府扶持而发展得较好，逐步成为行业当中的龙头。而后期自发兴起的农家乐无形中成为前期政府帮扶模式的附庸者。相比而言，一些缺少政府帮扶、入行较晚的经营者想要跻身“慢城”主流的旅游市场资本循环当中，却相对比较困难。尽管如此，每年本地还是会有大量自主创业的农民群体投身于“慢城”的旅游产业之中，农民因旅游产业的获益较之5年前增长了近3倍[①]。

（三）差异性空间倒置化

差异性空间是对抽象空间的超越。差异性空间的生产，“意味着私有财产以及国家对空间之政治性支配的终结，这又意指从支配到居有的转变，以及使用优先于交换”[②]。差异性空间一方面消解了空间的同质性，另一方面强调了作为使用者的空间权利和价值。从慢城的空间生产来看，慢

① 高淳区人民政府：《大山里开起农家乐 农民收入5年增长近3倍》，http://www.nanjing.gov.cn/xxgk/qzf/gcq/201707/t20170707_4830080.html。

② Lefebvre，H. State，*Space*，*World*：*Selected Essays. Edited by Neil Brenner and Stuart Elden.* Minneapolis，MN：Minnesota University Press，2009：192.

城通过“农业慢城+文化慢城+健康慢城”的方式，打造了一条与快速城市化发展迥异的道路。同时也将原先生存型的种植业转变为观赏型、经营性农业。然而“慢”农业日渐被异化为一种吸引更多商业资本、游客资源进入的空间符号。“慢”的空间使用价值越来越多地被形塑为可供商品化交换的价值。于是，农民不再安心于对土地的慢耕细作，而是步入了观赏农业的快车道，土地的交换价值凌驾于使用价值之上。在资本逻辑牵引下，“慢城”外的人想要慢下来，而“慢城”中的人却不自觉地越来越快。为了提供符号化的“慢”商品，空间中的本土经营者们几乎没有休息日。这与国际慢城运动于1999年通过的《慢城宪章》的精神无疑是背道而驰的。为了更好地落实“慢”文化，宪章避免过度商业化的发展，甚至规定了每周四“慢城”都要暂停营业。而当这一国际化的“慢”理念在我国高淳落地生根后，却日益资本化、效率化。在追逐经济发展的线性思维模式下，“慢”乡村与“快”城市发展相比的差异性优越感难以体现出来，“慢城”的空间改造不仅失去了原有农村空间的天然质朴，更添了许多人工雕琢的痕迹。“慢”空间的资本化交换价值被置于改造进程中的首位，而原本应为最大化挖掘和利用的空间使用价值却被人为地忽视了。本末倒置下的差异性“慢”空间打造，使得真正地“慢”下来还仅停留于口号和思想层面上。距离一个真正的差异性“慢”乡村仍旧有很长的路要走。

四、“慢城”空间再造：乡村价值的重塑与回归

针对“慢城”发展存在的问题，需要对“慢城”的地域空间生产进行反思。反思的“重点不在于空间本身，而在于产生空间的过程”以及将“空间最常作为一种控制和统治手段”① 的问题所在。反思的目的在于重建

① ［美］穆斯塔法·戴安科：《正义与空间想象》，载［美］彼得·马库塞等主编：《寻找正义之城：城市理论与实践中的辩论》，贾荣译，社会科学文献出版社2016年版，第91—110页。

“慢城”的空间秩序，修复“慢城”的空间正义，重构“慢城”的未来发展之路。

（一）秩序重建：规范乡村空间秩序

乡村地域空间的重构升级是在工业化和城镇化背景下，农业经济重要性下降、农业经济调整以及农村地方服务业兴起，城乡人口流动等多方面因素交错影响的结果。① 多因素的影响使得乡村的空间秩序发展难免失范。如何协调好多重外在因素的影响，重建乡村发展秩序，关键要把握两点：其一是生产秩序，乡村地域空间的生产是乡村发展进步的前提。“规范的空间生产实践将有助于解决诸多与空间有关的复杂问题，形成合理的人与诸多复杂人化关系和谐共处、良性共生的新发展生态。”② 因此，要促进乡村第一产业和二、三产业的有序结合，为乡村振兴的健康发展与基层社会治理过程中的风险防范提供有力的物质基础保障。其二是生活秩序，虽然在农业现代化大生产的进程中，“荷锄戴月老牛暮归式的农耕生活已逐渐远去，但在中国人心灵深处，仍然是敬畏自然，亲近乡土的。”③ “慢城”热现象的背后也暗藏这样一份挥之不去的乡土情怀。这一情怀对于生于农村、长于农村的农民群体来说尤其难以割舍。因此，乡村振兴不能抛却农民的情感因素，要最大化地保留乡土人情、传统风貌，减少资本逻辑对于农民绝对空间生活秩序的冲击，让农民能够按照自己的生活节奏安排地域空间中的生产生活，赋予他们以足够体面的生存选择权和生活自主权，而非一味地敦促其去适应追赶城市快节奏的生活方式。须知，“适度的‘慢’其实就是高效的‘快’”④。

---

① Woods, M. Rural Geography. In Kitchin R, Thrift N (eds.). *International Encyclopedia of Human Geography*. Oxford: Elsevier, 2009: 429-441.

② 陈忠：《空间批判与发展伦理：空间与伦理的双向建构及“空间乌托邦”的历史超越》，《学术月刊》2010 年第 1 期。

③ 曾天雄、曾鹰：《乡村文明重构的空间正义之维》，《广东社会科学》2014 年第 6 期。

④ 郑晋鸣、徐晓阳：《高淳慢城发展的启示：适度的“慢”就是高效的“快”》，《光明日报》2017 年 8 月 5 日。

（二）土地增值：挖掘空间附加值

乡村地域空间无论如何转型始终都绕不过对于土地的合理化开发与利用的问题。当前农村土地争端解决不好的最大症结，在于农民群体被补偿的只是单一化的土地开发使用权，但更为重要的土地发展权益没有享受到。要想留住农村的农用土地，提升农用土地的附加值，离不开政府的制度创新，即在土地征用与开发过程中建立农民参与分享土地增值的机制；另一方面，离不开农民主体作用的发挥。要通过农业技术培训以及引导农民将农业生产与乡村景观服务业融合的方式，提升农民自我利用和开发土地价值的能力，让农村第一产业的发展也能够成为当地富有竞争力的优势性产业，以此来增强农民群体在与其他空间群体进行权利博弈时的底气与资本。而不是将土地的开发交给市场经营者与开发商。唯此，才有可能保住农用土地本身的使用价值，避免将农用土地过度投入市场化的资本循环当中。

当前，将乡村传统与现代化发展有机结合的“复古”风尚正在成为乡村振兴发展过程中的一股新潮流。桠溪国际“慢城”发展为我们思考乡村价值的复归提供了一条可供借鉴的路径。孟德拉斯（Mendras）在谈及农村时曾形容道：“农业的缓慢发展可以给人一种安全稳定、千年平衡的印象，与工业的狂热相对照，农民的明哲适度似乎是永恒的：城市和工业吸引着所有的能量，但乡村始终哺育着恬静美满、安全永恒的田园牧歌式幻梦。”① 正是怀揣着这份田园牧歌式的幻想，才掀起了一股以“慢城”热为典型现象的逆城市化潮流。因而适应新时代发展要求的“乡村振兴”战略，必须从乡村传统中挖掘有价值的内容，重新认识和发现乡村的潜在价值和生态优势，找准适合乡村自身发展的道路，而不能一味地模仿、追逐

① ［法］H. 孟德拉斯：《农民的终结》，李培林译，社会科学文献出版社2010年版，第2页。

城市的发展模式。在这方面，桠溪国际“慢城”无疑作了有益的探索。这表明在现代化的大潮中，乡村可以通过自我价值重塑，化劣势为优势，实现新的振兴发展。这一发展模式为实现我国城乡融合发展，让城市和乡村都能各美其美、共生共荣成为可能；也为化解当前乡愁之惑、根治“城市病”难题提供了良方。

第六章　城镇化发展的区域协作模式

党的十九大报告作出了当前我国“城乡区域发展和收入分配差距依然较大”的判断，城乡与区域协调发展和新型城镇化紧密相关。当前在推进乡村振兴与新型城镇化过程中采用的扶贫协作、联村党建、村镇联动、村企合作、移民援建等形式，表现出区域（包括区内）协作与合作的特征与趋势。这种区域协作不仅能够有效解决区域性整体贫困，同时也能够充分发挥各地区比较优势，合理分工、优势互补，摆脱各区域间在旧体制下形成的一刀切惯性，促进各类要素合理流动与高效聚集，打破区域壁垒，推进我国新型城镇化向更高质量发展。

第一节　城镇化发展的区域协作类型

协作是劳动者就同一工作进行分工、相互配合、合作以完成目标，“是较合作更高形态的组织间关系，它强调多元主体基于共同目标的参与、且成为真正意义的决策者，主体要共同行动且地位平等”①，其实质是联动、合作、联合、联建、共建、携手、互动、援建等。就乡村城镇化来说，乡村的振兴与发展离不开区域之间以及区域内部的这种协作关系，从而形成村、镇、企业之间的联动与合作。从层级上看，既可以是国家层面

① 郭道久：《协作治理是适合中国现实需求的治理模式》，《政治学研究》2016 年第 1 期。

的政策措施，如东西扶贫协作与移民援建；也可以是地方上的一种自发行动，如联村党建；既可以是跨省市的，也可以是省市之内的协作。

一、扶贫协作推进新型城镇化

贫困是一种全球性社会经济现象、世界性难题。消除或缓解贫困、促进人类社会全面发展实现共同富裕，是我国对社会公平正义实现的价值追求。以胡焕庸线为界，也可以成为城镇化水平的分割线：东南各省区市，绝大多数城镇化水平高于全国平均水平；线的西北各省区，绝大多数低于全国平均水平。如何解决我国区域发展的不协调性，是实现整体性脱贫、促进我国城镇化高质量发展的关键。自 1996 年，党中央为加快缩小东西部差距，促进共同富裕，开展了东西部扶贫协作项目。20 多年对中西部开展了多层次、全方位、宽领域的扶贫协作，并逐步形成政府援助、企业合作、社会帮扶等两广协作、闽宁协作、沪滇合作等扶贫协作模式。

扶贫协作是推动区域协调发展、协同发展、共同发展的重大战略，是实现先富帮后富、最终实现共同富裕目标的重大举措。以江苏昆山对口帮扶贵州铜仁市碧江区为例，两地在项目扶贫、农业扶贫、民生扶贫、旅游扶贫、消费扶贫、劳务扶贫六个方面持续用力，取得较好成绩，打造成东西部扶贫协作新典范。通过对昆碧扶贫协作的调研发现，昆碧实现了多方面的跨区域千里扶贫协作的同时，也促进了新型城镇化深度融合。

2013 年，根据国家部署，江苏省苏州市与贵州省铜仁市结成对口帮扶关系。铜仁市处于贵州省东部，隶属于全国 14 个集中连片特困地区之一的武陵山区，聚居着汉族、苗族、侗族、仡佬族等 41 个民族，截至 2020 年 11 月，户籍人口为 448 万人，其中少数民族人口占比 70. 5%。[①] 苏铜扶贫协作工作取得了积极成效。2017 年 12 月，苏州昆山与铜仁碧江签订《东

① 《所爱隔山海，山海皆可平》，《新华日报》2019 年 11 月 22 日。

西部帮扶协作助推脱贫攻坚合作协议》，自此昆山在多个领域展开了对口帮扶行动①。

在产业协作扶贫过程中，双方依托“铜仁·苏州产业园”建设，引进农夫山泉、同德药业、好彩头等200余家企业，吸纳贫困群众、易地搬迁群众就业2.4万余人。发展扶贫产业项目277个，完善利益联结机制，带动贫困户户均年增收1100元以上。实施农旅一体化，建成马岩、瓦屋、和平等农业园区12个，串联九龙洞等景区，带动贫困户经营农家乐50余户。

在就业扶贫协作方面，通过招聘会、手机短信、乡村（社区）宣传栏及时发布用工信息，根据企业用工需求及贫困群众就业意愿，组织开展安保、纺织、制鞋、种植等技能培训467个班次、受益16569人次，培训合格后订单式推荐就业。持续深化东西部劳务协作，建立“昆山·碧江劳务合作和技能培训基地”，向昆山等东部城市输送贫困劳动力。引进藤制品厂、制鞋厂、制衣厂等扶贫车间10个，促进易地扶贫搬迁群众就业9196人，实现有劳动能力的家庭“一户一人或多人就业”，促进贫困劳动力稳定就业创业10469人。

在教育卫生民生保障协作方面，累计在碧江区投入10.16亿元实施教育项目38个，新（改扩）建学校29所；发放教育资助资金2.05亿余元，实现建档立卡贫困学生全覆盖，义务教育阶段适龄儿童入学率达100%。医疗卫生方面，投入7.47亿元推进城区医院新（改扩）建，全区15个卫生院达到国家标准以上，50个行政村、68个村卫生室完成标准化建设并投入运行。

在基础设施建设协作方面，碧江区实施847公里“组组通”建设，完成683个村民组556公里联户路硬化，实现区、乡、村、组硬化路全覆盖，累计实施30865户人居环境改造工程。投入2.7亿元引进智慧环卫云管理

① 本部分资料由昆山派驻铜仁碧江区挂职干部孙道寻提供，时间为2020年12月31日。

平台，深入实施农村“厕所革命”，新建、改建、提质厕所51629户，户用卫生厕所普及率达到92%。投入3.83亿元，新建5个乡镇污水处理厂、413个村寨污水处理站，实现农村污水处理全覆盖。

总之，自结对帮扶以来，双方在产业、就业、教育、医疗等多个方面建立了全面帮扶协作关系，并在两地党委政府的大力关心和支持下，探索形成了“44556”帮扶模式，包括系统构建区县、乡镇部门、村级、家庭四级结对体系，创新实践教育、医疗、农业、社区四个组团帮扶，积极探索市场化、生态化、品牌化、民生化、融合化“五化”融合机制，不断深化产业、就业、消费、民生、社会五项帮扶路径，形成了“昆碧·幸福里、昆碧·乐比邻、昆碧·一家亲、昆碧·爱基金、昆碧·公益坊、昆碧·梦工厂等六大昆碧品牌，为精准化深度共建协作奠定基础，有效巩固提升了脱贫成果”①。2019年底，碧江实现建档立卡贫困户全部脱贫、贫困发生率下降为零。2020年9月，通过国家脱贫攻坚普查验收，脱贫攻坚取得决定性成果。与此同时，也促进了碧江乡村振兴与新型城镇化发展。

二、联村党建推进新型城镇化

在农村各类主体参与的村庄治理机制中，党组织作为村庄治理的掌舵者，是实施推进并保障农村社区管理体制建设的最高权力机关。加强党的建设是做好各项事务工作的基础，农村建设行动中，相似的村情村况和相邻的村域村界进行党建联合是促进村与村产业融合、优势互补实现生产资源和生产要素优化配置的重要途径，推动新型城镇化建设的重要发展方向。实践中，联村党建主要表现为以下几种模式②。

① 《昆山高新区纪工委书记范洪春一行来碧考察》，https://xw.qq.com/cmsid/20201031A006ZL00。

② 本案例资料由苏州大学政治与公共管理学院博士生戚鸣霞提供。

（一）村村抱团式联村党建

村村抱团式联村党建指村与村之间的党支部联合形成一股凝聚力的抱团式党建引领发展模式。以山东省为例，山东省淄博市沂蒙山区沂源县燕崖镇，是一个典型的农业发展型镇，经济发展较为滞后，当地居民较为贫困。燕崖镇下辖燕崖村、山水河村、韩家庄村等46个行政村，该镇围绕人文、地缘、产业、资源等因素对全镇所辖行政村进行联村党委分片管理，突破以村为基本单元设置党组织的方式，探索出“联村党建”工作模式，并率先设立朱家户等4个联村党委。总联村党委书记由镇级党委领导班子成员担任，其他委员由46个行政村党支部书记选举产生。为防止村合人不合、人合心不合等问题，燕崖镇党委推行联村党建工作“三不变”（行政管理区域、村民自治主体、集体资产资源权属不变，到村各类扶持资金、项目、政策等投向和受益范围不变，到村转移支付资金、运转经费、领取生活补贴等拨付标准、拨付渠道不变），“三独立”（保持联建村财务管理独立建账、独立核算、独立收支）①。其中，朱家户联村党委由8个抱团村庄组成，通过联村党建，8个村成了一家人，党员干部群众“比学赶超、创先争优”氛围日渐浓厚。通过打通联建村庄的800余万元扶贫资金和村庄能人等资源，按资源禀赋发展林果、乡村旅游产业，开展涉及49个农业种植大棚的产业示范基地建设。联村党委统筹布局、统一运营各村的乡村旅游产业，分别打造了朱家户美食美宿、石井河休闲采摘、姚南峪村落文化、计宝峪圩子文化、碾砣传统酿造、山水河观光农业和王庄、西白峪樱桃集市等特色产业，形成了各有特色、统分结合的产业链条。2019年各联建村累计接待游客15万人次，旅游综合收入突破600万元，实现联建党委村集体经济收入增幅达27%，促进了抱团村庄的新型城镇化发展进程。

① 杨淑栋、马景阳：《“联村党建”探索乡村振兴的沂源路径》，《大众日报》2019年10月30日。

（二）资源互连式联村党建

资源互连式联村党建是指地理位置相近，通过资源互连开发形成村与村党支部之间互联互通的条带状发展模式。以福建省为例，早在20世纪八九十年代，位于福建省泉州市泉港区涂岭镇中部的前欧村作为汉蒙两族的共栖之地和革命老区，当时全村人口2520人（蒙古族有460多人），三分之一外出讨生活，是远近闻名的贫困村。近年来，涂岭镇以前欧村为试点，将“党建引领”与“现代治理”深度融合，创新实施“党建+智慧治理”“党建+乡村振兴”等。其中在“党建+乡村振兴”方面，不断助推乡村发展。为振兴乡村、推进新型城镇化建设，前欧村党支部因地制宜对村庄村容村貌进行整体规划，并创新党建机制，实施“三点一线”工作法、联村双带新模式，确定一头两翼发展新思路。“三点一线”，即抓经济增长点、抓民生热点难点、抓工作特色亮点，坚守纪律红线；“联村双带、一头两翼”，即以前欧村小城镇起步区为龙头，以樟脚乡村田园旅游区和小坝蒙古乡愁文化体验区为两翼①。通过开展跨村联带的联村党建引领，前欧村党组织带动小坝、樟脚等后进基层党组织形成前欧村、樟脚、小坝资源互连式的一日游路线。三个村通过联村党建，紧紧抓住新型城镇化建设、乡村振兴建设等机遇，不断引进先锋嘉园、森益木业、红星生态园、北大培文外国语学校等企业，突出了前欧村小城镇起步区带动拓展功能；充分发挥了前欧村优越的地理位置优势，辐射带动了樟脚、小坝新型城镇化建设。打造了以旅游业为主要发展方向的小坝村观景台、连环桥、沿溪休息步道、溪浦特色旅游景观、游客栈道、观音山，樟脚的金钟潭、古居民等景点，修缮陈平山烈士故居等，更好地发展了旅游业。资源互连式党建联合发展模式，促成了小坝村荣获中国少数民族特色村寨，樟脚荣获中

---

① 张文璟：《泉州泉港前欧村：党建引领发展 建设乡村振兴示范村》，《泉州晚报》2020年4月17日。

国传统古村落、中国历史文化名村。

（三）产业牵引式联村党建

产业牵引式联村党建指为提升各村产业、解决产业难问题而因地制宜组建联村党组织，通过党组织实现产业振兴的模式。例如，山东省淄博市针对产业提升困难的实际，在充分尊重党员群众意愿基础上，因地制宜组建了联村党建，通过党组织联建走集约集聚发展、党建引领乡村振兴的新路子。如，沂源县凤驿小镇由 7 个村联建而成。凤驿小镇各村支部较小、力量较弱，单独发展困难重重，而凤驿小镇的联建实现了小支部向大党委的转变，7 个村打破彼此之间的行政界限，按照地缘相近、乡俗相通、产业相连、资源互补原则进行了管理模式创新，实现了产业联合振兴，产业发展握指成拳。凤驿小镇联村党委利用各村资源优势打造了乡村生活、观光养生、精品民宿等特色板块，按照“一村一品”的思路，整合联建村区域扶持政策、资金、土地、人才等资源要素，打造了以农家乐为主的中低端乡村旅游品牌“田园柳舍”、主打山地度假的高端品牌“灵龙山居”、以休闲采摘为主题的“凤驿花开”产业园，以及精品民宿“逸品山水”4 个档次不同、风格各异的文旅项目。下柳沟村“田园柳舍”乡村旅游项目，2019 年实现收入 50 余万元，村集体兜底分红 3 万多元；梅家坡村“凤驿花开”果品采摘项目，2019 年实现收入 30 万元，年内村集体增收 6 万元，入社群众户均增收 1500 元。凤驿小镇联村党委实施“创客村”建设，吸引“甜小鲜”电子商务、“三斤工作室”等人才和创业团队入驻，逐步形成了以产业凝聚吸引人才、孵化培育人才的“虹吸”效应，加快了乡村振兴步伐，将组织优势变成了治理优势。

三、村镇协作推进新型城镇化

在城镇化实践中，客观上存在以县域为单位的村与村、村与镇、镇与镇之间跨区域协作。这种协作是建立在主体间各自优势互补基础的一种模式，与资源依赖理论相一致。资源依赖理论认为，没有任何组织在所有资源中占有绝对优势，所以单个村镇仅依赖自身单一产业或有限的资源，难以高质量持续发展新型城镇化。

（一）村与村：自组织型协作

村庄本属于自治单元，为满足其自身发展要求，村与村之间主动沟通、协调实现新型城镇化治理目标，属于自组织型协作。在推进乡村振兴与新型城镇化双轮驱动发展中，不仅要实现国家、省、市、县、乡、村之间的纵向合作，还需要再立足当地实际情况，进行横向之间的协作。在新型城镇化建设的不断推进中，不仅可以按照地缘相近也可以按照产业相同或优势互补等实际情况实现村与村的横向协作。比如，山东省聊城市临清县以古典家具闻名的松林镇尚官营，由东尚村、西尚村和前尚村三个村组成，三个村庄家具产业结构相同且较为集中。自 20 世纪 70 年代起松林镇村民纷纷进入天津等地收购门板、家具返乡加工售卖，并逐步发展壮大。虽然几十年来松林镇在收购、经营、仿古制作方面形成规模，但大多数企业由家庭式作坊发展而来，单打独斗、发展粗放、分散经营且各村企间为争夺利益恶意竞争，由于村与村之间的利益博弈，一度造成松林镇家具产业发展停滞。[①] 基于此，为统筹产业结构相同村企整体性、协调性发展，松林镇党委将西尚、东尚、前尚村组建联合起来，整合了三个村里犄角旮旯的闲置土地，通过调换，实现集中连片规模化发展。打破“各顾各”的思维定势，按需求跨村合理配置资源，突破强村发展瓶颈、攻克弱村发展难关，通过村务共商、资源共享、规划共谋、产业共建等方式发展，从整体上打破了镇域范围内的地域壁垒，实现了资源充分利用，为乡村振兴与新型城镇化注入生机活力。

---

① 夏旭光、马永霞：《单兵作战到握指成拳——松林镇联合党委破解产业发展困局》，《聊城日报》2020 年 7 月 20 日。

（二）镇与镇：基层政府间协作

村与村之间的协作属于自组织型协作，而镇与镇之间的协作则属于基层政府间协作。乡镇政府作为治理主体中的重要参与主体进行平等结对、互助，充分发挥各自比较优势共同完成治理目标。如，深圳市大浪时尚小镇和杭州市余杭区艺尚小镇，均以时尚产业服务为主，且皆具备时尚产业基础，时尚产业服务资源聚集度较好，能够在区域产业服务、资源运营管理等方面形成较好的公共服务平台，两者服务模式创新、效率较高，机构健全、功能完善，具备充足的发展后劲。两个乡镇具有相同目标，即希望共建“世界级时尚小镇”，并以此为契机继续协商整合时尚产业服务资源、开拓市场、提升服务水平等，以建设发挥良好的示范引领作用。产业雄厚的两个乡镇协作引进、汇聚了时尚人才，为乡村振兴及新型城镇化建设双轮驱动提供了全方位的智力支持，扩大了时尚影响力，成为“国家自主创新示范区”“国家外贸转型升级示范基地”“全国时尚服饰产业知名品牌示范区”“时尚产业集群区域品牌建设试点”“中国服装区域品牌试点地区”“广东省首批特色小镇创建示范点”。国家发展改革委 2019 年 4 月将大浪时尚小镇作为传统产业转型升级典型案例，在全国进行推广学习。在镇与镇的协作中整合了资源、让双方找到协作发展的契合点、符合双方可持续发展，不仅有利于实现强镇更强，弱镇变强甚至更强，助推新型城镇化建设的同时也促进了乡村振兴，实现了互利共赢。

（三）村与镇：政社共治型协作

村镇协作属于政社共治型协作，即政府属性的镇与自治属性的村，在协商、互动中达成目标。乡村在改革开放以来，尤其是税费免除之后，乡镇对实行包产到户、村民自治制度的农村制约愈来愈少，但并不意味着乡镇与村庄就此割袍断义，作为上接城市、下承农村关键点的乡镇起着火车头重要带动作用，无论在物理空间还是社会空间两者都具有高度关联性。

村镇协作恰恰体现了协作治理要求，在镇的推动下实现村镇共建共治，共促乡村振兴与农村新型城镇化。所以将乡镇作为重要抓手、整合镇域范围内资源，将乡镇打造成乡村服务中心、经济中心、治理中心，探索一条以镇带乡、村镇互促的新路子，对乡村振兴与新型城镇化至关重要。以江西省上饶市广丰区毛村镇为例，镇党委政府坚持以镇带村、镇村联动为基本理念，以毛溪村为中轴，全面拉开一河两岸的城建模式，投入资金用于防洪堤建设、青石护栏安装、道路改造等基础设施建设。镇区城建上台阶后，便以镇区城建带动周边农村建设，将下蒋村作为示范点，由于下蒋村一边连接镇区，一边连接山区（马家柚及森林资源丰富），地理位置优越，农民盖起了新房，于是毛村镇联合下蒋村，在下蒋村入口处构筑了一条长达百米的文化墙，用巨石雕刻“柚色天香”景观等，形成旅游特色乡镇，不仅取得了省森林村庄成果，而且优化了农村人居环境。并以此拉动镇区周边毛村居、八都居、乌岩村的新型城镇化建设。镇村协作，因势利导，加快推动乡村振兴与新型城镇化建设。

四、村企合作推进新型城镇化

以江苏省为例，江苏省淮安市H村[①]，风景秀丽，物产丰富。但由于村民靠种田为生，大量的青壮年劳动力流出，村内老龄化比较严重，人力资源严重不足，经济水平比较落后。淮安市将H村纳入脱贫攻坚行列。一企帮一村的S企业与H村之间的协作模式使H村开始了脱贫攻坚的道路。前期主要以依附性嵌入为主，企业单向输血。后期积极探求双向互动的合作伙伴关系，更好地促进了新型城镇化的建设。

H村村企协作前期输血阶段，企业将认知、关系、服务行动嵌入村

① 本案例资料由苏州大学政治与公共管理学院博士生王华凤提供，时间为2020年11月15日。

庄。首先，对于企业扶贫认知的嵌入。目前，村民对于企业的认知只是停留在以利益为先的观念上，如何让村民转变对企业的认知，接受企业的嵌入式扶贫方式，是实现脱贫攻坚和乡村振兴的首要前提。因此，S企业主动迈出第一步：首先，联合村委会积极进行企业文化和企业扶贫的宣传。以直观的方式让村民了解到S企业是做什么的，能够帮助村民做什么，以打消村民的疑虑。另一方面，企业派遣员工进行入户宣传，通过发放公司产品，以实物进行沟通。同时，企业还邀请村民对其公司进行参观，从现实出发，让村民真正感受到企业扶贫的实力和决心。其次，企业关系嵌入。H村脱贫攻坚所需要的技术、专业、物流等的支持，而S企业通过关系嵌入，为H村未来发展打下了坚实的网络关系资本基础。据H村村长说："S企业不仅自己给我们一些专业技术上的支持，而且，对于超出公司范围的一些工作，也会给我们找来一些别的与它合作的公司过来帮我们，比如种植中草药，不是他们的专长，但他们利用自己的人脉给我们找了专业种植中草药的公司过来给我们测评土地质量。"最后，服务行动嵌入。服务行动嵌入是指企业以实际行动或实际资源链接到村组织当中，通过实际行动嵌入村组织的管理和脱贫行动中去。S企业为打造品牌效应，提高村庄农产品的输出，积极邀请专家进行指导无公害蔬菜培养，打造蔬菜品牌效应。据H村村民回忆："S企业帮了我们大忙了，专家来这指导后，我们才知道原来水果还可以这样长，蔬菜还可以这样种植和采摘。我们现在在专家的帮忙下，产量提高了不少，也能种出大家喜欢的水果来了。"推行"免息小额贷款扶贫助农行动"，S企业银行基于建档立卡贫困户的现状，对于涉农经营的贫困人口提供无息贷款。这在很大程度上解决了农民资金投入的问题，为新型城镇化建设打下坚实的基础。

通过党建合作达成村企协同治理。在村企合作项目的基础上，建立"一对一"精准结对，确保每一个项目都有特定的联合党支部。同时，在"一对一"联合党支部的基础上，积极进行各项目间的党支部协作，建立党支部协作关系网络，推动各项目联合协作，进行有效的资源整合。在H村的调查过程中我们发现，菌类种植、中草药种植、电商网络小组、技术小组等数十个小组党支部的联合，使各个项目间的资源能够共享，信息能够共通。H村村里共有党员98名，S企业派遣党员20多名，共同组成志愿者服务队。通过企业和村委的协作，共形成信息收集、党员义工、移风易俗、信访听证、治安巡逻共计5支志愿者服务队，有的负责照顾瘫痪在床的留守老人，有的挨家挨户宣传党的政策，有的说法评事处理信访积案。同时，H村党员积极调动人民积极性、跑资金、找项目、拉赞助、修桥路，越来越多的村民参与进来。企业党员充分发挥优势，动员企业员工积极捐赠相关技术书目，在党建联合的基础上，建立起乡村图书馆。同时，S企业和H村党支部还建立"一周一事项沟通、一月一主题走访"共建机制，联手开展党建扶志、培训扶智、志愿扶困活动，现已建成启用党建文化广场、能源绿智慧电力展厅，以期在公办活动中聚合力，促进了新型城镇化建设。

五、移民援建推进新型城镇化

闽宁镇①②作为聚焦移民扶贫和对口扶贫两大政策的典型案例，在移民援建政策的作用下实现了从无到有、从输血到造血的蝶变，蕴含着移民援建政策推进新型城镇化的强大动力。

---

① 闽宁镇是宁夏回族自治区银川市永宁县的下辖乡镇单位，位于银川市西南部，永宁县城西部，贺兰山东麓。现下辖原隆村、福宁村、木兰村、武河村、园艺村、玉海村，是产业结构齐全、发展前景良好的示范性乡镇，先后被评为"全国特色小镇、全国重点乡镇、全国乡村旅游重点村"。然而在三十多年前，闽宁镇所在地区还是一片荒无人烟的荒滩。在国家"三西"扶贫计划和闽宁东西对口协作政策的扶持下，闽宁镇在人口基础与产业支撑的基础之上实现了由"干沙滩"向"金沙滩"的转变。

② 本案例资料由苏州大学政治与公共管理学院博士生范蕴玉提供。

（一）移民政策带来人口迁移

闽宁镇的发展源于1983年国务院启动的“三西”建设计划，计划在甘肃河西地区、以定西为代表的甘肃中部干旱地区以及宁夏西海固等广大深受“空间贫困”[①]影响的地区实行劳动力转移和移民搬迁。1990年，自治区政府成立玉泉营和玉海经济开发区两处吊庄移民点，组织西海固西吉县、海原县贫困居民搬迁。吊庄移民工程为闽宁镇的建立输送了第一批移民。1997年，在闽宁扶贫协作政策实施下，闽宁村成立。1999年，自治区政府将吊装移民属地管理权限移交迁入地政府，吊庄移民作为一种过渡形式宣告结束。2001年，在国家易地扶贫搬迁政策的要求下颁布《关于实施国家易地扶贫移民开发试点项目的意见》，宁夏移民工程正式步入生态移民阶段。自此，闽宁村开始接收来自西海固地区的生态移民。同年，西吉县玉泉营开发区（含闽宁村）更名为永宁县闽宁经济开发区，2002年1月，经银川市人民政府批准成立闽宁镇。2003年7月乡镇机构合并时，玉海经济开发区并入闽宁镇。2005年，闽宁镇进行村级组织调整，形成5个村级组织。2012年，闽宁镇在接收固原市原州区和隆德县的生态移民之后，另成立新的村级组织原隆村。至此，闽宁镇6个行政村得以形成。

（二）共建共促产业发展

1979年，中共中央提出对口支援政策，要求组织内地省市实行对口支援边境地区和少数民族地区，宁夏被列入对口支援地区名单。此后，对口支援政策不断发展完善。1995年，中共中央在《中共中央关于制定国民经济和社会发展“九五”计划和2010年远景目标的建议》中明确建议沿海

① 空间贫困论强调贫困的发生与外在地理环境的关联性，突出由诸多地理因素综合而成的地理资本对贫困的形塑。该理论认为，贫困尤其是区域性贫困的形成，是由于地理资本不足或缺失所致。（刘小鹏、苏晓芳：《空间贫困研究及其对我国贫困地理研究的启示》，《干旱区地理》2014年第1期。）

发达的13个省市对口帮扶中西部欠发达的10个省区，开启了福建对宁夏的帮扶和支援。根据中央统一部署，福建与宁夏于1996年建立了对口扶贫协作关系。1997年，闽宁两省共同决定建设对口扶贫协作示范工程闽宁村。自此，闽宁村开启了东西协作下的经济发展的快速发展阶段，探索建立了一条以政府引资、企业主导、社会参与的产业发展新机制为核心的“造血扶贫”道路。建设初期，闽宁村通过有计划地投入建设资金兴修农田水利设施，修建泵站及干渠，确保生产的发展和农民的基本增收。同时，通过移民培训，教授葡萄栽种、肉牛养殖、菌草养殖、农田灌溉等生产技能，并通过招商引资大力发展工业经济。在发展的过程中，闽宁镇立足传统种植与养殖产业，延伸发展文化旅游产业，兼顾发展光伏科技产业，形成了“特色种植、特色养殖、光伏产业、旅游产业、劳务产业”五大主导产业，实现了一、二、三产业的融合发展，构建了“因地制宜，一村一品”的发展格局。福宁村依托宁萧服饰、麦丽燕服饰有限公司，创建了“培训+就业”的模式；玉海村积极推进肉牛庭院养殖向规模养殖转变，打造规模养殖示范村；武河村壮大集市经济，成立市场管理机构，形成规模经济；木兰村依托宁夏丰禾润农业科技发展有限公司流转土地进行枸杞研发种植，积极联系九洋杂粮科技公司推广小杂粮种植；园艺村依托龙头企业宁夏犇旺生态养殖公司，推广“扶母还犊”产业模式，其中流转土地100亩引进奶瓜瓜生产基地；原隆村的光伏扶贫产业经过了三年的摸索与实践，逐步形成了市场化运作的“原隆模式”。①

（三）对口协作构建保障

二十多年来闽宁两地不断拓展扶贫协作领域，通过人才、技术、资金等资源的输送，由单一的经济合作发展为教育、医疗、文化、生态等多领

① 李志刚：《“移”与“助”：闽宁镇建设中的政策合力与政策效应研究》，中央民族大学硕士学位论文，2020年。

域的合作，不断完善基础设施建设和公共服务供给。闽宁镇结合乡村振兴战略制定了所辖6个村的美丽乡村规划，对各村道路硬化、给排水、天然气、供热供水、卫生厕所、危房、村级活动阵地、卫生室等进行全面摸排，积极谋划项目，主动对接区市各厅局，争取项目资金；教育方面坚持扶贫先扶智，加大教职工培训力度，实施闽宁二中、二小信息化工程，力争闽宁三幼、武河幼儿园教师周转房的投入使用；全面提升闽宁地区教育教学水平；卫生医疗方面认真执行便民住院、提升大病保障水平、扩大医保药品范围、加大医疗救助力度和政府兜底等惠民政策，开展“家庭医生”签约服务活动，减少因病返贫率。对因病、残疾、高龄等缺乏劳动力的特殊贫困人口，通过提高基本养老、高龄津贴、低保档次，采取大病救助、临时救助、一次性清缴养老金等方式全面兜底，切实做到应保尽保、社保兜底。随着生产生活条件的改善，闽宁镇不断强化生态环境建设，持续开展生态修复、防沙治沙、农田林网、镇村绿化、环境整治五大工程，全面推行高效节水农业，为新型城镇化推进提供了持续动力。

总之，无论是党建联合、村企协作、扶贫协作还是移民援建、镇村联动，都是在协作中完成，为解决比如脱贫、乡村振兴、新型城镇化建设等一系列问题。基于区域协作的乡村建设行动以促进区位间优势互补、资源共享、缩小区域间发展差距为目的，是乡村振兴、新型城镇化建设发展的必然趋势。

第二节　城镇化发展的区域协作功能

以党建联合、村企协作、扶贫协作、移民援建及镇村联动等特殊形式的跨区域协作，作为城镇化高质量发展的突破口，是我国城镇化高质量发展阶段与我国国情相结合的必然选择。通过打破各区域各自为政，解决联动、沟通不畅、资源浪费及其利用不充分等问题，区域间合理分工、相互协作、优势互补，对我国政治、经济、社会、文化等方面的发展具有重要功能。

一、政治功能

（一）有利于强化党组织政治引领功能

党组织是农村城镇化建设的重要掌舵人，具有政治引领作用。以强化政治功能为引领，不断提升党组织力量，是党组织作为完成党的中心任务、历史使命的根本保障。但是，当前社会转型情况下，农村人才外流，党员流动性较大，基层党组织力量面临新问题。强化农村党组织建设是实现乡村振兴与新型城镇化建设的关键。“党依据所处的环境和政治任务来决定党组织的形式与工作方法，如果环境变化，工作条件改变，党的组织形式和工作方法也必须有所改变，否则就要影响我们党工作内容的发展与政治任务的执行”①。因此，在新时代环境背景下，以联村党建为依托，通过实施村村抱团式联村党建、资源互连式联村党建、产业牵引式联村党建等跨区域协作的党建联合模式，能够将党的组织优势变成治理优势，在充分发挥基层党组织政治引领作用的同时，也利于顺利完成新型城镇化建设的重要政治任务。

（二）有利于加强政治整合

政治整合，即“将一个国家内部差异明显的地域、价值观、社会群体、目标体系、行为方式进行有效协调和统一的政治过程”②。良性的政治整合可同时维护社会稳定与政治发展。在国家东西协作重大战略部署下，江苏昆山与贵州铜仁市碧江区开展结对扶贫协作，通过产业、就业、易地搬迁等进行某种形式的资源配置，吸纳贫困群众就业 2.4 万余人，有效促

① 《中国共产党党章汇编》，人民出版社 1979 年版，第 65 页。

② 桑玉成、陈家喜：《群体分化与政治整合》，《云南行政学院学报》2006 年第 3 期。

进了碧江区社会稳定与政治发展。另外，曾经作为一片荒无人烟的荒滩，闽宁镇同样在移民援建政策作用下实现了资源的从无到有、从输血到造血的蝶变，在人口基础与产业支撑基础上实现了由干沙滩向金沙滩的转变。国家以移民援建、协作方式作为政府政策绩效衡量的重要维度，以脱贫减困为主要目的，不断提升搬迁人民或被援建人民的满意度，提升了人民的整体幸福感与获得感。使角色不同、职业不同、地区不同、生存状况不同的福建与宁夏（东西部区域）人民在移民援建政策中凝聚在一起，共同改善生活、居住环境、医疗、卫生教育、就业、产业发展等难题。消除了地域割据和行政区划影响，一定程度上实现了资源优化配置，在移民援建组织中潜移默化地影响了双方文化、意识形态，有效推动了闽宁镇新型城镇建设的同时也加强了政治整合。

（三）有利于扩大政治参与

政治参与是实现公民政治权利的重要手段，其参与的有效性、规模及其程度在国家社会生活中的各种影响因素下不断变化，尤其是农村地区。自 1987 年村组织法中对村委会性质职能、组织方式等作出明确规定后，我国乡镇村治二元治理格局形成，即国家基层政权在乡镇，并以行政村为基本单位。但具体实践中，二元治理格局下的乡镇政府职能出现偏差，重视政治控制与经济发展而忽略了乡村公民的政治发展，其职能上的错位越位增加了村民自治中的村民政治冷漠。村镇协作作为官民共治型协作，在基层政府与村庄之间通过协商、互动，打造乡村服务中心、经济中心、治理中心等，探索以镇带乡、村镇互促的新型城镇化发展道路，无形之中培养了村民独立理解判断的能力及民主政治参与意识，并使其在参与过程中提高政治效能感。

二、经济功能

（一）有利于整合市场资源

资源是市场化运作的基础，拥有得天独厚的资源且能够充分挖掘、整合并向市场化纵深推进，能够促进经济的发展。江苏省昆山市与贵州省铜仁市利用两地积累的良好感情基础，结成对口帮扶关系，以对口援助、扶贫协作为平台，借助《东西部扶贫协作助推脱贫攻坚合作协议》推动了昆碧两地的企业合作，在整合双方市场资源的基础上加强了两地在产业上的对接。在碧江区产业匮乏但劳动力资源众多的背景下，昆碧双方以脱贫致富、就业增收为目的，整合了双方市场资源：一方面，昆山积极引进农夫山泉、同德药业、好彩头等200余家企业入驻碧江区，引进了藤制品厂、制鞋厂、制衣厂等扶贫车间，整合了各种类型企业在碧江区投资合作；另一方面，碧江区整合了劳动力资源，根据企业用工需求及贫困群众就业意愿，组织开展安保、纺织、制鞋、种植等技能培训并持续深化东西部劳务协作，建立昆山·碧江劳务合作和技能培训基地，向昆山等东部城市输送劳动力，整合了劳动力市场资源，推动了双方经济贸易的往来。再如，以乡村田园旅游区为名的樟脚、以蒙古乡愁文化体验区为典型的小坝，与前欧村通过联村党建，整合三个村庄特有的景观、故居等旅游资源，努力开拓旅游业市场，推动了前欧村、樟脚、小坝三点一线的旅游业发展。无论是扶贫协作抑或是联村党建等区域协作形式，在具体协作过程中皆以高效整合当地可市场化资源（如土地要素等）为根本途径，根据协作战略、技术及市场定位列出发展需求清单，双方在市场要素整合的基础上寻找发展路径，促进经济发展与新型城镇化建设双赢。

（二）有利于促进产业发展

区域之间协作进行产业发展能够从根本上增强其自身的造血功能。

如，昆碧协作坚持产业为重的工作方针，开展多形式、多层次、多渠道的帮扶活动。在产业协作扶贫过程中，两地通过区域协作模式，本着“黔货出山、碧货入昆、消费扶贫”的东西部扶贫协作理念，将各自的优势资源进行有机结合，发展合适的产业。依托铜仁·苏州产业园建设发展蓝莓、白水贡米、珍珠花生、金丝黄菊等扶贫产业项目，完善了利益联结机制，促进了两地产业发展。再如，凤驿小镇打破彼此之间的行政界限，建立了产业牵引式联村党建并按照地缘相近、乡俗相通、产业相连、资源互补原则进行了管理模式创新，实现了产业联合振兴，产业发展握指成拳。打造了以休闲采摘为主题的“凤驿花开”产业园、精品民宿“逸品山水”2个文旅产业。松林镇的西尚、东尚、前尚村通过联村党建形式，打破“各顾各”的思维定势，通过村务共商、资源共享、规划共谋、产业共建等方式，将松林镇几近停滞的家具产业激活，促进了松林镇古典家具产业的发展。大浪时尚小镇因区域协作而不断将其服饰产业转型升级，成为“全国时尚服饰产业知名品牌示范区”“中国服装区域品牌试点地区”。独木不成林，单打独斗可能难以实现产业壮大，而区域协作更能根据自身资源禀赋、地理区位，充分挖掘相关资源、发挥分工集聚优势，基于产业链形成产业协作模式，促进双方产业发展。

（三）能够推动社会经济效益增长

改革开放以来，在社会主义市场经济及城镇化建设背景下，我国不断强调城乡区域协调发展、东中西部地区协调发展。但某些地区由于自然因素等生产力落后、产业类型单一，总体而言经济发展水平滞后，贫困人口稍多。就如何解决贫困区域人民贫困问题，改善贫困人民生活环境、生存环境等，促进其经济发展，我国实施了东西协作、对口帮扶、移民援建、联村党建等区域协作模式，打破了地域界限壁垒。在福建与宁夏的跨区域帮扶中，宁夏西海固贫困群众在移民援建政策推进作用下与福建省建立了多层次、全方位、宽领域的跨区域协作，逐步从缺水、缺电、生存环境极端恶劣、收入水平低下的沙漠中搬迁移出。在福建省的帮扶、协作中结合自身特色，逐步发展了蘑菇、光伏、旅游、葡萄、枸杞等产业，经济效益不断增长，从贫困的闽宁村发展为闽宁镇。昆碧跨区域扶贫协作，建立扶贫车间增加贫困地区农民就业渠道并不断深化协作。通过整合劳动力资源、特色产业等市场资源，给予其有效开发利用，吸引企业前来投资，进而创造了良好的经济效益。人民群众有了更多的增收渠道，不仅人民经济收入得到显著提高，改善了人民生活方式、生存环境，而且促进了村集体经济发展壮大，带动了整个地方经济的发展，推动了社会经济效益增长。总之，多层次、多方面的区域协作以其优势互补、资源高效利用等方式，加强了区域间市场联系，耦合了协作双方谋求经济发展的积极性和能动性，在促进我国社会经济效益增长方面发挥着重要作用。

三、社会功能

（一）有利于促进社会整合

改革开放以来，我国进入了以“社会结构断裂”[①] 为特征的转型期，共存于同一社会时期的不同社会群体所关心的问题相互脱节、彼此矛盾，因此，寻找合适的社会整合工具成为社会稳定发展的重中之重。而区域协作实践中，新的社会整合正在产生，村镇协作、党建联合等形式的区域协作弥补了农村人才外流缺陷，发展了农村集体经济，凝聚了城镇化建设力量等，间接整合了农村潜在的社会问题。在扶贫协作、移民援建、村企协作等区域协作模式中，以协作、帮扶、援建等形式进行柔性整合从而改善社会民生，在这种区域协作形式中产生了新的社会力量联结，这种社会整合力量既非传统以血缘或地缘形式产生的社会先赋性整合，又非完全以行

---

① 李晟赟：《法律诉讼中的博弈——对一起民事案件的社会学研究》，中国政法大学出版社 2018 年版，第 3—5 页。

政性力量进行强制干预的行政化社会整合。区域协作是一种促进社会整合的新力量，密切了区域间干群的联结，破解农村空心化问题的同时也打破了现代原子化的乡村，以区域协作、双方共赢方式维护村民利益，凝聚村民力量，增强了乡村的社会整合力量。如毛村镇联合下蒋村两级干群协作，发展了旅游特色乡镇，取得了省森林村庄成果，利用协作共赢纽带来维护双方利益，促成了社会整合。

（二）能够促进社会事业发展

社会事业如教育事业、医疗卫生、劳动就业、社会保障及科技文化事业、社区建设、旅游及人口计划生育等，作为衡量我国经济社会整体发展水平的重要内容之一，事关我国人民群众的切身利益。然而，我国社会事业发展总体不均衡，各类优质资源集中在城市及中国东南部，城乡及东西地区差异较大，如部分农村旅游资源、土地资源等开发不足、体育事业发展滞后，医疗卫生服务水平不足，西部贫困地区甚至水源不足等。为进一步助推城乡社会事业、区域社会事业一体化发展，国家采取东西协作、扶贫协作、新型城镇化等战略措施，区域间政府、企业、居民等多方共同努力形成“社会事业同心圆”① 结构，以区域协作形式构建共建共治共享治理新格局，将各类公益性支持与服务活动真正贯彻、落实。昆碧扶贫协作、闽宁镇移民援建，促使人民脱贫攻坚得到有效巩固；联村党建、村镇协作、村企协作将组织优势变为治理优势，促进了农民集体经济收入大幅度提高，使百姓充分享受到经济社会发展、民生改善带来的红利，基础设施、公共服务及生存环境得到极大改善，社会事业全面提升。总之，进行区域协作不仅可以缩小城乡差距，还可以促进城乡、区域间居民生活水平及综合素养、科技文化等社会事业的发展。

---

① 赵文聘：《我国社会事业同心圆中互补型交互关系营造》，《上海师范大学学报》（哲学社会科学版）2019 年第 6 期。

（三）有利于保障社会稳定

改革开放以来我国始终将公平正义看作中国特色社会主义的内在要求，确保改革开放成果为人民所共享，以夯实社会稳定的心理基础。但是，当前我国发展不平衡、不充分等问题尚未解决，城乡差异、民生领域、三农问题、贫困人口、贫富差距、教育、医疗、住房保障等不少短板凸显；居住于缺水、缺电荒漠或大山里的农民，城市里无家、无根、无保障的流动农民等，在我国社会稳定方面增加了不少风险。无论是城乡差异还是贫困人口等短板的解决，归根结底是维护人民利益。利益问题向来是人类社会发展的核心议题。而利益失衡（即改革开放成果无法有效共享）往往是社会不稳定的主要成因。为将改革开放成果为人民所共享而实施的扶贫协作、东西协作、移民援建等区域协作，促进城镇化建设，是缩小区域之间人们利益差别的重要方式。跨区域间的扶贫协作、移民援建帮助群众解决生存、生活基本问题，解决就业、入学、社会保障等实际困难，联村党建、村镇协作通过抱团或以弱带强、强强联合等形式促进了城镇化发展，实现了发展成果惠及全民目标。通过区域协作实现参与主体各方合作共赢、利益共享，提高原本处于弱势地位群体的利益表达能力及利益获取能力；解决贫困人口的生存、生活、就业、入学及医疗等社会保障问题，是社会得以和谐运转的内在动力、社会稳定的重要保障。

四、文化功能

（一）有利于促进多元文化融合

由于地域差异，不同区域在语音、习俗、生活方式等方面具有巨大或微妙差异。不同文化影响下的认知方式和价值理念不同，容易使得不同区域间人民的思想文化产生冲突，如果不及时处理可能酿成严重的社会对立现象，不利于区域间统筹发展，也不利于构建社会主义和谐社会。因此，加强区域间的文化融合对社会发展具有重要意义。不同区域之间不同的生活方式、价值观念等虽存在一定差异，但更大程度上具有一定的核心共通性，核心共通性文化又为实现不同区域间的文化共融奠定了基础。例如，前述涂岭镇因为文化的共通性，人们之间的认知、价值观念相似而得以实施联村党建，建立了前欧、小坝和樟脚三个村文化融合基础上的文化旅游业，为经济建设提供精神支柱。村企联建通过党建引领、文化支撑作用，将党的路线方针、理论成果与企业文化相融合，联合村委会积极进行企业文化和企业扶贫的宣传，并积极将企业文化与党的路线方针政策相融合，落实在具体的脱贫致富实践中，丰富了农民文化知识的同时也提升了农村整体文化水平。可见，不同区域在求同存异中相互借鉴，共同致力于社会发展，不仅适应了社会现实需求，弥补了区域间巨大的文化差异，协调了区域间的文化关系，更有助于推动社会文化向前发展，为文化多元化融合发展提供了有利指针。

（二）有利于增强地区文化认同感

文化本质上是“整个生活方式”①，文化认同以交往关系为纽带，是区域文化在相互包容基础上形成的一系列区域间共有的观念、价值与情感。不同的文化观念决定不同的利益选择，在利益选择的基础上，区域协作以其内驱力增强区域间的文化认同。现实生活中的人并非纯粹的理性经济人，当身处社会之中，浸润在其中的文化、风俗习惯则会悄无声息地影响着他们的选择与判断。因而区域协作的主体在生活实践中也会彼此接纳、理解他人的情感和价值观念。如移民援建中的闽宁镇，通过移民使转移人口的子女有了接受高质量教育的机会，改变了其生活方式、价值观念等，为区域间文化认同的重构提供了可能。扶贫协作、移民援建、村镇协作、

---

① ［英］雷蒙德·威廉斯：《文化与社会》，吴松江、张文定译，北京大学出版社 1991 年版，第 403 页。

联村党建及村企协作等形式的区域协作，在城镇化建设中凝聚了区域力量，让参与者在经济、社会等方面有了安全感，降低了协作成本，最主要因素是区域各方在协作过程中以互信和理解形成了一套统一的行为准则与道德标准，增强了文化认同。总而言之，区域间协作的核心即对区域基本价值的认同，是一种肯定的文化价值判断，为增强区域之间多层次、全方位、宽领域的交流合作提供了强大的精神力量，是整合区域文化资源、增强区域之间文化认同的重要纽带。

总而言之，在区域之间、城乡之间发展不平衡不充分的我国，如何满足人民群众对美好生活的需要，实现改革开放成果共享，采取以先富带后富、扶贫协作、移民援建等区域协作模式至关重要。在城镇化发展中采取资源互通、优势互补的区域协作模式，利于助推协作各方的政治、经济、社会及文化的全面化、高质量、整体性发展，补齐区域发展中的短板。

第三节　城镇化发展的区域协作机制

以扶贫协作、联村党建等形式进行的区域协作是一个复杂的系统工程，其实现离不开内在的运行机制，这些机制表现为协同发展、利益共享、共建共商、价值认同等方面。

一、协同发展机制

协同最早由德国赫尔曼·哈肯与美国安索夫提出，指在开放系统内如何通过自己内部协同作用，自发形成时间、空间与功能上的有序结构，从而实现整个系统的有效性。[①] 协同发展即系统内部各要素紧密相连，通过统筹规划、统一部署，从简单到复杂进行的全方位、多角度的协作达到资

① 参见白列湖：《协同论与管理协同理论》，《甘肃社会科学》2007 年第 5 期。

源最优配置的状态，是实现社会可持续发展的基础。在城镇化建设背景下，基于区域协作参与主体、协作动机、协作平台和协作过程而建立起来的协同发展机制，是一种潜在的规律和现象，是通过不同的主体来实现共同的目标。以协作形式整合区域间资源优化配置、提高资源利用率，减少区域之间资源上的争夺和浪费，降低彼此间的摩擦与冲突，尤其是减少各区域之间争夺资金、信息、技术或机遇等资源的过程所引起的冲突矛盾，推动区域间政治、经济、社会及文化等各方面的协同发展。无论是昆碧扶贫协作，还是闽宁镇移民援建、村镇协作、村企协作及联村党建等区域协作模式，都是由两个或两个以上协作主体构成的协作系统；通过协作，使得区域协作内的各个环节运行更加和谐有序，各子系统从无序、分散、抵触到有序、整合、协作，并产生了协同效应。在推动城镇化建设中不同协作主体（各子系统）虽然各自独立，但在协作中各自充分发挥所长却实现了一致的目标，获得了双赢或多赢局面，达到了共同发展的效果，这也是协同发展机制的基础。

区域作为资源的载体，分为内部资源和外部资源，各区域以资源为基础进行协作的过程即对资源整合的过程，目的是实现各区域间资源的高效利用，使内外部资源潜能得到充分发挥。在既定区域范围内，地理上相邻、相近或远距离的区域有其不同的政治、经济、社会、环境等资源要素。为将各区域资源优势转化为发展优势，区域协作主体在相互依存、合作共赢思想指导下，打破行政区划、地域壁垒，充分发挥各区域的比较优势。山东聊城市临清尚官营通过村与村协作，打破“各顾各”的思维定势，按需求跨村合理配置资源，实现了 3 个村的资源同时被充分利用；毛村镇以镇村联动为基本理念，利用下蒋村优越的地理位置及其丰富的森林资源形成旅游特色乡镇，并因势利导拉动周边村落发展，使村落内部本身资源与外部资源有效连接；昆碧扶贫协作中，昆山为碧江区提供了资金、技术等支持，而碧江区为昆山提供了丰富的人力资源，双方在内外部资源充分利用的基础上实现了资源的协同发展。可见，无论是村镇协作还是联村党建抑或是扶贫协作、移民援建等区域协作模式，都是一种系统思维，即坚持大局观念和协调意识。从区域协作发展的内容、过程与结果来看，涉及文旅产业、公共服务、合作机制等，是区域协作各主体以资源要素为基础，在大视野、大格局的整体考量下处理好局部与全局的关系。通过区域协作形式实现资源高效利用，“使子系统间的协作达到任何单个子系统所无法达成的效果或目标”,① 体现了区域资源协同发展。

区域协作发展的政策意图不仅在于打破行政区域之间的行政壁垒，优化促进各区域间的资源优化配置，更在于完善区域内的公共服务体系、提升公共服务水平，满足人民日益增长的对美好生活的需要。在一定经济社会条件下，加快推进基本公共服务均等化是城镇化建设的重要内容，但当某一地区公共服务不能有效满足居民生存、生活、发展等社会性需求时，会降低该区域的居民生活质量。目前我国在医疗、教育、养老等公共服务方面取得了重大进展，但仍存在各区域公共服务资源不均等问题。打破公共服务不均，实现区域公共服务协同发展，即“以共同提升公共服务水平为目的和内容的协同即服务协同”②，是区域协作的重要内容之一。昆碧扶贫协作中，双方通过协作扩建学校，发放教育资助资金，师资力量互通、互学，完善医疗，道路硬化，人居环境改善等方面减少了昆碧区域公共服务失衡问题，推动了昆碧两区域公共服务协同发展；移民援建中的闽宁通过在教育、医疗、文化、生态等多方面的协作，不断完善了基础设施建设及公共服务的供给，促进了公共服务协同发展。再如，联村党建、村镇协作、村企协作等区域协作中采取了多种形式的联合致力于提升区域内公共

① ［德］赫尔德·哈肯：《协同学——大自然构成的奥秘》，凌复华译，上海译文出版社2011年版，第77页。

② 王郁、赵一航：《区域协同发展政策能否提高公共服务供给效率？——以京津冀地区为例的研究》，《中国人口·资源与环境》2020年第8期。

服务水平，强化共享优质公共服务，实现区域内公共服务均等化，体现了区域公共服务的协同发展。

二、利益共享机制

协同发展的要求是利益一致，利益共享是区域协同发展的持续动力。基于区域协同发展整体最优化目标，在各区域利益一致的基础上建立区域协同利益共享机制、区域协同利益共享办法，充分发挥其比较优势形成利益共同体时，其主要目的是解决区域发展中如何将蛋糕做大、分好的问题，即对利益进行合理分配，能够有效实现 1+1>2 的协同效果。

区域协作之所以成功，一般而言是协作各方存在利益结合点。由于地理位置、自然禀赋、历史文化等因素的影响，我国东西部地区、城乡地区等各区域之间的政治、经济、社会资源发展不均衡是社会现实发展中的重要问题。区域之间的差距是一个动态发展的过程，对于如何促进区域间各方面协调发展是政治学、社会学、经济学等学科的研究热点，虽然有不同的学科对区域协作进行研究，但其共同意图皆为推动促进区域协作实现利益共享。实现区域之间利益共享意味着社会利益结构的重新调整，弥补部分区域因自然差异等因素影响而未分享到改革带来的红利缺憾。因自然因素、历史因素等影响，在改革中付出改革成本却未获得改革红利的弱势群体，在区域协作政策中政府不断对其实施利益补偿，促进我国社会利益共享。如西部地区发展滞后的闽宁村在东部地区经济发达的福建省援建下，推动了闽宁村变成闽宁镇；再如跨区域扶贫协作，昆山在教育、医疗、卫生、社会事业等各个方面对口援助贵州贫困山区，实现改革利益共享；城镇化过程中被征地的农民因土地征收而利益受损，城市开发商等作为受益者如今反哺农村体现了利益共享机制中的利益补偿；这是国家为实现利益全民共享而采取的区域协作政策，是对欠发达区域因自然因素而导致利益受损的补偿，弥补其生态、自然等因素带来的区域利益失衡。联村党建、村镇协作、村企协作，通过减少产业同构、消除恶意竞争，促进区域间资源要素自由流动，形成优势互补、错位发展局面，避免利益发展失衡，同样在很大程度上解决了各区域、各产业的利益补偿问题。

“利益共享机制下，合作可能带来溢出效应、利益增大和公平分配”①，这符合区域协作追求利益最大化的动机。城镇化建设的区域协作模式是兼顾效率与公平、高质量发展的新理念，在区域协作包容性发展模式下，纠正了过去利用“虹吸效应”推动个别区域经济的发展，而是强调各区域利益共享。利益共享须充分发挥利益整合作用，即按照和谐社会的价值理念来追求社会有序、发展、稳定、和谐的价值目标。在城镇化建设的区域协作模式中，移民援建、扶贫协作、村镇协作等以实现共同富裕为目标，以共建互助、协作共赢为发展原则，在产业、就业、消费、民生、社会等方面寻求通过区域协作产生的最大利益公约数，整合、协调了复杂的区域利益关系。区域之间进行利益整合、协调并非要消除利益差异，而是防止产生利益过度分化；通过区域之间利益关系的整合、协调，使得各区域利益与公共利益相互兼容，并使其利益内容可以得到表达，基于此区域协作也能够得到认同。进行协作的各区域按照社会价值观念来整合、协调区域间利益关系，成为一个利益整体盘活各自优势资源，避免了区域协作中不同民族、阶层之间的利益矛盾与冲突，大大降低了区域之间的交往成本、提高了资源利用率。区域协作之间的利益整合、利益协调，充分发挥了区域协作的整体利益最大化功能，体现了区域协作的利益共享机制。

三、共商共建机制

在马克思主义人本思想为指导、全心全意为人民服务的前提下消除贫

---

① 田艳平、冯垒垒：《区域合作、利益共享：区域协调发展的基础》，《学习与实践》2015年第1期。

困、改善民生、实现共同富裕，是我国社会主义本质要求。改革开放以来，我国充分发挥中国特色社会主义制度优势，致力于消除贫困、改善民生，实施扶贫协作、对口援助、结对帮扶、移民援建等区域协作政策；并在东西扶贫协作基础上，村镇协作、联村党建、村企协作等逐步形成，提倡人人参与、人人受益，不搞赢者通吃，而是区域之间通过共同商量共同建设来寻求利益共享，实现共同发展，共享发展成果。之所以强调区域协作，是因为传统的各自发展方式难以满足当前社会变化中的现实需求（如发展成果共享、提高资源利用率等）。在区域协作中各区域以共商共建为基础、加强交流与彼此互信，通过平等对话共同确定每个协作主体都参与其中进行资源整合，强调协作、调和而非支配，在不同区域利益主体之间的共商共建中实现了协同发展、利益共享，基本解决了区域贫困、普遍贫困等问题，不断促进我国新型城镇化建设。从实践来看，通过区域协作，采取对话、妥协、合作方式来界定区域主体各自的权责边界，调和各区域主体利益矛盾，充分发挥其各自资源优势，在最大程度上能够达到最大限度的利益共识、采取一致的行动建设，在共商共建机制基础上实现了互利共生。

共商，即集思广益，大家商量办事，体现了集体智慧与创意，倡导平等相待。在不同区域发展程度不一、经济结构、文化传统存在大大小小差异情况下，采取区域协作促进资源平衡，促使区域之间以共商方式寻找到利益契合点和交叉点，能够有效缓解资源矛盾、实现利益共享。区域协作中，共同拥有相对治理权的各区域若致力于双方利益最大化则须采取共商机制，将所有协作相关信息开诚布公、保障各主体的知情权，在共商中各抒己见、提出问题，面对面相互交流、沟通。跨区域村镇协作中，进行协作的各村通过面对面村务共商、资源共享、规划共谋、产业共建等方式发展，从整体上打破了镇域范围内的地域壁垒，找到协作发展的契合点，符合双方可持续发展；联村党建，通过党组织联建方式共同商定走集约集聚发展模式，以“比学赶超、创先争优”引领乡村振兴的新路子；村企协作中，企业联合村委会共同商议企业文化、企业扶贫宣传，通过村企协作共商，嵌入村庄实现协同发展、利益共享。区域协作中以共商形式避免了一方暗箱操作、不公开、不透明等弊端，来共同应对新型城镇化等过程中带来的挑战，以共商为基础，坚持“和而不同”精神，增进了共同利益。

共建，即各施所长，各尽其能共同参与建设。[①] 区域协作中由区域协作主体共同商议建设，其实质是以开放、包容为原则，不搞一家独大，也非“零和博弈”、敌对视域；而是推进区域合作、缩小区域之间的差异，实现优势互补、共同发展。具有差异的区域协作中，不同区域无论贫富，在共商基础上将自身不同优势与潜能充分发挥出来，聚沙成塔、积水成渊，持之以恒推进区域间协作共建，形成区域间互信、互融、互通的协作格局。村企协作中，前述 H 村与 S 企业在共同协商基础上，建立了乡村图书馆、一周一事项沟通、一月一主题走访等共建机制，通过共建形成企业为村庄发展提供资金、技术等支持，村庄为企业提供大量劳动力、土地等资源的局面，促进了新型城镇化建设。移民援建中的闽宁协作，探索出一条政府引资、企业主导、社会参与的共建机制，推动了宁夏的城镇化建设，为福建省打开了市场资源。另外村镇协作、扶贫协作、联村党建等区域协作模式中，皆体现了各区域在共商基础上进行共建。总之，城镇化建设中的区域协作模式将资源共享、权利平等、机会平等、规则平等的理念融入协作中，阐释了新时代包容性共生、互利共赢、你中有我、我中有你的新型区域关系及新时代区域协同发展、共商共建、利益共享的新内涵。

---

① 张广利、濮敏雅：《新时代“共建共治共享”社会治理格局的内涵解析及构建途径》，《人民论坛·学术前沿》2020 年第 7 期。

四、价值认同机制

价值认同最初源于组织行为学，Mayer 和 Schoorman 将其定义为“员工对组织目标、价值的认可和为组织利益奉献的意愿”①。也指通过社会实践活动而在观念上共同达成的关于某种价值的一致认可或同意，并以某种共同的理想信念、原则为目标，自觉内化为自己的价值取向。在城镇化建设的区域协作模式中，由于不同区域之间的资源不同、发展状况不同、利益结合点难以契合、利益分配方式及市场竞争等冲突因素，使各区域在交往协作中难以达成统一，阻碍了社会和谐及利益共享的实现。

价值认同的基础是利益，利益与价值认同本质上是存在与意识的关系，是利益与思想的关系。以具体承载物为基础的利益包括政治利益、经济利益、社会利益、文化利益及生态利益等，但认同机制属于思想意识、精神范畴，归根结底以实现主体利益作为价值认同的基础。所以说价值认同与利益之间是观念上对客体是否满足主体需要程度的认可。在社会主义核心价值观影响下，当人们认识到自身利益与国家利益、集体利益一致时，将团结协作共同为实现自身、国家或集体利益而奋斗；反之，当区域主体认识到自身利益与集体利益、国家利益相悖时，又会主动调整自身利益，因为国家利益、集体利益是自身利益得以增加、维护和保障的基础。基于此，各区域之间以利益为杠杆，在不断平衡、协调、稳定不同区域之间的利益关系的基础上形成基本的价值认同。例如，在村企协作中，企业与村庄以利益为纽带将资本、技术嵌入村庄，促进了村庄的城镇化发展，村庄为企业提供了大量土地、劳动力等资源，进一步拓展了企业规模。因此，双方存在共同的利益，容易达成对利益的共识。无论是村企协作还是

---

① Mayer R & Schoorman F. “Predicting Participation and Production Outcomes through a Two-dimensional Model of Organizational Commitment”. Academy of Management Journal, 1992, 35 (3): 671-684.

扶贫协作、移民援建及村镇协作等区域协作模式，各区域基于对利益共享的价值认同而形成的各种利益共享模式，是区域协作中基于利益动力而形成的一种价值认同机制。

这种区域之间基于共同利益而形成的价值认同，本质上是将双方看作一个自觉自愿进行平等交往、共担风险、共同发展、共享成果的利益共同体。不同于滕尼斯基于血缘、伦理、情感等自然生长的共同体，区域协作的新共同体超越了血缘、伦理关系，将各区域紧密地联结到一起，休戚与共。无论是跨越千里的昆碧扶贫协作、闽宁的移民援建还是跨越村庄的联村党建、村镇协作，抑或是跨区域、跨单位、跨职业、跨部门的村企协作等区域协作模式，通过对共同体的价值认同而将彼此联结起来相互交流、相互帮扶，高效利用资源，实现了社会整体性发展。在对共同体价值理念认同的基础上，一损俱损、一荣俱荣的共同体价值将各个区域之间的人们凝聚成共同体中的一分子，共同解决贫富差距、完成脱贫攻坚追求、共同价值，实现新型城镇化建设，整体促进社会增益。

总之，城镇化发展中的区域协作模式，以跨区域扶贫协作、移民援建、村镇协作、联村党建及村企协作五种类型实现区域之间的交流、互促，其背后体现的是区域协作各主体基于某种价值认同而形成共商共建新格局，促进社会整体协同发展、利益共享的机制。

第四节　区域协作推进城镇化发展的对策

鉴于我国在城镇化过程中存在较大的区域差异，基于区域协作模式推进新型城镇化，可降低区域间发展的不平衡性，实现各区域协调统筹发展。

一、淡化行政区概念，深化区域协作意识

随着我国改革开放程度的不断深入，“原本属于某一行政区划内部的

社会问题与公共事务，变得越来越‘无边界化’与‘外部化’”①。在社会公共问题与公共事务越来越外部化的当下，以区域协作模式推进新型城镇化，要理清行政区域协作之间的关系。行政区是局部地区，具有明显的局部特色，强调局部利益高于其他，且内向封闭性特征导致其内在资源无法得到有效整合。因此在区域协作推进新型城镇化建设过程中，要淡化行政区，强化区域协作意识。淡化单一的行政区并非要革除行政区划，而是要不断加强区域一体化概念。城镇化推进过程中的区域协作模式，要不断强化区域整体意识。在区域协作中可能会跨越省际关系抑或是跨越县际关系、镇级关系、村级关系，无论跨越哪一级关系，各区域协作主体皆要树立区域一体化意识，强调区域整体利益大于一切；一切经济、社会、文化、生态都必须要立足于区域整体，强调区域整体功能大于部分功能之和。另外，各区域协作之间要增强联合与沟通意识。建立一定的沟通渠道和沟通平台，比如区域协商议事平台、区域网络议事 APP、微信公众号、微信小程序等新媒体平台等，通过平台或其他渠道对区域协作中的各类事项进行联译、联管、联调、联处，解决居民在环境卫生、政务服务、公共服务等方面的困惑，“通过沟通达到不同利益群体间的相互妥协、退让，找到共同利益，达成共识，采取共同行动”②。也只有不断加强区域协作意识才能真正助推区域资源共享、优势互补、无缝联动的区域协作治理新格局，促进新型城镇化发展。

二、建构完善的区域联动机制

建构完善的区域协作联动机制，目的是保障区域协作推进新型城镇化发展。区域协作不仅包括纵向跨区域协作关系，还包括横向跨区域协作关

① 周伟：《区域公共问题治理视阈下的区域行政创新》，《广西社会科学》2012 年第 2 期。

② 周庆智：《论中国社区治理——从威权式治理到参与式治理的转型》，《学习与探索》2016 年第 6 期。

系。无论是纵向还是横向跨区域协作模式中，各区域都要围绕发展目标来理顺各参与方之间的关系、充分发挥其作用。首先，要优化区域政府间关系，区域政府间友好关系的建立有助于优化不同行政阶层权力配置、减少区域间政府各部门恶性竞争，因此在纵向维度上要突破现有的僵化行政管理体制束缚，要兼顾上级统筹区域发展的权威与各级政府管理区域事务的自主权；横向维度上加强区域间各政府部门相互间资源共享，形成整体性治理格局。其次，要建立党建引领机制。党组织是区域协作治理中全部工作的领导者，具有利益协调、资源整合等优势，正是党群联动机制的存在使得区域协作可以将各区域内的各种资源和力量进行有效整合、有力联动，推进区域协作有序有力。因此，要充分发挥党组织引领作用、发挥党员的模范带头作用及党组织在区域协作中的核心作用。再次，在区域之间各层面开展整体联动。可以定期建立区域协作各层面的碰头会、联席会，不断增加联动点、扩大联动面、形成联动圈；围绕区域协作之间的重点工作、重点项目、重点部门、重大活动进行全方位交流、学习、协作；明确各自的责任和义务，集中力量、分工合作，在区域协作各层面形成协同共进、同频共振、整体联动的良好局面。最后，构建区域协作联动机制中的监督和评判机制。监督和评判机制是区域之间联动协作最有效、有力的保障，建立健全区域协作中全方位的监督、绩效考核与多种评价体系，确保区域协作主体保持廉洁性、高效性与主动性。

三、完善区域间利益平衡机制

“区域协调发展的实质是区域利益协调”①，各区域协作过程中利益得到合理、平衡分配才能促成区域间协作发展有条不紊。区域间利益平衡

① 王维平、刘书明：《扩大对内开放与跨行政区域经济合作的机制构建——以陕甘“关中—天水经济区”为例》，《甘肃社会科学》2011 年第 4 期。

机制是基于公平公正原则，由一种或多种因素妥善协调各方利益关系及矛盾化解并以对称等形式体现出来的利益平衡机制。区域协作的核心即利益，涉及资源要素的集约利用、经济效率的提高与否、社会公平正义与否、城乡差距、区域差距、全体人民共同富裕与否等各方面的全过程，不仅意味着交换，更意味着共建共享，因此要构建区域间的利益平衡机制来促使城镇化发展和巩固区域协调发展。一方面，要以区域协作各类项目相关责任的清晰界定为切入点，来建立利益平衡机制。区域协作各方对相关协作项目的有效完成均有共同而又有区别的责任，各区域要明确共同承担的责任，也要明确各自所要承担的责任。根据各区域按照对协作项目的贡献程度来建立不同的责任承担程度，但是各区域皆要对利益补偿或发展成本进行分担，避免一方有利而另外一方利益无法达成，促进区域协作中经济社会的整体利益发展。另一方面，以强大的科学技术为支撑完善区域间的利益平衡机制。如今互联网、云计算、物联网及人工智能、大数据等数字化、信息化技术为区域间利益平衡机制的建立创造了有利的条件。要利用科学信息技术加强对区域协作中面临的各种问题进行深入分析、精准把握；强化区域智能化基础设施建设，加快形成融合、开放、共享的先进智能化利益平衡软硬体系；把握技术带来的机遇，推动区域协作全面智能化，使信息技术成为建立科学的区域利益平衡机制强有力的支撑。

四、建立完善多层次的区域性组织

新时代我国经济社会发展进入新阶段，在内外开放流动逐步深化背景下，合作、共赢、依存成为我国区域协作推进城镇化过程不可逆转的趋势。为能够加强区域间合作，促进各区域更快更好地发展，将区域利益化为整体利益，所以在区域协作中不仅要建立、完善区域间多主体参与协作推进城镇化建设，更要建立多层次、多形式的区域性组织。首先，中央层面建立负责区域协作的综合性、权威性管理机构，对我国区域之间的合作进行统一管理、调节，对区域间的经济发展、社会治理等问题作出最终决策和处理。中央政府建立专门的负责机构，对进行协作的各区域行为进行约束与激励，实现全国范围内的跨区域协作项目有效运转。其次，建立地方各层级区域性组织。基于地方自身意愿建立地方自愿合作的区域性组织，充分发挥地方区域性组织在区域协作中的协调作用。组织和协调区域协作中的重大基础设施项目、重要资源战略开发及生态环境保护等，对区域间经济社会长远发展作出统一规划并组织实施，协调各区域协作成员制定区域整体目标，实现各区域的发展。最后，促进民间区域性组织的成立。国家和地方政府等区域性组织作为宏观层面与中观层面的区域性组织决定区域协作的目标规划等，而民间组织作为区域协作一体化组织体系中不可或缺的重要组成部分往往会以微观“身份”在微观领域充分发挥其所具有的作用，是区域协作间经济社会活动得以具体落实的载体。要充分发挥区域性民间组织在探索区域各类市场资源的链接和整合作用。以区域协作推进城镇化建设为中心，构建中央、地方、民间三个层次共同参与的多层次、多形式的区域性组织，才能够真正促进区域间的协作与互动、共赢，实现区域协作一体化。

五、强化区域间多主体的互动协商

区域协作治理，既非各区域以一己之力进行治理，也非各自决定怎样治理，而是区域协作各主体在协作协商、互动中进行的治理，以期达成治理目标。区域协作通过互动协作力求达到一种动态平衡关系，形成为某种利益需求而正当辩护的特殊模式，从而使互动结果惠及区域协作中的各主体。在城镇化推进过程中，加强区域之间多元主体协商互动是打造共建共治共享治理格局、有效整合区域资源提高资源利用率的重要保障。区域间多主体互动协作是各区域政府、非政府组织、社区、社会公民、市场等，就某个共同关心的公共事务进行广泛交流协作、平等协商、互动，从而达到区域互动协作共识的治理模式。所以城镇化过程中强化区域间多主体协作互动，一方面要确保区域协作的主体多元化。区域协作涉及政府、企业、居民、市场、社会团体及非营利组织等多方利益，要保证区域协作事项中各相关利益者积极参与其中；与此同时，上级政府及专业化机构等非利益相关方也要积极参与其中，发挥其监督、协调作用，共同推动区域协作中各类事务的有效解决。另一方面，以多主体地位平等为原则进行协商。破除传统信息不对称、地位不对称及事务协商互动中话语权的失落问题。当面对各区域主体的不同利益诉求时，各区域协作中的参与主体仍要始终坚持以地位平等、机会平等为原则表达自身诉求、广泛接纳各种声音，通过各种利益协调机制及利益协调平台不断协调各种利益诉求，使区域协作间的矛盾冲突减少到最小化，最后达到单方利益与整体利益的综合平衡。

六、增强区域协作法治化

制度是区域协作得以规范化、有序化开展的保障。但是目前而言，我国关于区域协作推进新型城镇化建设的相关法律制度基础较为薄弱，导致各区域在公共问题的联合协作中往往因为缺乏现有的法律制度基础和保障而容易陷于协作困境。因此，首先，要从宪法和其他法律制度层面建立区域协调一体化的法律制度。建立健全区域协作相关法律法规，并明确区域协作中政府间进行合作的具体问题，使区域协作在遇到争议时有法可循、有法所依，明确制定区域协作中各主体之间相互关系和法律地位，以便于促进区域间的良好协作，避免某区域进行单方面保护主义。其次，因地制宜完善区域协作中所涉及的相关项目制度。无论是扶贫协作、移民援建还是村镇协作、联村党建、村企协作等区域协作模式，在新型城镇化推进过程中都存在一定的信息资源共享、交流促进等方面的不足。因此要在具体实践中进一步完善、深化区域协作内容相关制度，特别是要充分利用信息化等科学技术手段，实现新型城镇化推进中的区域协作利益最大化。最后，制定区域协作中违法行为的惩处制度，以保证区域协作步调一致。

七、实现区域协作差异化发展

区域协作的目的是协调、协同发展，然而如何有效缩小区域间发展差距，从而实现因地制宜的区域协调发展问题成为影响城镇化发展的重要因素。习近平总书记提出了差异化协同发展概念，强调发展过程中要结合自身所在的区位条件、资源禀赋、经济基础等，放在区域协作“一盘棋”中提出差异化协同发展新举措①。区域差异化发展是以其要素禀赋及比较优势为基础的，不同区域之间的资源数量和品质存在差异，也决定了不同区域有着不同的要素禀赋及其所形成的各区域间的比较优势。各区域之间不仅仅指区域间的协作与协同，更重要的是通过差异化因地制宜发展来实现区域间的有序性和发展上的良性竞争。各个区域要在功能合理定位的基础上集聚高端要素，为差异化发展奠定良好的基础，根据各区域的资源优势、劣势坚持优势互补、组团式发展、一体化发展，优化提升经济发达区域的辐射带动功能，强化经济欠发达区域的功能承担、产业承接等功能。在文化历史、山林湖海等地理位置优越的区域进行开发旅游产业，在适合承接产业集聚的区域进行产业承接，因地制宜大力发展特色资源加工、机械加工、轻工业加工、特色农业、高效生态农业、食品、生物医药、清洁能源、商贸物流、人文旅游、生态旅游等资源。另外，由于每个区域的资源有限，必须要在考虑到自身承载能力的基础上，对区域间资源进行有序梯度转移，实现各区域差异化发展。

---

① 习近平：《在深入推动长江经济带发展座谈会上的讲话》，《求是》2019 年第 17 期。

总之，在我国当前东中西部、城与乡、乡与乡甚至村与村之间发展不协调背景下，需要以新型城镇化建设和乡村振兴为契机加强区域之间的协作。城镇化发展的区域协作模式中，无论是扶贫协作、联村党建、村镇协作、村企协作抑或是移民援建，其关键词是协、援、联、合等，目的是实现区域整体发展、利益共享。以区域协作模式推进城镇化建设发展能够打破地域行政壁垒，形成协调联动发展格局，实现各区域资源利用最大化，提升自身的可持续发展能力及区域间整体实力，更有效地推动区域板块之间的融合，达到城镇化成果由人民共享的目的。

第七章　城镇化发展的行政体制改革

城镇化的发展嵌入在一定的行政管理体制中，深受管理体制的影响和制约，也内在地要求行政管理体制与城镇化发展相适应。为了更好地推进城镇化建设，需要对城镇化发展的行政管理体制进行改革。当前开发区管理体制创新、强镇扩权与镇改市等创新实践，为深化城镇化发展的体制改革提供了经验和借鉴。

第一节　开发区行政管理体制创新

开发区[①]建设是我国推进城镇化发展的一种重要模式。有学者将其与建设新区和新城、城市扩展、旧城改造、建设中央商务区、乡镇产业化和村庄产业化并列为城镇化推进的七种类型。[②] 作为改革开放以来实施的一项重大战略决策，我国开发区从无到有发展迅速。开发区既是推进城镇化发展的重要空间载体，也是我国行政管理体制改革的重要试验区。开发区

---

① 广义上的开发区包括经济技术开发区、高新技术产业开发区（高新区）、科技园区或工业园区等不同形态，其共同点是希望通过兴建基础设施、招商引资、产城融合而逐步发展成为新的城区，如苏州高新区、苏州工业园区现已成为苏州主城区的一部分。本书是就其广义而言的。

② 李强、陈宇琳、刘精明：《中国城镇化“推进模式”研究》，《中国社会科学》2012 年第 7 期。

行政管理体制改革关系到开发区功能的更好发挥以及新型城镇化的顺利推进。尤其进入新世纪以来，随着城镇化进程的加速推进，开发区被日益赋予了新的功能、目标和形态，其行政管理体制也随之不断改革和嬗变。《国家新型城镇化规划（2014—2020）》指出，要加强现有开发区城市功能改造，推动单一生产功能向城市综合功能转型。其后，《关于促进开发区改革和创新发展的若干意见》进一步强调，要加快开发区转型升级，促进开发区体制机制创新，积极推动开发区向城市综合功能区转型。这些都表明开发区进入了转型升级的新阶段。作为改革开放以来出现的新生事物，开发区在初创期与母行政区有一定区隔，功能单一专注于经济发展，几乎不承担社会管理职能，开发区管委会基本按照“小政府、大社会，小机构、大部门”和简政放权的思路构建，行政效率较高①，它不仅在经济建设和经济体制改革方面起到了“领头雁”、“排头兵”的重要作用②，而且在行政管理体制改革方面也发挥了重要的探索和创新作用③。然而，经过 30 多年的发展，走过“而立之年”的开发区正在经历着一系列的“中年危机”④，其主要表现为：相较于初创期，开发区内部机构臃肿、职能交叉、人浮于事的体制痼疾日趋显现⑤；内部相关机构在改革创新过程中

---

① 宋宏：《十字路口的选择：开发区治理体制研究》，安徽人民出版社 2016 年版，第 45 页。

② 朱永新：《中国开发区组织管理体制与地方政府机构改革》，天津人民出版社 2001 年版，第 1 页。

③ 姜杰：《体制变迁与制度设计——国家级经济技术开发区行政管理体制研究》，经济科学出版社 2008 年版，第 1 页。

④ 《国家级经开区“而立之年”谋划“升级版”》，中国政府网，http://www.gov.cn/xinwen/2014-11/21/content_2782018.htm。

⑤ 王亚：《我国开发区管理体制与运行模式创新的实践与思考》，《中国行政管理》2015 年第 4 期。

“惰于创新”[①]，创新能力趋于衰退；管理体制优势不断弱化，内部激励机制的效用也日益递减。[②] 这表明，转型进程中开发区建设正日益陷入体制困境。

从行政生态学的角度来看，开发区作为一类特殊的行政系统，处于一个持续变动的行政环境中，其管理体制的运行必然受到行政环境变化的深刻影响，开发区管理体制困境实则是行政系统与行政环境互动不畅的结果。行政生态学作为系统论的一个重要分支，指的是“从生态学的角度来分析行政系统及其与环境的相互关系，用生态学来渗透行政学，研究行政系统和行政生态环境之间的平衡关系”[③]。该理论的集大成者里格斯（Riggs）认为公共行政与生态环境之间存在着相互依赖、相互影响的关系[④]，会对行政系统内部的结构功能与运行效率产生影响。而影响一个国家公共行政的生态要素是多种多样的，其中最主要的有五种，第一经济要素：社会经济机制和生产力发展水平；第二社会要素：各种社会组织；第三沟通网络：整个社会互相沟通的状况；第四符号系统（法律）：政治法则、政治典章和各种法律制度；第五政治架构：政治与行政的关系[⑤]。根据行政生态学的分析框架，可以将影响开发区管理体制的生态要素也划分为经济要素、社会要素、沟通网络、符号系统（法律）、政治架构五大主要要素，这些要素之间相互交织，共同构成了一个复杂的生态环境，它们以直接或间接的方式影响和制约着开发区行政体制的运行状况。因此，需

① 韩亚欣、吴非、李华民：《中国经济技术开发区转型升级之约束与突破——基于调研结果与现有理论之分析》，《经济社会体制比较》2015 年第 5 期。

② 周家新、郭卫民、刘为民：《我国开发区管理体制改革探讨》，《中国行政管理》2010 年第 5 期。

③ 王沪宁：《行政生态分析》，复旦大学出版社 1989 年版，第 25 页。

④ F. W. Riggs, The Ecology and Context of Public Administration: A Comparative Perspective. *Public Administration Review*, 1980, 40(2): 107-115.

⑤ 丁煌：《西方行政学理论概要》，中国人民大学出版社 2011 年版，第 169—173 页。

要反思和找寻目前开发区管理体制在运行中存在的问题，并从行政生态学的五个方面分析问题存在的原因，进而提出相应的改革措施，以满足开发区现代化转型、助力城镇化高质量发展的时代需求。

一、开发区行政管理体制的发展困境

从现实来看，开发区管理体制困境主要从以下三个方面显现出来。

（一）从体制架构上看，开发区管理体制向一般行政区体制复归的迹象明显

众所周知，我国第一个开发区设立于 1984 年，而直到 1992 年党的“十四大”才将建立社会主义市场经济体制作为国家经济体制改革的目标，因此开发区肇始于“低市场化、低开放度”的历史起点。作为改革的试验田，为了进一步突破传统计划经济体制和行政管理体制的束缚，初创期的开发区管理体制具有精简、效能、统一的“小政府”特征。然而进入新世纪以来，随着开发区转型进程的加快，部分开发区内部结构日渐臃肿庞杂，呈现向“大而全”体制复归的趋势，学术界将这一现象称之为“体制复归”。一方面，开发区内部管理机构日益精细化和复杂化，呈现组织复杂化的特征。从机构数量上看，开发区“内设机构不断增多，失去了精简高效的特点”①。即便是以精简高效所著称的苏州工业园区，其管理机构也由最初的 8 个增设到目前的 21 个。而从条块关系上看，随着开发区管委会内部职能部门的增加，“条块”间的协调成本增加，部门间职能交叉执行的混乱迹象日益凸显。就行政审批而言，随着开发区管委会内部组织结构的复杂化，部门间的权力分工愈加细化，面对多部门联合审批的复杂事务

---

① 《以改革创新为开发区增强发展动力——国家发展改革委负责人就〈国务院办公厅关于促进开发区改革和创新发展的若干意见〉答记者问》，国家发改委网，https://www.ndrc.gov.cn/fzggw/jgsj/wzs/sjjdt/201702/t20170206_1037453_ext.html。

协调难度逐步增大，行政审批效率趋于下降。另一方面，开发区内部工作人员的数量激增。以苏州高新区为例，1992 年高新区成立初期其内部工作人员仅有 80 多名，2000 年也才增至 300 名，然而目前各类编制人员已增至千余人①。

（二）从体制功能上看，开发区管理体制的创新功能趋于衰退

“先试先行”作为开发区管理体制的核心竞争力，本质上是一种制度创新。然而，随着开发区转型进程的加速，其体制的创新优势却呈现出衰退的迹象。首先，开发区管理体制的创新示范效应趋于弱化。相较于初创期“一站式”办公、“一条龙”服务的先进理念，近年来，“不少开发区改革创新力度不够”②。尤其是随着开发区内部机构和人员的日益膨胀，社会管理事务的日渐繁杂，开发区作为特殊经济区的改革示范效应有所弱化。此外，作为改革的先行区，开发区理应承担起行政体制创新的改革使命，然而在历经数次清理、整顿之后，一部分开发区陷入了创新的“惰性怪圈”，这也在一定程度上削弱了开发区管理体制的创新功能。其次，开发区内部利益遭受侵蚀的现象凸显。与开发区“增长高地”形成鲜明对比的是，开发区极易沦为“腐败洼地”，近年来，天津滨海、湖南湘潭、海南三亚等地所查出来的大量开发区腐败案件，都使得开发区管理体制的创新功能在利益腐败的洼地里日渐衰微。

（三）从治理绩效上看，开发区的治理绩效呈现递减的趋势

改革开放初期，为了规避传统行政体制的框架约束，开发区采取一种特殊的存在形式，即与其他行政区隔离、经济和行政管理相对独立的特殊

① 钱振明：《城镇化发展过程中的开发区管理体制改革：问题与对策》，《中国行政管理》2016 年第 6 期。

② 《以改革创新为开发区增强发展动力——国家发展改革委负责人就〈国务院办公厅关于促进开发区改革和创新发展的若干意见〉答记者问》，国家发改委网，https://www.ndrc.gov.cn/fzggw/jgsj/wzs/sjjdt/201702/t20170206_1037453_ext.html。

区域。通过简政放权和各种“优惠政策”的供给，开发区创造了世界经济史上的增长奇迹，据国家统计局的不完全统计，仅“十五”期间国家级开发区生产总值年均增长率就达到了34.51%，对国内生产总值增长的贡献率在6.2%以上。然而，进入新世纪以来随着开发区特殊优惠政策的终结，开发区的经济增长呈现从超高速向常态化演变的趋势。尤其是在经济新常态和供给侧改革的大背景下，部分开发区在新旧动能转换、产业转型升级方面面临很多困难。与此同时，随着城镇化进程的加速，开发区已由传统的园区管理逐步过渡到统筹城乡发展、经济建设、社会管理、生态保护等多元功能的城市新区管理服务，面对这一境况过分倚重于单一经济发展功能的开发区管委会显然无法有效适应。加之，开发区内部机构膨胀、创新示范效应的弱化、与行政区体制摩擦的日趋频繁，开发区管理体制的总体治理绩效呈现递减的趋势。

二、开发区行政管理体制困境的行政生态学解释

不可否认，作为突破计划经济体制和行政管理体制的探索者和示范者，开发区初创期精简、效能、统一的体制优势显现出传统体制不可比拟的比较优势。但不容忽视的是，开发区管理体制作为特定背景下的制度安排，本质上是一种对初始试验环境有着高度依赖性的“过渡性”行政体制，当其依存的时代背景发生变化时，其管理体制往往成为发展的阻碍。在伊斯顿（David Easton）看来，“一个系统如果设法在一个变化的世界中持续下去，前提是这个系统能够对动态环境作出适应性的反应”①。换言之，系统与环境之间的密切“耦合”关系意味着，如果系统不具备对环境变化作出适应性调整的能力，那么系统便难以为继下去。基于这一思考，

① D. Easton, An Approach to the Analysis of Political Systems. *World Politics*, 1957, 9(3): 383-400.

借鉴行政生态学的分析框架，可以有效透视转型进程中开发区管理体制困境的深层诱因。

（一）经济要素：市场经济发育过度倚重行政力量的扶持

在经济发展的不同阶段，市场的发育程度也是不同的，即使是最适宜的行政干预方式也存在显著的差异，在前一个阶段取得成功的干预方式，在下一个阶段就有可能成为经济发展的桎梏。从全球市场化格局来看，“20世纪中后期，包括中国在内的转型国家的市场化进程已经不能如发达市场经济国家那样自然演进，而必须是有意识地推进。在推进经济体制市场化的进程中，国家力量得到了充分的运用”①。中国的开发区作为一种渐弱式市场替代体制，其设计核心在于政府导引下的行政性经济治理，通过行政权力的超常规集中供给，以谋求区域经济的超高速发展②。即政府通过“行政扶持市场”的方式，弥补了开发区早期市场缺失、分工程度低的问题，这有效助推了市场经济的发育。然而，与一般行政区相比，开发区优惠政策多、自由裁量权大，极易滋生腐败、权钱交易等弊病，这既不利于构建新时代以“亲”、“清”为核心的新型政商关系，也不利于培育现代化的市场经济体系。与此同时，市场经济本身的发育也难以脱离行政力量的扶持，路径依赖效应愈发凸显。随着市场在资源配置中的作用越来越突出，行政力量如何有序地从市场环境中退出，回归其本位，成为转型进程中开发区管理体制改革的重要难题。

（二）社会要素：公共事务的激增使开发区社会管理服务功能超载

行政对社会需求的回应能力对经济社会的发展至关重要。为了摆脱传统体制的束缚，早期的开发区多设立于远离市区的郊外，其功能单一，专

---

① 黄少安：《关于制度变迁的三个假说及其验证》，《中国社会科学》2000年第4期。

② 黄建洪：《中国开发区治理与地方政府体制改革研究》，广东人民出版社2014年版，第70—78页。

注于经济发展，几乎不承担社会管理职能，其管理体制基本按照简政放权的思路构建。然而进入新世纪以来，随着城镇化进程的加速，大量人口的涌入使开发区内部的公共需求激增，促使开发区管委会承担起一定数量的社会管理服务职能。一方面从社会管理功能上看，城镇化的快速推进，开发区内部的各种生产生活关系在短时间内很难得到有序整合，不可避免地伴生着群体性事件、邻避运动等社会管理事务，这些事务已经远远超出了开发区管委会原有的工作范畴。另一方面从公共服务需求功能上看，随着人口及生产要素的加速集聚，区内居住、教育、医疗、文化等社会公共服务的需求缺口越来越大，开发区相对精简的体制很难适从。部分开发区工作人员“5+2”、“白+黑”的工作状态已经成为了一种常态，即便通过聘任制和挂职锻炼的形式能够扩充一定数量的工作人员，但从长远来看，这一途径依然不能满足开发区内部管理服务的需求。诚如伊斯顿所言，“如果在特定的一段时间内，需求的数量超过了权威当局实际上可以处理的限度，那么，人们就可以原则上认为，这个系统本身发生了我们所说的‘需求输入超载’（demand input overload）现象”①。面对这一境况，开发区管委会不得不增设相应的机构并配备专门的人员，以回应日益激增的公共需求，这是其组织复杂化的一个重要原因。

（三）沟通网络：管理体制的封闭运行导致了系统间沟通网络的梗阻

沟通在公共行政过程中至关重要，政治学家多伊奇曾恰如其分地把行政沟通比作是“政府的神经”②。作为突破计划经济体制的时代产物，开发区管理体制设计初期具有封闭性和暗箱操作的特点，虽然这种设计在

---

① ［美］戴维·伊斯顿：《政治生活的系统分析》，王浦劬译，人民出版社2012年版，第53页。

② Barnes S. H. Karl W., Deutsch, *The Nerves of Government*: *Models of Political Communication and Control*. New York: The Free Press, 1963.

一定程度上提高了行政效率，但却造成了系统间信息的沟通梗阻。其一，与民众之间的沟通梗阻。行政系统与社会民众之间沟通水平的提高，有利于在很多问题上达成共识，减少行政过程中的不同意见。然而开发区封闭管理的体制运行特点，极易使其与民众之间的沟通产生梗阻，譬如开发区的PX项目“一建就闹、一闹就停”，究其缘由就在于政务信息的不公开、不完整、不及时。其二，与周边区域间的沟通梗阻。一方面，随着开发区和母城面积的相继扩大，区与城之间的距离逐渐由过去的“泾渭分明”变为现在的“短兵相接”，在沟通不畅的情况下母城与开发区在发展空间、资源配置和利益分配等方面的矛盾日益尖锐；另一方面，临近开发区之间的封闭运行，很容易造成开发区之间产业同构、恶性竞争的状况发生。

（四）符号系统（法律）：改革与法治间的内在张力制约了管理体制的改革创新

符号系统为行政体制运行提供了一套“理论依据”，其主要是指行政管理体制在运行进程中所遵循的法典准则。就目前而言，国家尚未出台完整的“开发区法”来明确开发区管理机构的法律地位、职权范围以确保开发区的未来走向，这使得开发区管理体制缺乏一定的规范性和稳定性。一方面从历史原因看，开发区建设早期，行政力量推动市场发育需要发挥政策导向的灵活性，而法律制度具有一定的刚性，会在一定程度上限制政策的灵活性，因此没有针对开发区统一的国家立法；另一方面从现实原因看，作为改革的试验田，目前开发区依然肩负着行政体制改革的重要使命，诸如国家综合改革配套试验、自贸区试验、放管服试点等项目都要依托开发区实施。然而在实际运行中，由于长期缺乏法律保障，开发区管委会不是一级行政执法主体，不具备相应的执法权限和法律地位，其运行机制缺乏一定的稳定性和规范性，在一定程度上影响了其执法效能。因此，开发区管理体制在运行进程中面临着改革与法治的内在张力，虽然各地的开发区在体制创新层面作了较多的探索，但当涉及较为具体的改革时往往会遭遇“一试就违法，一试就碰线”的改革窘境。尤其在“法无授权不可为”的规约下，部分开发区“畏于改革，惰于创新”，这是其管理体制创新陷入困境的一个重要诱因。

（五）政治架构：体制摩擦加快了开发区体制复归的进程

政治是政策的决定过程，而行政是政策的执行过程，行政生态学语境下的政治架构更多的表现为“政治—行政”间的关系问题。改革开放初期，为了进一步提高行政效率突破僵化的行政管理体制，大部分开发区实行精简的小政府体制，这与传统的行政区之间形成了事实上的“双轨制”。然而，行政“双轨制”在实际运行过程中经常面临着“体制摩擦”的困扰，尤其在“职责同构”的压力下，部分开发区开始照搬传统行政区机构设置“上下对口，左右对齐”，这使得精简的开发区管理体制与传统的行政体制日渐趋同。此外，尽管开发区凭借着精简、效能的小政府体制取得了较高的经济效益，但囿于属地政府与管委会间信息的不对称，开发区极易沦为“腐败洼地”。在开发区法律相对不完备的情况下，面对开发区治理的异化，上级不得不采取“运动式治理”的方式来整顿开发区。与此同时，随着近年来国家政策的不断调整，国家又先后对开发区内的工商、税务、金融等机构进行“垂直管理”，原来赋予开发区管委会的权限被陆续收回，这加快了开发区管理体制向旧体制复归的进程。

三、破解开发区管理体制困境的改革路径

作为推动改革开放的先行区和试验田，无论是时间因素还是空间因素，都使开发区管理体制带有探索性和试验性的特征。一旦其初始确立的环境条件、背景基础和功能结构发生了变化，一些体制性冲突和功能性紊

乱就会浮现出来①。换言之，作为特殊时期所采取的一种“过渡性”行政体制，开发区管理体制在转型进程中与行政环境间的张力不均衡是症结所在。诺斯（North）指出“经济（和政治）模型在不同时期、不同经济中会发生根本变化，模型是有制度类别的，它在许多情形下对制度制约的变化非常敏感”②，为此他提出了“适应性效率”③ 的概念，即经济持续良好运行的关键是要有一个灵活的制度机制，它能够根据经济社会的变动做出适应性调整。作为一种理论指导，我们认为开发区摆脱管理体制困境的关键也需要通过管理体制的系统性改革，提升自身对环境嬗变的“适应性效率”，以适应转型后时代发展的需要。

（一）经济层面：充分发挥市场配置资源的决定性作用以适应市场经济的发展要求

我国的开发区作为政府主导下强制性制度变迁的产物，其目的是通过行政力量的扶持来推动市场经济的发展，并随着市场发展的逐渐成熟而有计划地退出，转而发挥政府宏观调控的作用。然而，政府主导的开发模式极易形成路径依赖效应，造成产业结构的错位和资源配置的人为扭曲，阻碍了市场作用的进一步发挥。因此，转型进程中开发区管理体制改革的首要前提是处理好政府与市场的关系，以充分发挥市场在资源配置中的决定性作用。首先，随着市场的进一步发展开发区管委会要对自身职能做出适应性调整，由行政主导向市场引导转变，从传统的越位干预逐渐转变为宏观调控以塑造公平竞争的市场环境。其次，要构建“亲、清”的新型政商

---

① 胡彬：《开发区管理体制的过渡性与变革问题研究——以管委会模式为例》，《外国经济与管理》2014 年第 4 期。

② ［美］道格拉斯·诺思：《制度、制度变迁与经济绩效》，刘守英译，上海三联书店 1994 年版，第 147 页。

③ ［美］道格拉斯·诺思：《理解经济变迁过程》，钟正生等译，中国人民大学出版社 2008 年版，第 138 页。

关系，建立健全权力清单制、责任清单制、负面清单制，理清开发区管委会的职能边界和企业的经营边界，加快行政审批制度的改革，以提高开发区管理体制的运行效率。

（二）社会层面：打造共建共治共享的社会治理格局以适应社会管理服务的需求

开发区从单纯的经济功能区向城市化的复合功能区演变，是工业化拉动城市化的必然结果，它符合经济社会发展的客观规律。然而，公共需求的激增，使开发区精简的小政府体制日益面临“功能超载”的压力，这在一定程度上削弱了开发区管委会的行政效能。问题的症结就在于，一个规模有限的小政府体制，如何在职能有限的前提下，满足日益增长的公共服务需求。十九大报告指出，要打造共建共治共享的社会治理格局，这一倡导有利于开发区管理体制在未来的改革进程中适应城市新城区的建设要求。具体而言：其一，积极地向社会分权。随着市场和社会日趋成熟，积极地分权可以发挥多元主体协同共治的优势，通过建立多元参与的公共服务供给机制，探索多重形式的服务外包，在保持开发区精简、效能体制优势的同时，以满足其内部日益增长的公共服务需求。同时在治理工具层面上，要优化使用市场化、工商化和社会化等治理工具，形成政府、市场、社会三者力量有机结合的服务力①，以提升开发区内部公共服务的供给效率。其二，加强开发区与行政区的统筹协调。依照国务院《关于深入推进经济发达镇行政管理体制改革的指导意见》，开发区要充分依托属地政府开展社会管理和公共服务，设有开发区的经济发达镇可以探索镇区管理机构合一的体制，实行“一套班子、两块牌子”，由行政区承担社会管理服务职能，由管委会承担一般行政

① 黄建洪：《国家级开发区转型升级中的治理体制机制创新：向度与题域》，《中国行政管理》2019 年第 5 期。

区所具有的经济发展职能。通过行政区与功能区之间的共管共建共治，以弥补开发区内部公共需求的缺口。

（三）沟通层面：打破管理体制的封闭性以适应系统间沟通的需要

一个系统的沟通网络是否畅通，对其公共行政具有至关重要的作用。奥斯特罗姆曾指出：当人们缺乏沟通时，将无法达成有效约束力的协议、无法建立起监督和实施机制，也不太可能选择他们公共利益的策略①；布坎南也意识到缺乏信任和沟通将导致非最优的结果②。随着工业化和城市化的快速推进以及市场经济的进一步发育，开发区在转型进程中要打破管理体制的封闭性，提高系统间的沟通水平，以适应时代发展的需要。一是，拓展与民众间的沟通渠道提升开发区管委会的沟通能力。通过"互联网+服务"、网格化治理等多重形式的创新，加强管委会与民众间的沟通，以提升开发区管委会的政务服务能力。二是，加强区域间的沟通。开发区管理机构所在地的人民政府需要建立专门的工作机构，专门负责沟通协调开发区管委会的日常工作，以减少开发区与行政区之间的体制摩擦；临近开发区之间要建立相应的联席会议制度，通过部门间的沟通协调减少开发区间的产业同构、低水平恶性竞争的状况，以适应区域经济一体化的发展要求。

（四）符号系统（法律）层面：平衡改革与法治间的张力以适应国家治理的需要

作为社会主义市场经济体制的探索者，开发区在改革开放早期发挥了先试先行的体制探索优势，然而作为地方政府的派出机关，开发区管委会

---

① ［美］埃莉诺·奥斯特罗姆：《公共事务的治理之道——集体行动制度的演进》，余逊达等译，上海译文出版社 2012 年版，第 216 页。

② ［美］詹姆斯·M. 布坎南：《公共物品的需求与供给》，马珺译，上海人民出版社 2009 年版，第 82 页。

不是一级的行政主体，在法理上不具备相应的法律地位和执法权限，因而在先试先行与依法行政之间存在固有的内在张力。随着国家治理体系的逐渐完善，如何在改革与发展之间寻求一种动态的平衡，成为开发区摆脱体制机制桎梏的关键。第一，用法治化思维深化改革。目前我们已经进入新的全面依法治国的历史时期，改革面临的形式和任务发生了深刻变化，如果为了追求改革的进度而忽视了法治要求，进行所谓“良性违法”“先试先行”，就有悖于法治理念和法治精神，必然寸步难行①。按照党的十八届四中全会自觉提高运用法治思维和法治方式深化改革，重大改革于法有据的要求，应尽快从国家层面制定“开发区法”，以明确开发区行政主体的法律地位、管理职能和管理权限。第二，要建立相应的容错纠错机制。改革开放 40 多年的经验表明，许多成就都是在“摸着石头过河”试错纠错的过程中取得的。行政体制改革具有一定的复杂性和探索性，如果不分情况、不分性质，对改革者“一票否决”，不仅会打消改革者的积极性，也会使改革陷入停滞不前的窘境。目前改革已进入了“深水区”，作为改革创新的前沿高地，开发区更应该肩负起先试先行的示范性作用，因此要在法律授权和依法行政的基础之上，建立合理的容错纠错机制，允许改革创新中出现的合理失误，以增强改革者的决心和勇气。

（五）政治架构层面：理顺开发区与行政区间的权责关系以适应开发区发展的需要

随着政策环境发生重大变化，向以产城融合为特征的综合新城转型是开发区实现可持续发展的必然选择②。然而，单一经济功能的开发区管委会不具备完整政府职能的管理体制，必然面临着机构膨胀和体制复归的压

---

① 张俊：《改革创新行政体制机制再造开发区发展新优势》，《中国行政管理》2016 年第 1 期。

② 陈红霞：《开发区产城融合发展的演进逻辑与政策应对——基于京津冀区域的案例分析》，《中国行政管理》2017 年第 11 期。

力。为了进一步保持开发区的发展活力以及满足其城市综合管理转型的需要，理顺开发区与行政区的行政管理体制无疑是必要的，重新界定开发区内的社会管理服务的职责归属也是必需的。其一，理顺开发区与行政区之间的权责关系。各地要完善开发区财政预算管理和独立核算机制，充分依托属地政府开展社会管理服务，减少向开发区派驻的部门，逐步理顺开发区与代管乡镇、街道的关系。鼓励开发区实行“政区合一”的管理体制，以打破原有行政区划，通过机构的撤并和重组，职能的重新调整和界定，实现开发区与行政区之间的优势互补。需要注意的是，开发区与行政区之间的融合发展不等同体制复归，融合后要努力保持开发区精简、高效、统一的优势，摆脱体制惯性下的路径依赖，避免失去融合发展的意义①。其二，加强属地政府对开发区管委会的监督。相较于一般的行政区，未实行“政区合一”体制的开发区仍是一个相对封闭的系统，管委会仍享有很大的自由裁量权，在其内部立法和司法相对不完善的情况下，要积极落实属地政府对开发区管委会的监管职责，防止开发区从“发展高地”转变为“腐败洼地”。

第二节　强镇扩权与镇改市

一、强镇扩权：以兴化市戴南镇为例

强镇扩权是指向经济发达镇下放权力的行政体制改革行动，也是政府对外部环境变化和要求作出的一种积极回应。强镇扩权作为行政体制改革中的一种有效方式，对于促进连接城乡交汇点的小城镇经济社会发展具有

① 李云新、文娇慧：《开发区与行政区融合发展的制度逻辑与实践过程——以武汉经济技术开发区（汉南区）为例》，《北京行政学院学报》2018年第1期。

重要意义。强镇扩权近年来得到较快发展。以江苏省兴化市戴南镇为例，戴南镇作为我国小城镇发展改革试点镇，在不锈钢制品和汽车轮胎子午钢帘线两大产业方面特色显著，在 107.8 平方千米的区域内云集了 1000 多家不锈钢企业，形成了名扬全国的“中国不锈钢制品名镇”。同时也入选了我国“城市矿产”示范基地和第二批全国特色小镇。但在传统乡镇管理体制下，“权力小、责任大、功能弱”的问题逐渐暴露，制约了经济的发展。为此，2010 年戴南镇开始探索强镇扩权改革，重点解决“小马拉大车”的问题。

（一）戴南镇强镇扩权的基本做法与成效

1. 基本做法

（1）整合行政资源，创新管理体制。

深化行政体制改革目标包含推进政府治理能力现代化要求，现代化相应包含政府治理权力主体和权力主体的能力及其现代化①。为提升政府治理权力主体能力，戴南镇将原“五大”办公室即党政办公室、工业和服务业办公室、社会事务综合办公室、城市建设管理办公室、农业和农村工作办公室撤销，按照职能进行科学分类，新组建成立戴南镇“一办七局一中心”，即戴南镇党政办公室、戴南镇组织人事和社会保障局、戴南镇经济发展和改革局（挂安全生产监督管理局牌子）、戴南镇财政和资产管理局、戴南镇规划建设局（挂环境保护局牌子）、戴南镇农村工作局、戴南镇社会事业局（挂政法和社会管理办公室、司法所牌子）、戴南镇综合执法局、戴南镇便民服务中心（挂招投标中心牌子）。通过办公室的精简重组，归并到各个局，职能更加明确。人大、纪委、人武部和群团工作机构不变。事业机构重新划分设置为“三中心一站一所”，即戴南镇工业与服务业服务中心、戴南镇农业服务中心、戴南镇社会事务服务中心、戴南镇计划生

① 王浦劬：《论新时期深化行政体制改革的基本特点》，《中国行政管理》2014 年第 2 期。

育中心服务站以及戴南镇劳动和社会保障服务所。戴南镇的工商、国税、地税等驻镇机构予以保留。国土所更名为兴化市国土局戴南分局，派出所更名为兴化市公安局戴南分局，仍保留戴南派出所牌子，皆为副科级建制。镇兽医站划归市林牧业局管理，在编人员（含编内退休人员）一并划转。戴南镇水务站、广播电视站维持现状。

（2）理顺职责关系，优化人员结构。

行政体制改革的核心在于职责的转变与调整，戴南镇在人事管理方面，镇直单位部门干部职工随单位整体归并相关办、局、中心。在全镇财政供养人员范围内进行定员定岗，根据工作需要，镇党政联席会讨论研究确定办、局、中心的副职及内设机构的中层干部；其他工作人员，采取考试和量化测评方式，按照得分从高到低选岗，统一使用，分类管理，人员性质、编制、职级均不变（职务调整除外）；所有干部职工均实行聘用制，签订聘任合同，实行一人多岗，交叉兼职；新提拔的或者原岗位继续留任的干部严格执行干部选拔任用程序。深化干部人事改革，探索市镇干部双向交流机制；优化人员配置方式，破除人员身份限制，行政、事业人员保持身份不变，可进行双向选择、竞争上岗；对技术性较强的岗位，进行社会招聘，实行聘用制；后勤服务岗位面向社会实行市场化运作。对在同一岗位任职超过十年的单位部门负责人实行轮岗。

（3）实行综合执法，提升执法效能。

戴南镇综合执法局，作为为基层人民办实事办好事的主要“窗口”，承担着兴化市政府下放的全部行政处罚权力和相关的行政强制权力。改革中构建了一体化综合政务管理平台——“智慧戴南”。其功能涵盖应用支撑平台、网格化管理、督查督办管理、移动执法、综合执法、管理指挥中心、统一信息管理，达到信息共享、联动作战、步调一致，并且能系统性地将前台、后台职能机构整合起来实现网络贯通。将全镇行政村和居委会划分为网格，网格员由村（居）干部担任，明确分工和职责。实现网格化管理并为网格化管理人员配备移动终端 248 部，用于网格内信息的收集、上报，指令的下发、接收等。建立了一支优秀的综合性执法队伍，确保执法队伍专业化、技能化，不断完善综合执法制度建设，明确权力与责任清单、行政处罚事项会办制度、双随机抽查制度，统一执法文书，确保执法程序合法、规范。制定各项管理制度，明确各科室、中队的职责和岗位职责，实行网格化管理，严格执行考勤考绩、学习培训、财务管理、服务承诺和违诺追究等日常管理制度。调整配优办公设施，设置标准化谈话室、听证室，每两名队员配备一个执法记录仪，共有执法车辆 7 辆，所有车辆均统一标识为"综合执法"，队伍建设专业化水平不断提高。

（4）强化便民服务，规范审批行为。

做到"一窗受理"和"一窗通办"。戴南镇便民服务中心承接兴化市人民政府下放给戴南的所有行政审批权限（共计 64 项）以及公共服务事项。便民服务中心的大厅里已进驻公安分局、税务分局、国土分局和市场监督管理分局等驻镇机构，其公共服务事项和行政审批均在此集中办理，形成了让基层群众"只进一个门"、"只到一个窗"、"只盖一个章"的简洁便利的行政审批模式。窗口按照"3+1"模式设置，即公安、税务、不动产等三大类别的专用窗口以及综合服务一个窗口，改变了之前分散无序受理的情况，统一由前台受理，后台分类，窗口办理，实现一条龙服务。改变了原来"政府组织中的信息孤岛，即由于信息渠道受阻，信息呈现一种封闭状态，导致无法进行信息有效共享的现象"①，做到了"不见面"审批。运用移动政务终端 APP、网上办事大厅与实体大厅相配套，把办事指南、办事流程等标准化要素全部融合，为窗口的所有审批服务提供了有力保障。建立规范化的办事制度和信息推送机制。开发戴南镇公共服务信

---

① 唐平秋、蒋晓飞：《论"信息孤岛"对政府组织发展的制约与对策》，《中国行政管理》2015 年第 5 期。

息平台在线监察系统，兼具实时监测、审批监察一体化功能，实时监控，自动采集所有环节的信息，确保办事留痕，每个环节皆可追溯，审批过程阳光透明。建立镇、村（居民委员会）两级便民服务网络。

2. **成效**

经过多年探索和改革，戴南镇强镇扩权各项工作总体平稳推进，经济社会发展取得成效。

（1）政府职能得到转变。

强镇扩权的改革中，兴化市级经济管理权限部分下放到了戴南镇，戴南镇重新梳理政府和各下设机构的职能，使得权责不对等问题得到明显解决，政府及机构职能与城镇化进程、经济发展进一步相匹配，产业结构的转型升级和经济发展方式的转变得到加快，改善民生的措施不断落实，镇容镇貌与人民群众生活不断改善。

（2）政府效能得到提高。

通过重新整合设置行政与事业机构，坚持扁平化原则，精简管理层次，提高了政府运行效能。政府履行职责的能力进一步加强，镇主要分管负责同志担任下设职能机构负责人，增强了乡镇工作的整体性和协调性，提高了各方面效率。同时，统一使用行政、事业人员，破除身份界限，充分发挥了各类人员的工作积极性，让人力资源达到最大化利用。

（3）服务能力得到提升。

过去市级机关和驻镇机构行使乡镇的执法事项，行政审批手续也需要多次往返市相关职能部门办理。便民服务中心和综合执法局成立后，通过“前台+后台”的运行机制，服务窗口直面群众，服务速度快、效率高，为基层群众提供了便利，同时也改善了以前执法缺位、重复执法、多头执法等老大难问题。据统计，2013 年至 2019 年底，戴南镇便民服务中心共受理 62 万多件事项，办结率达 99. 7%，群众满意率达到 100%，在苏中地区乡镇率先实现企业登记“三证合一、一照一码”。综合执法局共办理一般程序案件 196 件，简易程序案件 1702 件，合计各类案件 1898 件，罚款 1045. 1 万元，拆除违法建筑 58726 平方米（见表 7-1）。

表 7-1　戴南镇综合执法局 2013—2019 年办理案件一览表

年份	办理案件（件）		罚款（万元）	拆除违建（平方米）
	一般程序	简易程序		
2013	7	116	6.2	1240
2014	28	274	62.1	1355
2015	31	190	98.7	2565
2016	25	283	51.6	6093
2017	23	182	186.1	11663
2018	60	482	607.5	26738
2019	22	175	32.9	9072
合计	196	1702	1045.1	58726

资料来源：戴南镇综合执法局历年工作报告整理所得。

（4）实现产城一体发展。

戴南镇政府与江苏戴南不锈钢综合物流中心管委会按照大部制综合管理体制改革的要求，实行“区镇合一”管理模式，推动了戴南产业发展、基础设施建设、城乡规划建设和社会管理一体化，使资源、人口、产业不断集聚并且能够协调发展。围绕民生打造了：一，区域性文化中心。建成了全省面积最大、设施一流、风格别致的乡镇文化艺术中心。二，区域性商贸中心。苏果超市、苏宁电器、锦江之星、肯德基等名店名品纷纷落户，形成了规模化的华尔商业街、金泽商业街、万源商贸城、不锈钢交易城等商贸区和特色专业市场。“中国·戴南不锈钢交易城”，成为华东地区最大的不锈钢制品交易中心。三，区域性交通中心。镇区形成“六纵六横”的道路交通网络，公交通达各村，实现了交通体系内联外通。四，区域性医疗中心。投资1.6亿元按照二级甲等标准新建了戴南人民医院，惠及周边乡镇的30万人口。五，区域性供水中心。完成自来水厂扩建工程，实现区域统一供水并输送附近六个乡镇，使30万群众饮用上安全放心的自来水，并新建了全市乡镇首家生活污水处理厂。六，打造区域性金融中心。工行、农行、中行、建行、邮储银行、农商行等多家金融机构在戴南设立机构，南京、交通、华夏、民生、浦发、中信等多家商业银行在戴南拓展业务，形成了“金融一条街”，促进了产城一体化发展。

（二）兴化市戴南镇强镇扩权存在的问题

戴南镇以强镇扩权为核心的行政体制改革在取得预期成效的同时，也不可避免地存在以下问题，制约了强镇扩权的深入推进。

1. 财权与事权的不匹配影响经济发展

经济学家斯蒂格勒的最优分权理论认为，分权利于实现资源配置效率，改进公共服务质量。因为越接近所管辖居民的地方政府越能够有效了解居民需求。“财权事权的合理配置是乡镇改革的要义”①，尽管兴化市政府极大地调整了对戴南镇的财政分配管理体制，将原来市里与戴南镇“八二”分成改成了对半分成，财力基数由2010年最高点调整为2011年次高点。但财力与支出的剪刀差却越来越大，与戴南镇经济社会发展的要求相比仍有差距，主要表现为：一是财政收入保增长压力大。税收基数越来越大，提高增幅的压力日渐显现。二是刚性支出居高不下。社会保障、民生工程、城乡发展等公共建设和公共服务成本越来越高，每年的保运转费用越来越高，导致发展的资金无从着落。三是小城市区域服务职能的扩大对财政的需求。随着小城市规模的不断扩大，城市供水、医疗、环保、消防等服务都向周边地区延伸，而财政支出却由戴南镇单独负担。四是债务本

---

① 姚莉：《财权与事权配置视角下的乡镇改革趋势——兼评“乡财县管”与“强镇扩权”》，《农村经济》2009年第2期。

息偿还压力大。为加快地方经济发展及园区载体建设，戴南镇背负较大债务压力，每年高额的债务利息给财政带来的压力严重影响了戴南社会经济发展。

2. 法律缺失限制镇级政府管理权限

乡镇在我国行政管理体制中处于政府层级最底层，在宪法和法律上，并没有赋予其县级行政执法权。强镇扩权中戴南镇的管理权限因法律缺失而受到较大限制，县级政府将原来属于县政府的部分权力以文件形式交给戴南镇，至于给什么权力，给多少，如何给，都缺乏明确的法律依据，给多了不行，给少了又起不到相应的效果。从各地实践来看，强镇扩权改革目前主要还是依靠上级政府自己拟定的各种规范，缺少严肃的法律特性，“授权的合法性面临挑战”①。从改革的角度来说，强镇扩权作为一项重要的改革试验，试验阶段存在各种法律问题不可避免，但强镇扩权的改革试验若不能取得成效，修改法律则没有依据。强镇扩权的目的是促使经济发达乡镇能够拥有相应的行政管理权及对地区社会经济的管理权，以便更好地发展。因此，强镇扩权符合我国基层实际情况，利于我国社会经济发展。但乡镇扩权必然要打破县乡级体系，没有相应完善的法律，镇级政府管理权限难以得到保障。

3. 人员配备难以满足高效服务的需要

随着试点镇经济社会的日益发展，社会管理和公共服务职能增加，工作任务日益繁重，但现有人员编制仍沿用原有规模，难以适应发展需要。行政管理体制改革之后的戴南镇人员配备不足，人员编制与所承担的工作任务之间矛盾增大。现有编制中人员素质不一，能力参差不齐，尤其事业编制人员大多年龄偏大、学历偏低、专业知识匮乏，导致工作效率滞后。特别是综合执法局与便民服务中心，行政及事业编制人员少，但要完成兴

---

① 傅白水：《绍兴强镇扩权的成效与尴尬》，《中国改革》2007 年第 7 期。

化市下放给戴南镇的大量行政处罚权和行政审批权，结果“大量县级政府负担和责任下移给镇级政府，导致镇级政府难以在短时期内予以承接”①，出现了服务低效化的问题。体制改革后的公务员招录中，市政府在乡镇设置招录条件时有诸多限制（原则上不允许设置专业限制要求），虽然戴南镇每年招录公务员，却难以招录到实际需要的专业人才，尤其是法律人才。

4. 上级权力下放与镇政府权力需求存在偏差

在戴南镇强镇扩权改革试点过程中，兴化市政府以政府文件形式将1120项经济社会管理权限分两批下放给戴南镇，来强化戴南镇发展的内动力。戴南镇积极创造条件，努力做好承接下放权力的具体工作，但上级政府所下放的权力远远超出了戴南镇现有体制的承受能力。这1120项权力涉及市29个职能部门，相当于需要29支专业的执法队伍，而下放到镇后，统一由戴南镇综合执法局承接，综合执法局由于人员配备不足和设备不足，难以承接如此多的下放权力，不仅难以履责，而且存在渎职风险。同时1120项权力当中，还存在多项不符合戴南镇经济社会发展需要的“鸡肋”权力，以及虽然在下放权力目录当中，但是并未设置授权端口的“僵尸”权力。在上级县政府与乡镇政府之间的纵向利益博弈中，上级政府将负担下放于乡镇政府却与乡镇政府权力需求存在一定偏差。

（三）深化兴化市戴南镇强镇扩权改革的对策

1. 完善强镇扩权的法律法规

“法治化是行政体制改革的本质要求”②，行政体制改革推进中要体现法治精神，以法律方式进行制度重塑。依照现行法律，行政执法权的主体

① 贺荣兰：《我国“强镇扩权”改革的差异化进路及发展趋向》，《甘肃社会科学》2016年第2期。

② 石佑启：《我国行政体制改革法治化研究》，《法学评论》2014年第6期。

仍然是县级市政府，乡镇政府几乎没有合法的执法权。缺乏法律法规的明确授权，是强镇扩权改革难以取得突破性、实质性进展的主要原因。因此，“必须要通过一系列制度安排与制度创新，对制度的完整性、确定性与规范性重新界定，并使其合法化”①，用法律来保证强镇扩权的地位。一是需要在省级层面明确强镇扩权工作的合法性，以便在相关权力下放过程中有法可依；二是可以在地级市层面通过制定法规、规章等规范性文件确立强镇扩权中乡镇政府作为执法主体地位的合法性；三是上级制定政策，明确基层政府在审批、执法上等相关事权，防止乡镇权力运行随意性，确保权力、责任、效能的有机统一。由此破解行政体制改革中遇到的深层次体制性障碍，防止体制改革失范与无序。

2. 强化强镇扩权的制度建设

强镇扩权过程并非是单一机制在发挥作用，而是一个存在多重逻辑的制度变迁过程②。强镇扩权，其核心要义在于县级市政府向乡镇政府下放权力，推动职能转变，职能转变的背后是各项制度变迁的逻辑。强镇扩权中加强制度建设尤为重要，一，建立沟通协调机制。为加快解决推动过程中出现的问题和矛盾，建立兴化市、戴南镇两级沟通协调机制，在规划、土地、建设、环保、审批等方面及时对接、及时协调，使沟通协调的新机制成为推动发展的加速度，实现改革的新突破。二，完善财政分层制度。经济原因往往是最根本的，要从根本上实现改革的新突破，必须解决县镇两级财力分成比例问题，充分调动基层政府的积极性。从财政政策制定上，要向强镇扩权试点的戴南镇倾斜，加大分成比例，并制定相关保障措施确保分成比例实施到位。同时也应根据戴南镇总体规划和实际需求，适

① 熊文钊、史艳丽：《试论行政组织法治下的行政体制改革》，《行政法学研究》2014 年第 4 期。

② 袁倩、王嘉琪：《行政改革的“内在悖论”：一个解释框架——以中国（上海）自由贸易区“负面清单”为例》，《公共管理学报》2015 年第 2 期。

当增加戴南镇新增建设用地指标。三，实行权限动态管理。对下放的权限，结合戴南镇的实际，进行动态管理。对在实际运行过程中，无法承接或下放意义不大的，可以进行适当调整，对实际需要下放的，要与兴化市委市政府积极沟通对接，尽快下放真正需要的相关权限，确保权限下放运行规范、运行通畅。

3. 理顺强镇扩权中的各种关系

从政治发展的角度来看，理顺政府各方关系是改善民生的价值追求①。因此，戴南镇在强镇扩权过程中要不断理顺各方关系：一，理顺戴南镇政府及下属部门与县级行政管理部门的关系。兴化市政府和市级行政管理部门在强镇扩权中将不少权限赋予了戴南镇，戴南镇在完成上级交代的工作和自己的工作中，要明确双方各自的权力、责任、关系，最好能有法律制度做保障，避免相互推诿或争权而影响工作。二，理顺戴南镇政府与下属各个部门的关系。下属部门为戴南镇党委政府领导下的职能部门，必须坚决服从戴南镇党委和政府的领导，严格遵守镇党委政府制定的规章制度，坚定承担起自身职责。三，理顺各部门间关系。戴南镇政府下属各个部门须明确自身的职责与工作范围，减少工作权限交叉，避免相互推诿及扯皮现象。四，理顺权力与监督的关系。上级下放权力多了，戴南镇本身权力就大了，若权力缺少了监督，则容易滥用权力导致腐败，因此，权力监督必不可少且要细致有力，不仅要充分发挥法律赋予镇人大、镇政协和镇纪委的监督作用、镇党委政府的领导监督作用，而且要充分发挥社会媒体等的监督作用，确保权力在正确的轨道上运行。

4. 加快强镇扩权后的政府职能转变

强镇扩权的核心是政府职能转变，只有转变政府职能才能从根本上与

① 杨渊浩：《理顺政府间关系：当代中国民生建设的路径选择》，《中国行政管理》2014年第9期。

其他各方面改革保持同频共振[①]。具体来说，一是提高政务服务效率。对便民服务中心进行优化，增加窗口和工作人员，强化为民服务意识，优化工作流程，使所有行政审批符合预定程序，做到规范、高效。二是用好上级赋予的管理权限，提高工作能力。政府各职能机构间必须加强合作，在合理分工的基础上相互协调配合、共同处理问题，提高工作质量和效率。同时要强化业务培训，不仅镇级层面要组织培训，还可以邀请上级部门业务骨干进行指导，努力提升工作人员的业务素质和能力，确保将上级部门赋予的权限用对、用顺、用好。三是加强对人民群众生活生产有直接影响的环境资源保护工作。综合执法局承接了上级部门的许多行政执法权力，代表着人民政府的形象，要不断强化管理执法能力，建立相应的规章制度，让执法有章可依，有法可循，及时高效处理相关案件，强化社会管理能力，提高综合执法水平。

二、镇改市：以温州龙港市为例

随着改革开放进程的加速推进，在坚持沿海地区优先发展的政策导向下，我国东部沿海地区出现了一批经济繁荣、财政雄厚、人口集聚的超级大镇。据统计，2018 年全国 21297 个建制镇中，882 个镇区人口超过 5 万的特大镇，其中 5 万—10 万人的镇 647 个，10 万—20 万人的镇 198 个，超过 20 万人的镇 37 个。[②] 这些特大城镇大多拥有优势产业，具有一定的人口、工业和商业聚集规模，已经具备了城市的体量和特征，以浙江温州苍南县南端的龙港镇为例，截至 2018 年底，龙港财政收入就达到了 24.6

---

① 马英娟、李德旺：《我国政府职能转变的实践历程与未来方向》，《浙江学刊》2019 年第 3 期。

② 史育龙：《“十四五”协同推进新型城镇化和乡村振兴融合发展的挑战、思路和建议》，国家发改委网，https://www.ndrc.gov.cn/xxgk/jd/wsdwhfz/202008/t20200826_1236869.html。

亿元，GDP 达 299.5 亿元，常住人口 38.2 万人①，俨然是一座初具规模的“小城市”。然而，受传统行政管理体制的影响，这些经济发达镇在管理权限上仍然按照乡镇的标准设置，机构设置和社会管理中只拥有镇一级的权限，政府服务体系没有与其规模相耦合，在公共服务和基础设施配套上都难以同步。一方面，体制机制的制约逐渐成为特大镇发展的“天花板”，“大脚穿小鞋”成为对这些地方发展处境最常见的形容。另一方面，当前我国城镇化率正在以每年一个多百分点的速度迅速提高，但城市数量却没有得到相应的增长，小城市的数量反而在下降。在行政管理体制的长期掣肘下，这些超级大镇在行政级别上被长期定格为正科级镇，由此衍生出了“小马拉大车”等一系列城镇发展的痼疾。为走出城镇发展困境，各地基层政府进行了以扩权为取向的“强镇扩权”、“扩权强镇”和“小城市”培育等多种改革尝试，但历次变革不仅未能改变原有的乡镇权能结构，大镇行政体制改革反而深陷权力收放循环的“怪圈”②。“十三五”规划纲要已经提出，“大中小城市和小城镇合理分布、协调发展”，“以提升质量、增加数量为方向，加快发展中小城市”；党的十九大报告进一步强调未来要“构建大中小城市和小城镇协调发展的城镇格局。为了有效破解行政体制制约下超级大镇的发展桎梏，为其进一步“松绑”，镇改市作为一种新的改革方案随之应运而生。在“镇改市”浪潮下，2019 年 9 月 25 日，浙江省苍南县龙港镇正式挂牌撤镇设市，“中国第一镇改市”由此诞生，龙港承担起国家新型城镇化综合改革示范区建设任务，也成为观察“镇改市”改革得与失的第一块试验田。“镇改市”对加快中小城市发展、优化城镇规模结构、促进城乡融合发展都有着十分重要的意义。

---

① 王彩娜：《城镇化 · 发现龙港》，《中国经济时报》2019 年 10 月 11 日。

② 薛泉：《镇改市：大镇行政体制创新的龙港个案研究》，《河北学刊》2017 年第 3 期。

（一）大镇崛起：龙港市发展的历史演变

坐落于温州市南部鳌江流域的龙港，以“中国农民第一城”的美誉闻名于海内外。回望1984年建镇之初，这里还只是几座滩涂上的小渔村，总人口仅有6839人，占地面积不足10平方千米，经济发展基本靠海吃饭。“路不平，灯不明，水不清”是建镇初期的真实写照，发展之路可谓困难重重。

1984年，中央一号文件提出“允许农民自理口粮到集镇落户”，当地镇党委书记敢为人先，抓住机遇，发出了“人民城镇人民建”的发展倡议。龙港镇率先突破地域户籍限制，鼓励个人、集体“自理口粮”到龙港经商办厂、落户安家。此后，为进一步解决进城农民的落脚问题，龙港又大胆突破政策限制，在鼓励“农民进城”的基础之上鼓励“私人建房”。政策一出，一股“龙港旋风”瞬间席卷了周边县市，短短十几天的时间，申请落户龙港的农民、干部、职工就有2000多户，到1986年，这一人数已经激增至2万多人①。有了“人”还不够，城镇发展还需要大量的资金投入。随后，龙港镇又首创了“土地有偿使用”制度，将全镇土地依次划分为6个层级，差异计价对外出售并收取公共设施费，由此一举解决了城镇发展的资金来源难题。通过放松户籍限制、土地有偿使用以及鼓励民营经济发展这“三大法宝”，龙港人开辟了一条“自理口粮进城，自建住房落户，自找门路就业”的城镇化发展道路。数据显示，截至2016年，龙港镇当年GDP产值达到了251.2亿元，公共财政预算收入24.5亿元，工业总产值441.6亿元，社会固定资产投资财政总收入额155.1亿元，综合实力在全国百强镇排名中位列第17位②。若依照人口数量对大中小城镇化

---

① 徐林、范毅：《改革开放40年中国的城市化：经验、问题和出路》，中国发展出版社2018年版，第320—322页。

② 徐珊珊：《亮剑铸铁军争创“开门红” 龙港致力打造现代化新生城市》，龙港网，http://news.cnlg.cn/20170209/113600.htm，2017年2月9日。

的划分[①]，龙港镇 2018 年人口体量（38.2 万）已经属于小城市的体量级别。

然而值得关注的是，龙港经济体量和体制架构在进一步膨胀的同时也引发了镇政府权力配置与经济社会发展需求之间的体制性矛盾。一方面，随着城镇化进程的加速推进，龙港镇区人口数量持续激增，各类社会问题层出不穷，然而镇政府却没有相应的行政管理权限，一些社会治理问题看得见、摸得着但却管不了；另一方面，镇域经济不断发展，需要更多的资源注入，但在城镇层级制的序列制约下，大量资源被截留在行政层级较高的城市，镇域经济社会的发展受到了严格的制约和限制。在双重因素的影响下，龙港镇既要以镇级的行政管理权限去治理市级的经济社会难题，又要以镇级的资源配置起点去支撑市级的经济社会发展水平，扩权之路已成必然。但遗憾的是，历次扩权试点均未能改变龙港"头重脚轻"的发展困境，在多年的改革历程中，龙港人逐渐明白，要想从根本上解决龙港发展的体制性矛盾，就必须改变建制镇的身份，提升其行政级别，才能改变"小马拉大车"的局面，"镇改市"随即提上日程。

（二）撤镇改市：大镇行政体制改革的创新实践

从"镇改市"的逻辑起点来看，龙港此轮改革旨在通过行政建制的提升以解决资源配置与城市管理体制之间的结构性矛盾，其改革聚焦于权责关系的调适。以往的"强镇扩权"之路之所以效果欠佳，在于其本质是一种"等靠要"的被动思维模式，放权改革取决于上级领导的意志，权力下

---

① 我国以城区常住人口为统计口径，将城市划分为五类七档。城区常住人口 50 万以下的城市为小城市，其中 20 万以上 50 万以下的城市为Ⅰ型小城市，20 万以下的城市为Ⅱ型小城市；城区常住人口 50 万以上 100 万以下的城市为中等城市；城区常住人口 100 万以上 500 万以下的城市为大城市，其中 300 万以上 500 万以下的城市为Ⅰ型大城市，100 万以上 300 万以下的城市为Ⅱ型大城市；城区常住人口 500 万以上 1000 万以下的城市为特大城市；城区常住人口 1000 万以上的城市为超大城市。

放缺乏稳定性与持久性。而此轮“镇改市”改革直接定位行政建制的层级身份，以建制提升主动获权而非坐等上级放权，这是一次全新的改革思路范式转换。因此，对于龙港而言，此番改革的核心在于向上如何接好“镇改市”后的权力下放，向下如何创新“镇改市”后的基层治理模式。为了进一步解决这些问题，龙港将行政体制改革放在了首位。

1. 以建制提升倒逼行政体制改革

行政体制的核心在于行政权力的划分。对于我国这样一个单一制国家而言，中央政府具有最高行政权，地方政府实际较为被动，在中央政府的施压下，国家发展战略地方政府必须予以支持和服从①。因此，龙港此番改革实际是绕过了苍南县，直接对话中央政府，以中央政府的建制提升许可来倒逼“县—镇”行政体制改革。而体量已达城市标准显然不足以说服中央政府支持撤镇设市，只有配以一套能换取中央政府信任的行政体制改革方案才能使“镇改市”落地生根。因此，建制提升与行政体制改革实际是互为表里的配套工程。只有建制提升了，才能真正获得相应的县级管理权限，使行政体制改革落到实处；而要想实现建制提升，就必须拿出能获得中央政府支持的行政体制改革方案，从而倒逼苍南县政府真正下放管理权限。应当说，这是龙港“镇改市”改革的一个逻辑范式转变，也是一次行政思维主导下的大镇改革之路。

2. 以大部制改革撬动政府结构更新

如前所述，单凭体量匹配权力和建制的简单逻辑说服中央政府仅仅只是一种必要而非充分条件，因为建制提升和权力下放必然带来行政机构的膨胀和行政成本的上升，这显然有违中央政府的改革愿景。因此，如何节约行政成本就成为龙港此次行政体制改革的重要突破口。但是，权力下放

---

① 王刚：《风险的规避、转嫁与控制策略：基于中央与地方政府的对比分析》，《中国行政管理》2020 年第 10 期。

与成本下降存在内在的矛盾。权力与职能相伴而生，权力下放伴随着职能下放。因此，权力下放就意味着龙港必须扩设相应的职能部门去承接权力，职能部门一增加，行政人员就骤增，成本下降又从何谈起呢？龙港给出的答案是以行政体制创新承接权力下放，即以大部制改革来撬动政府结构更新，从而在确保权力顺利承接的同时以降低行政成本。党的十七大报告首次提出大部制改革的思路，而当前在镇级实行大部制改革，龙港尚属首例。龙港市按照“大部制、扁平化、低成本、高效率”改革要求，不仅对镇级政府机构进行了横向合并，如在经济管理方面，发展改革、经济和信息化、科技、商务等 12 项职能集中归于经济发展局；在民生事务方面，教育、民政、医疗保障等 8 项管理职能集中归于社会事业局。同时还将原有的县派站所进行了一次纵向重组。自 1984 年乡镇建制恢复以来，乡镇机构的设立一直遵循着对口对等的“七站八所”模式，即上级有什么机构部门，乡镇也要相应建立。① 按照要求，原有的城建、国土、规划等典型县派分局被重组为龙港自然资源与规划建设局。经过合并重组，龙港市将原有 41 个镇级机构精简为 15 个大部门（其中党委机构 6 个、政府部门 9 个），整体机构精简幅度达 60%，相应地，人员编制总量较同类县市压缩 40%。通过这种综合集成实现以 40%的行政资源高效承接 100%的行政管理职能，从而达到“低成本、高效率”的改革目标。

3. 以市管社区创新基层治理模式

撤镇设市后，龙港市面临的又一难题是基层架构去向。龙港撤镇设市后，其原下辖的社区是否应升级为街道、乡镇呢？若是升为街道、乡镇，其下再建社区，行政链条没有缩短反而加长了，无疑会增加行政负担。为了进一步精简组织架构，龙港市提出了“市管社区”的基层治理模式，即

---

① 徐勇：《精乡扩镇、乡派镇治：乡级治理体制的结构性改革》，《江西社会科学》2004 年第 1 期。

龙港撤镇设市后，不设下属街道办事处，而是由龙港市直接管辖社区。2021 年，龙港市进一步撤销原来社区之上设立的 9 个片区（由市委基层治理委员会派驻），基于 102 个社区，组建了 26 个社区联合党委、联勤工作站、党群服务中心[①]，形成了三位一体的社区工作机制。由此，龙港构建了一个全新的扁平化基层社区治理模式。然而，在上述大部制改革的基础上，部门合并重组，人员精简，“市管社区”又该如何跨越城市治理能力与基层治理需求之间的鸿沟呢？针对这一问题，龙港又提出了社区自治的治理模式，即不以行政手段管理社区，而是鼓励社区自我管理、自我服务、自我发展。首先，龙港将街道办事处的管理模式与社区居委会的服务模式进行了有效整合，建立了一种介于两者之间的新型社区治理模式。人事安排、组织结构依旧参照街道办事处的设置以发挥基层工作人员的积极性，而工作流程、服务内容则参照社区建设模式以精准对接社区居民需求。其次，龙港将全市划分为 552 个网格深入推行网格化管理。其中，每个网格指定一位网格员对其网格内所有事务进行管理和服务，从而实现了“一级政府，一管到底，权责统一”。最后，实行“一站式”服务，后台部门运作高度协同化。借助大数据平台，龙港直接将行政审批和公共服务事项延伸进社区，群众申请即办即走，不能即办的集中统一在一个窗口受理，由后台部门综合协调机制办理[②]。通过以上服务模式，龙港力图将城市社区演变为新型自治社区，从而精简社区服务人员配置，降低行政成本。

（三）龙港镇改市后的困境与挑战

“镇改市”作为新型城镇化战略发展的必然要求，其本质在于通过对

① 赖先进：《从赋权转向赋能：“镇改市”治理体制创新的优化路径——基于全国首个镇改市》，《经济体制改革》2021 年第 5 期。

② 吴玉宗、张鹏：《强镇扩权：何以可能与何以可为？——基于温州龙港镇的改革实践》，《中国机构改革与管理》2017 年第 6 期。

大镇的建制升级来改革现行的“县—镇”行政管理体制，从而激发大镇的发展活力。龙港作为国家“镇改市”的一个试点，改革步伐如火如荼，改革成效也有目共睹。然而，镇改市并不意味着龙港市发展面临的困境都迎刃而解，实际上，龙港镇升级为龙港市后，仍将面临诸多困境和挑战。

1. 龙港的组织基础能否顺利接好县级权力有待考验

体制适配与职能衔接是由“镇”到“市”转变的一个关键环节。“镇改市”一方面向上要接住县级管理权限，另一方面向下要用好县级行政权力。为此龙港提出了大部制改革和“市管社区”两种行政体制创新模式，但是机构重组与治理模式更新只能解决组织结构问题，无法解决组织内“人”的问题。一般而言，镇级行政人员不论是在数量上，还是在质量上，都与县级机构差距较大。龙港市目前的编制内人员仅相当于苍南县政府的四分之一，工作对接上必然存在“一对多”（一个部门对着上面十几个部门）的问题，人少事多是一个不可回避的问题。“人少事多、一岗多职的现实，不仅会造成干部分身无术、疲于应付，也会因涉域广泛带来工作能力上的困乏，这必定影响到工作的及时承接和高质量处置。”① 此外，相较于县级行政，镇级工作业务繁杂琐碎，工作人员基层经验丰富但专业知识不足，人员素质与改革任务不相匹配，非规范的执法现象屡见不鲜。依据我国《行政处罚法》相关规定，执法人员需持证上岗，与之相应的是镇级执法人员普遍没有专业执法资格证书，执法资格问题有待解决。

2. 权力获得后龙港能否克制住公共组织的自我膨胀冲动有待验证

相较于大城市，小城镇的发展一大优势在于行政层次较少，行政成本较低。撤镇改市的规划中，龙港也重点突出了行政成本下降这一改革方

---

① 范恒山：《龙港“镇改市”的探索价值与改革方向》，澎湃在线，2021 年 9 月 24 日。

向，然而，建制升格后，公共组织的编制、机构究竟能否克制住公共组织的自我膨胀冲动，帕金森定律似乎早已给出了答案①。以福建省石狮市为例，20 世纪 80 年代末，石狮市由 4 个乡镇切块设立，设市后，石狮市政府部门仅设 11 个，县级市机构编制配备人数也只有中央规定标准的 37%，相当于一般县级市的三分之一。然而经过 20 余年的渐进式增设，在本世纪之初，石狮市政府机构、编制就已膨胀至与一般的县级市没有区别了。②基于公共组织自我膨胀的原始性冲动，“镇改市”后的行政成本降低往往都会陷入“精简—膨胀”的循环怪圈。“镇改市”后能否继续保持行政管理的低成本优势，这对于龙港来说，依旧是一个严峻的考验。

3. **改市后龙港能否发挥好城市的功能有待观察**

“镇”与“市”是两个不同的概念，有着不同的功能要求，“镇改市”不仅意味着行政级别的跨越和提升，更在于新生城市公共服务能力的提升。“强镇改市成功与否，取决于能否提供更多和更优质的基本公共服务。”③ 相比之前要将 75%的财政收入交给县政府，“镇改市”直接增加了留在龙港的财政收入，因而龙港能够自主地决定如何更好地将这些财政用于本地发展，尤其是民生类公共服务。由于经济发达镇的社会建设一般都滞后于经济发展，“镇改市”后急需提升城市功能与公共服务水平，尤其是提供与其经济发展相适应的基本公共服务。据报道，改市后龙港每年投入 80%以上财政收入用于民生建设④，民生事业进展顺利。从更长远来看，龙港市能否一如既往地坚持改革为民、改革惠民，将龙港打造成为农民就

---

① 谭景辉：《论新型城镇化中的经济发达镇行政管理体制改革》，《中国行政管理》2019 年第 10 期。

② 朱永红：《石狮“小政府”改革失败 16 年精简改革回到起点》，《经济管理文摘》2004 年第 23 期。

③ 谌新民、周文良：《大镇改市撬动新型城镇化发展》，《南方日报》2014 年 7 月 28 日。

④ 殷诚聪：《龙港：改革风劲逐浪高城市蝶变满目新》，《浙江日报》2022 年 9 月 8 日。

地就近城镇化与市民化、低成本共享城市美好生活的幸福之城还有待观察。

城镇化的顺利发展离不开有效的体制机制创新，龙港“镇改市”作为一项城镇化创新实践无疑具有重要的示范意义，也开启了我国新型城镇化的一个新方向。《中华人民共和国国民经济和社会发展第十四个五年规划和2035年远景目标纲要》提出，要“稳步有序推动符合条件的县和镇区常住人口20万以上的特大镇设市”。因此，未来将会有更多的特大镇升级为市，要以龙港“镇改市”为借鉴，解决好体制适配与职能衔接问题，防止组织机构编制反弹，提升城市公共服务能力，从而实现由“镇”到“市”的平稳过渡。

附　录　国外城镇化发展的经验及其借鉴

21 世纪是城镇化的世纪。当前，城镇化在许多国家以不同的形式，在不同的水平上，正轰轰烈烈地推进着。尽管各国有着某些一致性，但是由于社会制度不同、经济发展历程不同、自然条件不同等原因，其城镇化发展各自有其特点，所面临的困难和问题以及克服困难和解决问题的方式和方法也不尽相同。这些可以为我国的城镇化发展提供一定的经验借鉴。

第一节　欧美国家的城镇化模式

一、西欧的政府引导型城镇化模式

近代城镇化进程最先发端于西欧地区，英国城镇化步伐较为迅速。以西欧为代表的发达的市场经济国家的城镇化进程中，早期也是奉行自由放任式的道路，但各国在城镇化快速发展过程中都不同程度地遇到了土地、住房、交通、环境和历史文化保护等方面的问题，政府公共政策涉及的范围也越来越广泛，推动政府采用法律、行政和经济等手段调控和引导城镇化的发展。另外，西欧城市居民在文化和情感上对乡村的依恋程度显著低于其他地区，这与城市居民的构成、出身密切相关。①

① 姬超：《西欧近代城市化的路径差异及其对中国的启示——基于英、法、德三国城市化的比较》，《经济与管理研究》2016 年第 3 期。

（一）西欧城镇化发展演进历程

一般而言，城市人口占总人口的比重在10%以前为城镇化的史前阶段，超过10%以后为起步城镇化阶段，超过20%以后便进入加速城镇化阶段，超过50%以后为基本城市化阶段，超过60%以后为发达城镇化阶段，在80%以后为城镇化的自我完善阶段。同时，大量研究资料表明，当一个国家或地区城市人口比重达到50%以后，这个国家或地区的经济、社会、政治、文化等一般都发生了根本性的质变，其中，结构性变动最剧烈、各种社会矛盾和问题暴露得最充分，亦即出现所谓的“城市病”；可一旦人口城市化率达到60%以上时，这种病症便开始好转。[①] 据此，可以把自18世纪中叶开始至今西欧国家的城镇化进程大致分为以下三个阶段。

1. 城镇化兴起阶段（18世纪中叶—19世纪中叶）

18世纪60年代，以蒸汽机和纺织机的发明与使用为标志，第一次工业革命首先在英国兴起。“工业革命对商品的制造方式、制造地点带来了本质性的变化，成为城市增长的强力催化剂。”[②] 生产的集中带来了人口的集聚，大批工业城镇诞生，规模也不断扩大，呈现出中心集中型城镇化的形式，主要表现为大量人口从农村或城市郊区向城市中心区转移，进而带动城市人口占总人口比例的上升，城镇化进程随之兴起。作为工业革命的发源地，英国是世界上最早推进现代意义城市化的国家。按照英国经济史学家克拉潘（Clapham）的观点，英国城镇化大约始于1775年，[③] 于1801年左右进入了快速城镇化阶段，并于1851年首次超过50%，基本实现了城镇化。在此过程中，由于工业的发展和人口的集聚，一批新兴工业城镇

① 国家信息中心课题组等：《国际比较及借鉴》，《经济研究参考》2010年第15期。

② ［美］保罗·诺克斯、琳达·迈克卡西：《城市化》，顾朝林等译，科学出版社2009年版，第50页。

③ ［英］克拉潘：《现代英国经济：1850—1886年（上卷）》，姚曾廙译，商务印书馆1964年版，第656页。

纷纷崛起，使英国城市数量不断增加，城市人口规模也不断扩大[①]，并逐渐形成了城市网络体系，区域城镇化和城市群发展的特征初步显现，城市的形态和功能与早期相比发生了显著的变化。

据法国地理学家潘什梅尔（Pinchemel）的分析，法国的城镇化大致兴起于 19 世纪 30 年代，比英国晚了半个多世纪。[②] 同时，与英国的快速城镇化进程不同，由于城市工业增长相对缓慢，法国城镇化发展较为缓慢，直到 1931 年城镇化水平才超过 50%，初步实现了城镇化。法国长期盛行的“家庭加工”的生产方式使得法国城市缺少英国那样的吸引力[③]，这种小农经济使得农民对土地有着非常强的依赖性，导致了人口的弱流动性，进一步制约了法国城市的快速发展，整个 19 世纪，除巴黎及其周围地区外，没有同时出现大批工业城市。

相较于英国和法国，德国的城镇化起步较晚，但通过引进、吸收英法等国的先进科学技术等方式，仅用了半个多世纪的时间就完成了从落后农业国向先进工业国的转变。19 世纪 40 年代左右，随着工业化的起步，德国城镇化进程开始启动，出现了一批以工矿业城市为主的新兴城市，并吸引了大量的劳动力就业，城市数量和城市人口迅速增加，城市规模不断扩大。总体来看，19 世纪中叶，西欧国家的人口城镇化率整体上超越了城镇化起步阶段的临界水平（30%）[④]，近代意义上的城市形态和功能初步显现，但城市规划、建设和管理的技术水平还较为落后。

---

① M.W.Flinn, *An Economic and Social History of Britain Since 1700*. McMillan Press, 1978: 153.

② ［法］菲利普·潘什梅尔：《法国（上册）》，叶闻法译，上海译文出版社 1980 年版，第 133 页。

③ 董永在、冯尚春：《英、法城市化进程的特点及其对我国的借鉴》，《当代经济月刊》2007 年第 12 期。

④ 石忆邵：《走出城镇化的认识误区》，《小城镇建设》2003 年第 7 期。

2. 城镇化全面展开阶段（19 世纪中叶—20 世纪中叶）

19 世纪中期，欧洲国家和美国、日本的资产阶级革命或改革的完成，促进了经济的发展，19 世纪 60 年代后期，美、德、英、法等主要资本主义国家开始第二次工业革命。“电气时代”的到来使得重工业取代轻工业成为主导产业，工业革命在推动生产力快速发展的同时，促进了人口大规模地向城镇集中，改变了人口的空间布局并形成了成熟的城市布局和城市体系。在此阶段，城镇化在西欧国家全面展开，速度逐渐加快，并在 20 世纪中期基本实现了城镇化。英国城镇化水平保持领先，从 50%左右快速提升到 1901 年的 77%，形成了大伦敦市、兰开夏东南部城市群、西米德兰城市群、西约克城市群、莫西地带城市群和泰因地带城市群 6 大城市群，并于 1950 年城镇化水平达到 79%，实现了高度城镇化①。

法国直到 19 世纪末，以小土地所有为主的土地占有结构并未发生本质上的变化，但乡村世界已缓缓打开通往现代化的大门。然而，20 世纪上半叶接连两次世界大战打断了这一进程，直到第二次世界大战结束，法国城镇化发展才重回正轨，并于 20 世纪中期达到 55. 2%②。

19 世纪后期是德国城镇化发展的鼎盛时期，城镇化率从 1871 年的 36. 1%上升到 1910 年的 60%，并于 1950 年达到 64. 7%③，城市人口规模不断增长，城市行政区划不断向外扩展。总体而言，随着工业化进程的进一步深入，城镇化在西欧各国全面推进，原有的近代城市进一步发展为现代城市，城市基础设施大规模建设、城市生活和工作条件显著改善；但与此同时，也出现了城市劳动力市场供不应求、社会两极分化开始形成、产

---

① DESA. *World Urbanization Prospects*：*The 2005 Revision*. New York：United Nations，2006：36.

② 熊芳芳：《“乡村的复兴”：19 世纪以来法国的乡村城镇化与城乡关系的转变》，《历史教学问题》2018 年第 1 期。

③ ［德］卡尔·迪特利希·埃尔德曼：《德意志史》，高年生等译，商务印书馆 1986 年版，第 57 页。

业工人的居住和生活条件恶劣、犯罪率上升以及城市环境污染严重等现代城市问题。

3. **高度城镇化阶段（20世纪中叶至今）**

20世纪50年代以来，继蒸汽技术革命和电力技术革命之后，以原子能、电子计算机、空间技术和生物工程的发明和应用为主要标志的第三次科技革命主要在发达国家展开。信息技术、新能源技术、新材料技术、生物技术、空间技术和海洋技术等高新技术产业逐渐迭代了重工业成为主导产业，知识经济时代或信息经济时代的来临，将基本实现城镇化的西欧国家推向了更高水平的城镇化，相继进入高度城镇化阶段。在此阶段，西欧发达国家的城镇化呈现出郊区城市化、逆城市化、再城镇化的发展形式。第二次世界大战期间，西欧城镇化进程出现停滞和倒退，1945年后，战后重建使得大批农村人口涌入中小城市和大城市，尤其是城市中心，带动了城镇化的恢复和发展。同时，经济的快速发展和人口的急速膨胀导致了城市中心过度拥挤、城市基础公共设施不堪重负等问题，出现城市中心区富裕阶层开始向郊区转移，农村人口继续向城市中心区集聚的郊区城市化现象。在此过程中，西欧国家普遍开始采取政府干预政策调控经济和社会的发展，为了改善城市中心区的环境和居住条件，大批工厂被迁往郊区，金融保险、商业服务以及社会服务业逐步向城市中心区集聚；为了解决中心城市的压力，有计划地在中心城市周围开发建设了大量的卫星城镇。①1960—1980年，西欧国家的城镇化出现了美国城市学家布莱恩·贝利所言的“逆城市化”（Counter-Urbanization）的现象，即人口从较集中的状态向以分散为主的运动，② 中心城市人口向城镇或乡村迁移，形成城市集聚

---

① 王学峰：《发达国家城镇化形式的演变及其对中国的启示》，《地域研究与开发》2011年第4期。

② B. J. L. Berry, *Urbanization and Counter urbanization* M. California: Sage Publication, 1976: 34.

区，并出现超大型城市或城市群。英国是最早进入逆城市化的国家之一，1976—1983年间英国44个20万以上人口的大城市中，人口减少的有34个，这44个城市的人口数合计下降了2.7%，德国、法国也相继出现这种现象。① 逆城市化使不同规模、不同类型的城市和小城镇在西欧国家得到了迅速的发展，最终形成了功能互补、错落有致的城镇网络体系。20世纪80年代，信息技术革命极大地改变了人们工作、生活等的方式，从市郊返回中心城区逐渐成为一种新的趋势，人口在城市和农村之间的迁徙变为通勤性的流动②，在动态调整中实现城市人口的均衡发展。

（二）西欧城镇化发展特征

西欧各国是典型的以市场经济为代表的资本主义国家，市场机制在这些国家的城镇化进程中发挥了主导作用，同时，也注重通过法律、行政等手段发挥政府在城镇化中的引导作用。总体而言，西欧国家的城镇化是一种城镇化与市场化、工业化协调互动发展，人口转移与经济结构变化相适应的同步型城镇化。其发展特征主要体现在以下几个方面：

1. 城镇化与工业化同步发展

从英、法、德等西欧发达国家的城镇化进程来看，城镇化的推进与逐步发展的工业化和经济结构调整始终交织在一起。城镇化总体而言是近代工业化的产物，三次产业革命是促进西欧发达国家城镇化发展的重要推手。工业革命的到来，促使乡村人口和产业向城镇集聚，城镇化规模的进一步扩大又吸引了更多的劳动人口，产业的集聚效应和规模效应同时有力地促进了工业化进程并带动整个社会的现代化，城镇化进程与工业化进程

---

① 汤长平、周倩：《西欧的“逆城市化”和农村开发》，《兰州大学学报》（社会科学版）2019年第3期。

② M. Coombes, Defining Locality Boundaries with Synthetic Data. *Environment and Planning*, 2000, 32 (8) 1499-1518.

相互促进、发展。英国是率先启动工业化和城镇化进程的西方发达国家，正是在工业化和经济发展的带动下，英国城镇化水平迅速提高；与英国不同，法国工业化进程缓慢，且小农经济特征突出，因而法国的城镇化发展较为迟缓；而德国虽然工业化开始的较晚，但进程非常迅速，其城镇化进程也随之迅猛推进，成为后来居上的代表性国家。如英国曼彻斯特、利物浦等一大批工业城市的崛起就是建立在工业化高度发展的基础上的；德国鲁尔地区、法国北部地区等也都是随着资本、工厂、人口向城市的迅速集中而形成的城市密集地区①。

2. 政府在城镇化过程中发挥着不可替代的作用

西欧各发达国家在城镇化快速发展的过程中都不同程度地遇到了土地、住房、交通、环境等方面的城市问题，政府公共政策涉及的范围越来越广。如英国通过实施《市政公司法》《公共卫生法》等政策，修建公园、浴池、洗衣房等公共设施，有效地改善了城镇化进程中出现的城市环境污染、居住环境恶劣等问题②；并针对城市过度膨胀和城市分布不合理的状况先后于1945年和1947年通过了《工业配置法案》和《城乡规划法案》。法国、德国等国家的政府也在20世纪60年代开始积极干预城市发展的城镇化道路，致力于改善本国大城市过度膨胀和城市在地区上不合理分布等问题。

3. 注重中小型特色城镇的发展

第二次世界大战后，西欧国家政府越来越深刻地意识到城乡发展不平衡的问题，开始重视城市规划的管控作用和城乡一体化的规划思想，注重中小型特色城镇的发展。如英国从20世纪50年代起，在发展大城

---

①　石平洋：《发达国家城镇化的经验》，《政策瞭望》2014年第7期。

②　［美］刘易斯·芒福德：《城市发展史》，倪文彦等译，中国建筑工业出版社1989年版，第331—332页。

市的同时，强调特色小城镇的建设，并提出了“田园城市”的城镇建设理念，保护和发扬小城镇的独有地方文化和地域特色。小城镇在各项政策的支持下有效承接了核心产业的转移，并逐步构建起自身特色产业。法国也通过开展“领土整治”，通过立法和各项优惠政策来调整不平衡的产业布局，吸引企业在小城镇选址发展。德国的小城镇建设思想深深根植于“德意志森林”“自然崇拜”等意识，在城镇化所有的进程中均衡发展大中小城镇，进而形成了一种城乡统筹、分布合理、均衡发展的独特模式。

二、美国的自由放任型城镇化模式

美国独立战争以前，作为英国殖民地，虽然手工业已有初步发展，但主要还是以农业和畜牧业为主，直到1789年联邦政府建立以后才真正开始工业发展。1862年至1865年的南北战争清除了美国资本主义工业发展的障碍，工业革命由东北部开始向西部推进，城镇化发展也由东向西扩展开来。在工业化的带动下，美国城镇化进程加速前进，实现初步城镇化所用的时间比英国缩短了一半，并于20世纪下半叶，取代欧洲成为世界经济发展的中心。

（一）美国城镇化发展演进历程

1. 城镇化准备阶段（18世纪末—19世纪中叶）

美国独立之初，有95%左右的人居住在乡村，是一个典型的农业和农村占主导地位的国家，工业发展水平很低。大西洋沿岸的东北部地区最先开始工业革命，由于海运的发展，特别是与欧洲国家尤其是英国海洋贸易的日益频繁，一批以商业贸易为主（如纽约、费城、波士顿等）的城市在大西洋沿岸兴起，有力地推动了美国城镇化的起步。1790年美国全国城镇化率为5.1%，东北部地区为8.1%；到1830年全国城镇化率为8.8%，东北部地区为14.2%①。随着工业革命的不断深入、工厂制度的确立、国外移民的涌入以及铁路运输体系的建设，美国城镇化逐渐向西部内陆推进，农村人口开始向城镇迁移，城市人口和城市规模开始快速增长。

2. 城镇化加速阶段（19世纪中叶—20世纪中叶）

19世纪末20世纪初，第二次工业革命极大地刺激了美国工业和城市经济的发展。1870年，城市人口占总人口的比重达到25%，美国的城镇化进程开始进入加速发展阶段②，之后用了大约50年的时间，于1920年左右城镇化率达到了51.2%，在20世纪40年代末期，美国城市人口比重持续上升到63.6%，基本实现了城镇化③。在此过程中，一方面，1851—1920年间，大规模的国际移民对美国城镇化建设起到了巨大的推动作用，这些主要来自英国、德国和法国的工人和专业技术人员，在为美国带去了先进的工业知识和技术的同时也为美国城镇化发展提供了充足的劳动力；另一方面，伴随着交通运输网络的完善，以城市为先导带动西部的全面发展使西部地区具有了经济价值，吸引着移民到那里去，西部开发和西部城市"速成式"发展，改善了美国区域城镇化发展不平衡的局面。④ 20世纪30年代，美国经济大萧条过后，由于大都市发展停滞，中心城区的居住环境逐步恶化，同时，发达的高速公路网络和快速发展的石油业使汽车成为主要的交通工具，人们开始寻求远离城市的生活和居住地，中心城市人口开始向郊区迁移，出现了城市人口郊区化的趋势。

① 杨雁：《工业革命时期美国城市化道路评析》，《牡丹江大学学报》2008年第8期。

② 庄社明：《关于美国城镇化的考察》，《上海农村经济》2001年第4期。

③ 梁茂信：《1860—1920年外来移民对美国城市化的影响》，《城市史研究》1997年第1期。

④ 辜胜阻、徐进、郑凌云：《美国西部开发中的人口迁移与城镇化及其借鉴》，《中国人口科学》2002年第1期。

3. **高度城镇化阶段（20 世纪中叶至今）**

1950 年以来，伴随着第二、第三次工业革命的到来，美国经济社会结构发生了重要转变，高新技术产业和现代服务业等第三产业在城市经济中越来越占据主导地位，并对城市人口和经济的空间布局产生了重要影响。1989 年，美国城镇化率达到了 75%，基本实现了高度城镇化。2000 年以来，美国的城镇化在继续增长，但增长速度逐渐放缓①。在此阶段，一个引人注目的现象就是城市郊区化。1970 年，美国第一次出现郊区居民多于中心城市居民的现象，② 科技进步为西部和南部城市创造了大量的就业机会，吸引众多移民的到来，美国人口从市区向郊区转移，从东北部、中西部老工业区的大都市区迁往非大都市区的西部和南部地带。郊区化在改善美国城市人口和经济布局的同时，也造成了城市的过度蔓延，这种土地粗放利用，加大了城市基础设施的配套成本，不利于城市经济的发展。此外，在此过程中，大都市化成为美国城市空间的主要载体。从 20 世纪初开始，在集聚效应和吸纳效应的作用下一些中心城市得到快速的发展，并通过辐射作用和扩散效应超越了其原有的地域范围，向周边的中小城镇和地区扩张，并最终与它们在地域上紧密相连，一体发展。③

（二）美国城镇化发展特征

1. **市场在城镇化进程中发挥重要作用**

美国宪政联邦共和制的政治体制决定了其城市规划及管理属于地方性事务，联邦政府调控手段薄弱，政府较少进行干预或调控。市场需求

---

① 张庭伟：《当代美国城市化的动力及经验教训》，《城市规划学刊》2013 年第 4 期。

② ［美］美吉尔伯特 · C. 菲特、吉姆 · E. 里斯：《美国经济史》，司徒淳、方秉铸等译，辽宁人民出版社 1981 年版，第 647 页。

③ Meijers E. J., Burger M. J., Spatial Structure and Productivity in U.S. Metropolitan Areas. *Environment and planning A*, 2010, 42(6): 1383-1402.

成为美国城镇化的主要动力，城镇化与经济水平相同步，可以说，美国城镇化的进程，也就是美国经济不断发展的过程。然而，以美国为代表的自由放任式的城镇化，最突出的表现就是过度郊区化，最终演化成在服务和城市就业核心区以外以一种低密度、青蛙跳跃式的空间发展模式——城市蔓延（urban sprawl），这种城市发展模式会带走内城社区的税基，破坏农地和空地，增加城市成本（交通和环境），又促使社会收入阶层不平等加剧和种族的隔离。① 针对城市蔓延所带来的后果，“精明增长”的理念被提出，美国政府通过采取土地利用的功能分区、规划、增长管理等手段干预城市的发展。②

2. 因地制宜的城市发展规划

美国在城镇化的进程中，许多城市通过立足于地区的历史沿革、资源特色、环境条件等，制定符合当地情况和条件的城市发展规划。如作为国家首都的华盛顿，其规划充分统筹了国家用地规划、地区本身规划、历史建筑、军用地块等因素，在尽可能平衡多方利益的基础上形成有利于华盛顿长远发展的规划。③ 再比如在纽约、洛杉矶等大都市的边缘地区形成了以第三产业服务业为基础的特色城镇，由于环境优美、地价房价相对于大都市较低，且交通便利等原因，吸引了许多人定居于此。同时，随着城镇化的不断完善，美国不同城市或大都市区也显现出了主导产业突出、定位清晰的特点。如以商业、金融业为中心的纽约市，以旅游城市著称的迈阿密以及以为大都市提供生活所需的农副产品的加工、储存为支柱的部分美国西部城市等。

---

① 丁成日、孟晓晨：《美国城市理性增长理念对中国快速城市化的启示》，《城市发展研究》2007 年第 4 期。

② 马祖琦：《从“城市蔓延”到“理性增长”——美国土地利用方式之转变》，《城市问题》2008 年第 10 期。

③ 课题组：《美国城市化的主要特点及启示》，《中国党政干部论坛》2017 年第 8 期。

3. 大都市区成为美国城镇化空间的主要载体

20世纪20年代，美国城市人口超过农村人口，初步实现了城镇化，但城镇化的发展并未在城市的边界止步，之后，一些规模较大的中心城市超越其原有的地域范围，向周边郊区蔓延，在郊区快速发展的带动下，美国城市突破了传统发展模式，从单核中心型向多中心型过渡，进而形成了以大都市区发展为主的模式。20世纪50年代以来，在大都市化和郊区化的作用下，美国逐渐形成了几个具有世界级影响力的大都市连绵带：被称为“波士华”的美国东北部从波士顿沿大西洋至首都华盛顿的大都市连绵带，几乎囊括了东北部所有的大城市以及部分南部城市，如波士顿、纽约、华盛顿、费城、巴尔的摩等；被称作“芝匹兹”的美国中部五大湖周围从芝加哥到匹兹堡的大都市连绵带，囊括了包括芝加哥、底特律、托莱多、克利夫兰、罗切斯特、阿克伦、布法罗等在内的中部五大湖周围的主要城市；被称为“圣圣”的西部太平洋沿岸从圣迭戈至旧金山的大都市连绵带，囊括了加州的主要城市，如圣迭戈、旧金山、洛杉矶等。①

第二节　东亚日本与韩国的城镇化模式

一、日本的集约型城镇化模式

日本的城市化有其独特的模式，在第二次世界大战后短短30年左右的时间内完成了欧美发达国家用100多年才完成的城市化进程，城镇化水平从1950年的37%上升到1975年的76%②，成为第二次世界大战后率先实

① 孙群郎、郑殿娟：《西方发达国家后工业城市的主要特征》，《社会科学战线》2007年第5期。

② 沈悦：《日本的城市化及对我国的启示》，《现代日本经济》2004年第1期。

现城镇化的亚洲国家，这可以归功于其高效的集中式发展模式。

（一）日本城镇化发展演进历程

1. 城镇化起步阶段（明治维新—20 世纪 50 年代）

明治维新前，日本基本上还是一个农业国。1868 年，日本第一产业人数占就业总人数的 87.9%，第二产业只占 4.1%①，直到 1920 年开展全国第一次国情调查时，城市人口只有 1000 多万，占总人口的 18%②，当时绝大部分人仍生活在农村地区，全国只有为数很少的城市。随着以机器化大生产为标志的工业化进程的推进，大量的工业企业进入城市。20 世纪 30 年代，在日本政府的大力扶持下，逐渐形成了京滨、阪神、中京和北九州四大近代工业地带，引起了京都市、大阪市、名古屋市和神户市人口的集聚和经济的繁荣，到 1940 年，日本城镇化水平已达到 37.9%。但第二次世界大战的爆发，中断了日本的城镇化进程，1947 年时，日本城镇化率下降到了 33.11%③。

2. 城镇化快速发展阶段（20 世纪 50 年代—20 世纪 70 年代）

第二次世界大战后，日本不断加强经济建设和城市修复工作，对劳动力的需求进一步增加，人口不断从农村涌入城市。经过十年的恢复，从 1955 年起日本的城镇化开始走向高速增长，直至 1973 年第一次石油危机，在这 18 年间其取得了欧洲发达国家半个多世纪才达到的城镇化水平。在此阶段，人口向城市集中，在人口迁移的高峰期（1960—1964 年），有超过 300 万来自农村、小城镇和小城市的人口向东京、神奈川、大阪、名古屋

① 汪冬梅：《日本、美国城市化比较及其对我国的启示》，《中国农村经济》2003 年第 9 期。

② 付恒杰：《日本城市化模式及其对中国的启示》，《日本问题研究》2003 年第4 期。

③ 李辉、刘春艳：《日本与韩国城市化及发展模式分析》，《现代日本经济》2008 年第 4 期。

等大城市流动；城市数量增加，从1955年的490个增加至1973年的643个；城市化水平得到大幅度提高，从1955年的56%上升到1970年的72%①；大城市迅速膨胀，日本的大城市以近域蔓延和同心圆式辐射为主，最终形成了三大独特的圈层状大都市区空间结构的大都市圈：东京大都市圈、中京大都市圈和京阪神大都市圈。

3. 城镇化完善阶段（20世纪70年代至今）

20世纪70年代，日本城镇化已经达到高度城镇化的水平。1973年第一次石油危机后，日本经济结束了高速度的增长，同时由于城市人口基本达到饱和状态，城镇化发展进入稳定增长阶段。如，1996年城市化水平为78%，仅比20年前高出2个百分点②，2000年日本城镇化水平为78.68%，2005年为86.3%，2011年为91.3%。另外，在这一阶段，城市爆发出交通过度拥挤、住宅紧张、环境污染等“城市病”，很多城市人口开始逐渐向郊区迁移，大量小城镇崛起，城市人口向中小城镇大规模转移，从三大都市圈转移出的人口超过了移入的人口，向地方城市和中心城市周边町村聚集的人口明显增多③，城市与农村的界限逐渐模糊，出现农业人口和非农业人口混居现象。但进入21世纪，人口向作为日本政治经济中心的东京集中的趋势愈发显著，其中以信息产业的集聚最为突出，表现出再城镇化的趋势。

（二）日本城镇化发展特征

1. 紧凑集中式发展

在日本的城镇化进程中，独特的地理位置加上高人口密度使其城镇化

---

① 韦伟、赵光瑞：《日本城市化进程及支持系统研究》，《经济纵横》2005年第3期。

② 王德、彭雪辉：《走出高城市化的误区——日本地区城市化发展过程的启示》，《城市规划》2004年第11期。

③ 孙波、白永秀、马晓强：《日本城市化的演进及启示》，《经济纵横》2010年第12期。

形成以东京、大阪和名古屋三大都市圈为主导的模式。在20世纪60年代，日本的制造业高度集中在东京、大阪、名古屋、福冈这四大城市圈，占国土面积12%的四大城市圈独占了工业生产总值的70%；仅占国土面积2%的四大城市圈的临海部分，即所谓的四大临海工业地带，占据当时日本工业生产总值的30%以上[①]。在以大都市圈为主导的前提下，日本也注重中小城市、城镇的发展，如日本的《整备计划》中纳入了大约108个农村小镇。日本政府通过出台中小城市工业用地、劳动力保障和运输设施给予优惠等政策措施、实施全国综合开发规划等方式，缩小城市间的经济差距，带动中小城市、城镇的发展，努力实现本国区域城镇化的均衡发展。

2. 政府引导城镇化发展

日本的城镇化进程中，尽管以市场机制为主导，但是政府在其中起到了重要的引导作用。日本政府以推动立法、制定土地开发规划和出台相关产业政策等方式引导甚至主导城镇化发展方向。如日本的国土规划就包含了经济社会发展、区域基础设施配置以及国土空间结构等内容，涵盖了影响国家和地区发展的各个方面。[②] 20世纪40年代，日本政府就制定了国土开发纲要；1950年制定了《国土综合开发法》；随着经济社会发展，2005年又制定了《国土形成规划法》，明确国土空间规划为国土形成规划。日本政府通过法律法规体系强化了国家层面对国土的开发与保护、基础设施建设、空间结构与产业布局等的宏观调控，使得日本在城镇化的进程中，对国土资源有着较为合理的配置。

3. 工业化与城镇化同步发展

早在明治维新的城镇化起步阶段，日本就以一些诸如纺织、船舶等传

---

① 新玉言：《国外城镇化比较研究与经验启示》，国家行政学院出版社2013年版，第45页。

② 范毅：《日本城市化发展考察报告》，《中国发展观察》2014年第11期。

统产业带动人口向城市集聚。20世纪30至40年代形成的四大工业地带有力地启动了日本城镇化的步伐。第二次世界大战后，日本政府十分重视工业的发展，且轻重工业之间关系比较协调，轻工业的比较劳动率一直大大低于重工业，吸纳了工业化过程中大量从第一产业转出的劳动力，而重工业则始终保持高技术密集型，比较劳动生产率高，技术进步快，从而为整个国民经济的发展提供了先进的技术设备。[①] 1956年，日本的工业化进入加速增长阶段，同时，日本的城镇化也在飞速发展；1970年，日本已经成为世界第三经济强国，而其城镇化发展也达到了72%的高度城镇化水平。

二、韩国的大城市主导型城镇化模式

韩国作为一个新兴的工业化国家，在短暂的30多年时间里，获得经济的高速增长和人口的迅速增加，快速地实现了国家工业化，被世界誉为“汉江奇迹”，其城镇化发展历程具有与其他发达国家不尽相同的多样化特点。

（一）韩国城镇化发展演进历程

根据时代特征，韩国的城镇化发展演进历程可以梳理为以下四个阶段。

1. 城镇化起步阶段（20世纪30年代—40年代中期）

1910年，日本全面占领朝鲜半岛并开始了对其长达35年的殖民统治。1930年，韩国城镇化水平在5%以下，[②] 还是一个典型的农业国家，日本主要对韩国的原材料和农产品进行掠夺。从20世纪30年代开始，日本殖民当局把剥削的重点转移到了工业，通过产业政策调整，加强了对韩国工业的扶持。在此阶段，大量的农村从业人口失业，部分进入城市成为产业

① 高强：《日本城市化模式及其农业与农村的发展》，《世界农业》2002年第7期。

② 马先标：《韩国城市化历史演变的文化内涵》，《边疆经济与文化》2017年第4期。

工人，各大城市成为产业工人的聚集地，城市人口逐渐增加。到了20世纪40年代中期，城镇化水平从1920年的3.4%上升到1944年的13.7%[①]。

2. **城镇化非正常发展阶段（20世纪40年代中期—60年代初）**

1945年日本投降后，大批在第二次世界大战期间流亡国外的韩国人回到韩国；随后，1950年的朝鲜战争产生了大批从朝鲜半岛中部迁往南部的难民，这些人主要在大城市定居了下来，大城市人口快速增加。1953—1961年，韩国进行了以恢复经济和发展消费品进口替代工业为中心的第一次产业结构调整，开始由农业国向工业国转变，到了1960年，韩国的城镇化水平达到了城镇化开始跳跃式发展的27.7%[②]（1959年为20%），但当时的城镇化主要是因为人口向城市的迅速集中而引起的城市人口的急速增加，城市的产业与经济并未真实地发展起来。此阶段，韩国的城镇化是一种没有以城市工业化为依托的“假城市化”（pseudo-urbanization），或者叫“超城市化”（hyper-urbanization）[③]，是非正常发展的城镇化。

3. **城镇化加速发展阶段（20世纪60年代初—80年代末）**

进入20世纪60年代后，韩国政府连续制定了6个五年计划，1962—1971年实施以轻纺工业出口导向战略为中心的第二次产业结构调整，70年代实施以推行重化工业战略为中心的第三次产业结构调整，80年代实施以实现技术立国和经济稳定增长战略为中心的第四次产业结构调整，由此韩国完成了由轻工业向重工业的转变，由劳动密集型产业向知识、技术密集型产业的转变[④]，在经济领域创造了“江汉奇迹”，工业化水平迅速提高。

---

① 万勇：《城市化拉动内需的他山之石——韩国的实证与启示》，《社会科学家》2011年第3期。

② 陈志光：《中日韩城市化特征与比较》，《东北亚学刊》2016年第5期。

③ 王纪孔、朴炳仙：《经济转型期的韩国城市化及其对中国的启示》，《韩国研究论丛》2015年第2期。

④ 李东华：《韩国的产业集聚与城市化进程》，《当代韩国》2003年第1期。

伴随着国家快速工业化的进程，韩国的城镇化水平迅速提高。20 世纪 60 年代后半期，以 5 年为间隔，韩国的城镇化率以 7%甚至 8%的增长率进行，从 1960 年的 27.4%增长到 1970 年的 41.2%、1980 年的 57.3%，直至 1990 年达到了 74.4%①，用了大约 30 年的时间，韩国完成了城镇化快速发展阶段，城镇化水平提高了约 45 个百分点。快速的城镇化导致了空气污染、交通堵塞等“城市病”，同时也暴露出首都圈人口高度集中，城市发展极不平衡的城镇化非均衡发展问题②。

4. 高度城镇化阶段（20 世纪 90 年代至今）

以 1990 年为转折点，韩国城镇化的增长率开始呈现下降的趋势，如，1985—1990 年，韩国城镇化的增长率为 9.0%，而 1990—1995 年，则减为 3.8%，不过仍然处于高度城镇化阶段。在此阶段，首都圈人口依旧高度集中，到 1992 年就已经汇集和容纳了全国人口总数的 1/4 以上③；但 20 世纪 80 年代高速增加的 100 万人口以上大城市，进入到 90 年代之后出现了停滞现象，而 20 万—100 万人口规模的中小城市却持续膨胀。

（二）韩国城镇化发展特征

1. 优先发展中心城市

在韩国城镇化快速发展时期，少数中心城市获得优先发展，并且在全国占据规模结构和功能结构的突出位置④。20 世纪 60 年代以来，韩国政府一贯奉行“工业为主，大企业为主，大城市为主”的政策，一方面，工业受政府计划的指导，在城市特别是大城市集中，如在城镇化高速增长的初

---

① 金恩斌：《韩国城市化及其对延边城市化的启示》，《延边大学学报》（社会科学版）2006 年第 1 期。

② 金元欢、王剑：《韩国城市化发展模式研究》，《城市问题》1996 年第 6 期。

③ 李惠国：《当代韩国人文社会科学》，商务印书馆 1999 年版，第 15 页。

④ 陈波翀、王家庭：《韩国城市化快速发展的动力机制研究》，《宁夏党校学报》2004 年第 5 期。

期全国几个主要的中心城市集聚增长；另一方面，人口流动不受任何限制，使得韩国人口在大城市集聚十分明显，如集中分布在以汉城（今首尔）为中心的京仁工业区和以釜山为中心的东南沿海工业区及其连接两地的高速公路沿线的韩国六大城市（汉城、釜山、大邱、仁川、光州、大田）的人口在1980年就已经集聚了全国72.87%的城市人口。① 此外，首位城市的集聚度和优先增长在韩国的城镇化进程中也非常突出，如1990年韩国的首都城市人口规模为1061.3万人，城市首位度为2.79。②

2. **政府引导城镇化发展**

韩国虽然奉行市场经济，但是政府在经济中的作用始终左右着发展的时空结构，区域经济开发和规划很大程度上是在行政计划框架内运行的，是“行政推动型工业化”的国家。③ 如通过采取设立经济开发区来推动人口等要素向某些区位快速集聚措施等这种带有“计划空间”意味的政策，来引导城镇化进程中城市人口的流向。同时，鲜明的中央集权特征成为推动韩国城市高度集中发展的另一个主要因素。首都城市在经济、政治、文化生活中发挥着中心作用，其在城市体系中突出的城市功能作用在一定程度上削弱了非首都城市的竞争能力，影响了非首都城市发展的活力，从而制约了全国城市体系的结构功能。

3. **城乡非对称发展**

20世纪60年代，韩国推行了两个五年经济开发计划，启动了“出口导向”的工业化战略，加快了工业化和城镇化的发展。但在同一时期，由于政府忽视农业和农村的发展，造成农业和农村的严重落后。如在第一个

① 李辉：《韩国工业化过程中人口城市化进程的研究》，《东北亚论坛》2005年第2期。

② 杨建军、李王鸣、王纯彬：《日韩城市化特征与浙江省的比较研究》，《地理学与国土研究》1998年第1期。

③ 孙颖：《面向全球一体化的韩国空间政策》，《地理译报》1996年第1期。

五年经济开发计划（1962—1966年）期间，全国国民生产总值和工矿业增长率分别达到了7.7%和14.1%，而农林渔业增长率仅为5.1%；到了第二个五年经济开发计划（1967—1971年），城乡之间的差距更为明显，全国国民生产总值和矿业增长率分别达到了10.5%和20.3%，而农林渔业增长率下降为2.3%。此外，1960年，韩国农村农民家庭收入超过城市家庭收入，但到了1970年，反而减少到城市家庭收入的70%。农业的落后和农村的衰败导致韩国国内工业产品市场的紧缩等问题，影响到工业和经济的可持续发展。之后的第三个五年经济开发计划，韩国发起了“新村运动”，“新村运动”尽管促进了农村和农业现代化，然而，极为有限的政府投资加上中央政府主导的推进方式，不可能根本改变农业和农村结构。①

第三节　其他国家的城镇化模式

一、以巴西为代表的拉美国家城镇化模式

巴西是拉美地区国土面积最大、人口最多、经济发展水平居前列的大国，城镇化水平相当高。但是，巴西的城镇化优先于工业化，属于过度城镇化模式，其城镇化进程和特征在拉美地区具有典型的代表性。

（一）巴西城镇化进程

1. 城镇化初期阶段（20世纪30年代以前）

16世纪30年代，巴西沦为葡萄牙殖民地，建立在出口农业基础上的殖民地经济决定了当时为数不多的城市的功能主要为商品的集散服务，因此葡萄牙殖民者占领巴西后所建立的首批城市多位于沿海地区，如巴西以前的首都萨尔瓦多、里约热内卢等。18世纪矿业的兴起使得巴西的城镇化

① 党国英：《韩国新村运动及对我国的启示》，《山东经济战略研究》2006年第8期。

进程开始向内陆延展。19 世纪初，葡萄牙王室迁至巴西并定都里约热内卢，促使城市人口急剧增加，城市规模不断扩大，新的城市不断涌现。19 世纪中叶之后，咖啡经济的繁荣促进了城市和港口、铁路的建设，在此周围随之兴起了一批新的城镇。到了 19 世纪后期，大规模欧洲移民的进入促进了巴西城镇化的发展，并于 1870—1880 年间形成移民高潮。总体而言，20 世纪 30 年代之前，巴西主要的经济增长方式是以热带经济作物的种植和出口以及一些矿业开采为主，奴隶制废除后作为自由人的奴隶的涌入以及欧洲为主的外来移民的进入是推动其城镇化进程的主要力量，本质上是属于无工业化的城镇化。在葡萄牙近 300 年的殖民统治期间，巴西作为殖民地国家，其城镇化的发展主要是为其宗主国服务的，城市依然承担传统的职能，如商业、官僚机构和初级工业活动中心。①

2. 城镇化快速发展阶段（20 世纪 30 年代至今）

1930 年，瓦加斯革命结束了“牛奶加咖啡”的农业寡头政治，巴西开始了工业化进程，实施进口替代工业化战略，从而促进了中心城市的快速发展。1933—1939 年，巴西的工业年均增长率达 11.2%，1940 年，巴西的城市人口比重已达 31%②。第二次世界大战结束后，巴西进入现代化发展的起飞阶段，全面推进工业化，工业发展战略由初级产品出口转向进口替代工业化为主，重点和优先发展与工业化相关的基础设施，并大力投资制造业。到了 20 世纪 60 年代末 70 年代初，巴西经济年均增长速度达到 10.1%，创造了“巴西奇迹”，并初步建立起了较为完整的工业体系。在工业化的带动下，巴西城镇化加速发展，20 世纪 50 年代到 70 年代的 30 年间，是巴西城镇化飞速发展的时期，城镇化水平从 36.2% 上升至 67.6%，完成同样的城镇化历程，发达国家一般花费约 50 年的时间，且人

① 李瑞林、李正升：《巴西城市化模式的分析及启示》，《城市问题》2006 年第 4 期。

② 张亚匀、张嘉俊：《巴西城市化面临的问题》，《国际研究参考》2014 年第 11 期。

均国民生产总值同时增加约 2. 5 倍，而巴西的人均国民生产总值仅增加了 60%，这说明了巴西的城镇化进程与经济发展明显脱节。① 2002 年巴西的城市化率达 82%，2005 年达到了 84. 2%，城市化的发展速度已大大超过工业化的发展速度，出现了过度城镇化（over-urbanization）现象。② 过度城市化带给巴西非常严重的城市贫困问题，贫民窟在城市中蔓延，导致了各种城市社会问题。

（二）巴西城镇化特征

1. 城镇化与工业化发展失调

城镇化是工业化的必然结果，城镇化与工业化相适应是经济持续发展的客观要求。以巴西为代表的拉美国家的城镇化典型的特征就是过度城镇化，工业化发展明显滞后于城镇化。总体来看，在 20 世纪 80 年代以前，拉美国家的城市化低于北美、欧洲、大洋洲；但是，20 世纪 80 年代以后，即使在 1980—1990 年拉美经济增长不景气的 10 年里，城市人口依然在膨胀，到了 1990 年已经超过了欧洲，1991 年又超过了大洋洲③。2010 年，拉美已经成为世界上仅次于北美的城镇化率最高的地区之一：拉美为 79. 6%，仅次于北美的 80. 7%，但分别高于欧洲的 72. 8%、大洋洲的 70. 2%、亚洲的 39. 8%和非洲的 37. 9%④。这种过度的城镇化使人口过分集中于大城市，城市就业问题又解决得不好，城市建设的步伐也赶不上人

① 李瑞林、王春艳：《巴西城市化的问题及其对中国的启示——兼与中国城市化相比较》，《延边大学学报》（社会科学版）2006 年第 2 期。

② 程洪、陈朝娟：《论 20 世纪拉美城市化进程及其对中国的启示》，《拉丁美洲研究》2006 年第 2 期。

③ 郑秉文：《拉美城市化的经验教训及其对中国新型城镇化的启发》，《当代世界》2013 年第 6 期。

④ 郑秉文：《拉美城市化的教训与中国城市化的问题——“过度城市化”与“浅度城市化”的比较》，《国外理论动态》2011 年第 7 期。

口城市化的速度，结果造成大量城市贫困人口，带来严重的社会问题，城市化质量很低①。

2. **城乡发展失衡**

受殖民经济的影响，巴西农业属于严重依赖出口的外贸型农业，注重单一农作物的生产，不仅严重制约了农业的多样化发展，而且不能和工业协同发展。巴西政府长期以来的“以农养工”战略更进一步加剧了本国工农业发展失衡的局面，城市和工业汲取了农村和农业大量的资源，城乡发展愈加不平衡。一方面是滞后发展的农村经济，另一方面是占有很少或不占有土地的农民，这些都导致了巴西农民的贫困，农村与城市的差距逐渐加大。另外，城乡之间的差距也将农民吸引到城市，导致城市中劳动力的供给远大于劳动力需求的矛盾。如 1980—1994 年的 15 年间，拉美贫困人口由 1. 359 亿增加到 2. 093 亿，净增 7340 万；其中，城市贫困人口增加 7250 万，而农村贫困人口只增加了 90 万，也就是说，拉美国家的社会贫困现象由过去分散在广大农村，转变为现在主要集中于城市。② 总体而言，以巴西为代表的拉美国家的城乡发展失衡问题使城市贫困进一步加剧，国家贫富差距愈发悬殊。

3. **政府政策导向失当**

在发展中国家的城镇化进程中，数量日益增长、规模日渐扩大的城市不仅是人口集中的地方，同时也是滋生贫困和混乱的温床，是对城镇化时代政府治理能力的挑战。巴西政府在城市治理，尤其是对本国城镇化进程中产生的贫富差距分化问题的治理却事与愿违，治理结果也收效甚微。就巴西的财政返还政策而言，该政策向发达地区和富裕地区倾斜导向人为地

---

① 苏振兴：《谨防城市化的消极后果——拉美国家城市化的基本教训及启示》，《中国经贸导刊》2006 年第 10 期。

② 张惟英：《拉美过度城市化的教训与北京人口调控》，《人口研究》2006 年第 4 期。

造成了地区差距和阶层差异。巴西的财政返还政策是根据各州工资标准确定税收，然后按税收贡献向各地返还，这导致征税越多返还越多，征税越少返还越少，是一种典型的穷者愈穷、富者愈富的“马太效应”政策，这种政策的直接后果是人为地造成地区差距拉大，形成非常明显的富人和穷人阶层，贫富阶层泾渭分明。[①] 如圣保罗、里约热内卢等大城市有较为充足的资金进行基础设施和社会公共事业投资，而一些中小城市则长期得不到足够的投入，大中小城市之间的差距越来越大。另外，在“贫民窟问题”上，政府没有采取有效的政策措施去激励和满足这部分生活在城市中的贫困人群的住房需求，也没有为他们的自建房提供必要和足够的基础设施。巴西政府将贫民窟视为前现代生活方式的体现，仅仅是过渡现象，忽视了贫民窟是进口替代经济模式的结构性产物，仅有的针对“贫民窟问题”的举动是在贫民窟形成后采取的拆除或是投入大量资源进行“正规化”等的“补救”行为。[②]

二、以印度为代表的南亚国家城镇化模式

（一）印度城镇化进程

1. 城镇化准备阶段（18 世纪下半叶—20 世纪 50 年代）

在英国殖民印度以前，印度的城镇化水平很低。英国的殖民统治促进了印度城镇化的初步启动，也使得印度城镇化具有了典型的殖民地特征：服务于英国殖民者掠夺原料和倾销商品的一批港口城市最先兴起，并开始沿着一些内地农、矿产区修筑铁路，这促使原料产地及铁路沿线产生了一批新的城镇，带动了一系列工商业城市的发展。同时，殖民经济也冲击了本国的传统手工业，加之占有大量土地的地主阶级的出现，农村大量丧失

① 谭炳才：《巴西“贫民窟”现象的启示》，《广东经济》2008 年第 2 期。

② 陈禹：《巴西城市化进程初探》，《亚太研究论丛》2015 年第 1 期。

土地的自由劳动者涌入孟买、加尔各答、马德拉斯等功能聚集、经济相对发达的大城市，以寻求就业机会，这些城市的人口迅速膨胀。但是带有殖民地特征的城镇化使这些大城市与本国市场和区域经济发展严重脱节，根本无力很好地吸收来自农村的大量人口，因而导致了基础设施建设薄弱、失业人口比例高涨等城市问题。

2. 城镇化初期阶段（20 世纪 50 年代至今）

1947 年印度独立，独立后印度城镇化的步伐有所加快。每十年城市人口增加比例从 1961 年的 26.4% 增加到 1971 年的 38.2%，1981 年的 46.0%，1991 年的 39%，以及 2001 年的 31.4%，均大大高于 20 世纪前 30 年的增长水平[①]。印度自独立后直到 20 世纪 80 年代国家的发展战略一直是坚持公平在先、效率其次的均衡发展的思路，通过将工业从大城市中撤离以改变集中的工业分布模式、限制金融机构投资区域以及中央政府财政转移支付等政策措施来缩小区域间的经济发展差距。[②] 但均衡发展经济的思路阻碍了印度城镇化水平的整体提高，整个国家的城镇化总体水平并没有快速提高。20 世纪 90 年代后的经济自由化改革使得城市化步伐提速，加上印度没有对人口流动加以限制，导致了大城市人口的无限膨胀，而中小城市发展缓慢。总体而言，殖民地时期形成的畸形城镇化发展模式在独立后不但没有得到修正，反而愈演愈烈，许多大城市都患上了交通堵塞、水电供给短缺、成片贫民窟的严重的“城市病”，快速的城市化速度没能持续地发展下去。

---

① 王红生：《印度城市化进程缓慢原因探析》，载中国科学院中国现代化研究中心编：《第四期中国现代化研究论坛论文集》，2006 年。

② 曹骥赟：《印度城市化进程对中国城市化的启示——兼比较两国城市化进程》，《延边大学学报》（社会科学版）2006 年第 2 期。

（二）印度城镇化特征

1. 城镇化水平区域差异明显

殖民地时期，受殖民经济的影响，城市人口高度集中于大城市和特大城市，导致中小城市发展缓慢甚至陷入停滞状态，城市层级规模呈现倒三角形的梯次结构，西部地区的城镇化高于东部地区，南部地区的城镇化高于北部地区。独立以后，印度的工业化进程是在农业生产率很低的条件下发动的，大规模的工业投资使印度在较短时间内就初步建立起比较完整的现代工业体系，但是这样的工业化不仅没有带动农村经济发展和劳动力就业结构的变革，反而形成了落后的农业经济与相对发达的工业经济同时并存的二元经济结构，绝大部分的农村人口被排除在工业化之外，城市与农村的经济差距进一步拉大。[①] 这导致少数大城市、特大城市较孤立地分布于某些区域，周边缺乏足够的中小城市与其相互联系，大城市无法起到带动整个地区城市系统发展的支撑点作用。

2. 城市人口自然增长率高

一般情况下，一个国家的城市人口增长主要有三方面的推动因素：一是城市人口的自然增长；二是农村剩余劳动力向城市转移，从而使城市人口增加，三是城市地域范围的重新界定。在城镇化的进程中，印度城市人口的增长与多数国家不同，城市人口的自然增长是其城镇化率提高的主要原因。如1971—1980年间，印度城市人口增量中，大约41%的城市人口是自然增长，36%是农村剩余劳动力向城市迁移；在1981—1990年间，60%的城市人口是自然增长，22%的城市人口是农村剩余劳动力转移而来。[②] 总体而言，从1950—2005年的55年间，印度城市人口净增长了2.5亿

---

① 孙士海：《印度的城市化及其特点》，《南亚研究》1992年第4期。

② 任冲：《中国特色新型城镇化发展战略选择研究》，山东大学博士学位论文，2015年。

多,[①] 但在整个城市人口增长中，由于印度的种姓制度消解了部分农村人口向城市迁移的意愿，导致这其中只有大约20%来自外来农村剩余劳动力的转移，而且主要是在同一行政区内或同一邦内转移。[②] 虽然印度城市人口规模的绝对增长量是巨大的，但与其他国家和地区相比，印度的城镇化进展却显得相当缓慢。低水平的城镇化使印度大城市人口无限度地扩张，导致城市基础设施崩溃，带来住房、就业、交通、基础设施等一系列城市社会问题。

3. 城镇化发展缺乏政府的宏观调控

印度独立后，在移植西方民主政体的基础上，根据本国国情对其进行改造，建立了现代民主政体，被称为世界上最大的议会民主制国家。在城镇化进程中，印度奉行人口自由流动的理念，政府的宏观调控作用几乎微乎其微，市场完全调节着印度城镇化的发展方向与速度。自由迁徙的人口导致印度的城镇化进程中出现了严重的“城市病”，由于人口基数庞大，印度农村人口向大城市、特大城市流动的规模很大，并远远超过城市经济增长吸纳劳动力的能力，导致大城市的人口无限膨胀，再加上低水平的经济发展，城市中出现大量的失业人口和大片的贫民窟。城镇化进程中，无法仅仅依靠市场来解决一系列社会问题，市场无法为居住在贫民窟里的贫困者提供住房，也无法有效解决城市的环境污染问题。在农村人口向城市转移的这个问题上，尤其是在人口基数较大的国家，如果没有政府的宏观调控和必要的政策法规，农村人口向不同层次的城市转移的过程中将无法避免地出现混乱无序的状态，会不利于城镇化的健康发展。

---

① 何志扬：《城市化道路国际比较研究》，武汉大学博士学位论文，2009年。

② 熊杰：《试论种姓制度对印度城市化进程的影响》，《社科纵横》2012年第4期。

第四节　国外城镇化发展主要经验启示

以上不同国家的城镇化发展道路，代表了适合其国情的正确选择。汲取和借鉴国外城镇化发展进程中的经验，对于促进中国城镇化健康、有序发展具有重要的指导意义。

一、注重城镇化与工业化的协调发展

国外城镇化的实践表明，城镇化是近代工业化的产物，是伴随工业化进程必然出现的经济社会现象。工业化是城镇化的根本动力，城镇化能对工业化和经济发展产生巨大的推动作用，是一个国家实现工业化和现代化的必然趋势和必然要求。简言之，工业化和经济发展是城镇化健康发展的根本动力，城镇化与工业化之间相互促进、协调发展的良性互动是城镇化健康发展的必由之路。世界上大多数国家都必须经历工业化过程才能实现向现代社会的转变，工业化的实现程度从根本上决定了一个国家的经济发展程度。如英国作为世界上最早开始工业化和城镇化的国家，其城镇化紧随着工业化的发展而发展，曼彻斯特、伯明翰、利物浦等一大批工业城市的崛起与壮大便是如此；德国的鲁尔地区、法国北部地区、美国大西洋沿岸等地区都是随着资本、工厂、人口向城市的迅速集中而成为城市密集地区。反之，脱离工业化发展水平的城镇化发展将造成过度城镇化、低水平城镇化等"不良"结果。如以印度为代表的一些国家的工业化发展水平明显滞后于城镇化，在这些国家中，不充分发展的工业和城市经济无法为农村转移出来的劳动力提供相匹配的就业机会，大量人口在城市的无序集聚导致了严重的城市贫困问题，贫民窟在城市中无休止地蔓延，各种城市社会问题频发。

二、发挥政府的调控作用

无论是欧美还是东亚的城镇化进程，政府在政策制定、具体实施、后期扶植等方面都做了大量的具体工作。城镇化建设是一个需要多方主体共同参与、多项事业共同推进的系统工程，离不开政府必要的干预和调节。一则，一个城市发展的具体格局、模式需要由政府科学合理地作出规划，基础性设施建设需要由政府来规划和引导，同时政府也需要为城镇化发展营造良好的政策和法律环境。[①] 如面对人多地少和资源匮乏的国情，日本政府自20世纪60年代起，先后制定5次全国综合开发规划和一系列法规，并编制三大都市圈发展规划；韩国政府也先后4次编制了国土综合开发规划，以改善区域发展不平衡的状态。[②] 二则，以城市人口为主的社会比以农村人口为主的社会，客观上存在着更多的公共问题。随着城镇化进程的推进，城市人口数量的日益增长对城市基础设施、社会保障等公共服务提出了急切的需求，同时，环境污染、交通堵塞等由负外部效应产生的公共问题更是需要政府在其中发挥积极的宏观调控作用。如面对日益严重的城市问题，英国政府先后制定了《公共健康法》《住宅补贴法》《住宅改进法》《工人阶层住房法》《住宅与规划法》等一系列有关环境卫生和住房标准的法规；巴西南部的库里蒂巴市政府采取的以公共交通为导向的城市开发规划模式，使其在快速的城镇化进程中有效地避免了城市交通拥堵的问题。

三、重视农业和农村的发展

国外城镇化发展实践表明，城镇化是以农村、农业、农民为条件发展

① 王秀玲：《对国外城镇化发展的思考》，《河北师范大学学报》（哲学社会科学版）2006年第4期。

② 林梅：《国外城镇化发展的主要经验与借鉴》，《理论动态》2010年第14期。

起来的，[①] 农业和农村的发展是城市化健康发展的重要基础。许多发展中国家出现的过度城镇化和城市人口过度集中等问题，其根源正是农业的落后和农村的衰败。[②] 如巴西，农村土地高度集中在少数庄园主手中，多数农民拥有的土地极为稀少，只能靠租种土地来艰难度日，导致城市贫民窟蔓延与农村生活贫穷的问题同时存在；对农村投入较少，导致农业耕作方式和生产技术落后，农业生产率不高，农业现代化对城镇化推动作用不明显。另外，发达国家的城镇化经验表明，一个国家或地区的城市化达到一定的高度之后，人口向城市集中的势头将会减弱，乡村本身的城市化正在加快。乡村不再发展成为传统的城市，而是在保留乡村的某些特征的同时，在生产方式、居住方式、生活方式以及交往方式、思维方式等方面均为城市文明所同化，即城市化的乡村，在这里人们已享受到普遍的城市文明。[③] 城和乡的概念已经没有十分严格的区分，一般生活设施水平同大城市差别不是很明显，即使最小的村镇，也有着大城市所具备的某些设施。

四、坚持以国情为城镇化建设的出发点

一个国家的城镇化道路离不开本国的社会经济发展状况、历史基础、文化传统 、价值观念等特殊背景，这一特殊背景决定了城镇化发展的基本走向。国外城镇化较为成功的发达国家中，既有大陆型国家，也有海岛型国家，既有人口众多、幅员辽阔的大国，也有人口较少、国土狭小的小国，不同国家的国情条件和城镇化发展进程存在差异，因而其城镇化发展模式、城市规模结构以及空间布局等呈现出各自的特色，并在城镇化的进程中不断地动态调整。以拉美、南亚等国家为代表的城镇化发

① 徐君、张娜、王育红：《国外城镇化建设模式及对中国的启示》，《工业技术经济》2014年第4期。

② 郁鸿胜：《城市化研究国际理论前沿》，上海社会科学院出版社2017年版，第190页。

③ 高珮义：《中外城市化比较研究》（增订版），南开大学出版社2004年版，第43页。

展历程已经清楚地表明，城镇化发展型国家必须依照本国国情而定，无论主动或是被动地盲目照搬别国经验，都将可能导致城镇化的不良发展。改革开放40多年来，中国的社会、经济、文化和市场发生了巨大的变化，中国特殊的历史背景和条件决定了国外发达资本主义条件下发展的城镇化理论（社会剩余产品理论）和发展中国家的城镇化理论（推拉理论）都难以被直接引进并加以应用。① 中国的城镇化建设应重视各地方的实际需求，着力规划与突出各地方的特色；汲取各国城镇化建设的经验和教训，重视采用博采众长的城镇化道路，从而走出符合中国特色的因地制宜的城镇化道路。

五、协调大、中、小城市的发展

城镇化的健康发展很大一部分取决于健康的城镇结构体系，世界城镇化发展模式大都是形成大、中、小城市层次分明、功能协调的城市体系，② 大城市要发挥好对周边区域的辐射功能；中小城市则承担带动临近地区发展的职责；小城市要充分发挥人口集聚的功能。③ 发达国家的城镇化历程中，往往优先发展大城市，但由于大城市人口高度集中、就业困难、环境恶化、房价房租高昂等"城市病"严重，中小城市的建设被逐渐重视。其中，小城镇连接着农村与城市，被誉为"城市之尾，农村之首"，在支持城市、辐射带动农村的城镇化进程中发挥着越来越重要的作用，小城镇建设因而成为国家或地区实现由传统社会向现代社会转型、城镇化建设的重要内容。如20世纪初英国利用城市与区域规划引导城乡协调发展，大规模

---

① 顾朝林：《国外城镇化主要经验启示》，《城市》2010年第10期。

② 王秀玲：《对国外城镇化发展的思考》，《河北师范大学学报》（哲学社会科学版）2006年第4期。

③ 孔祥智、盛来运：《中国小城镇发展报告：城乡统筹视角下的小城镇2009》，中国农业出版社2010年版。

建设新城镇；美国采用农工协调、城乡融合的方式发展小城镇；韩国通过开展“新村运动”，带动农村城镇建设；巴西通过建设卫星城来推进小城镇的发展。

结 语

当前，城镇化作为消除我国城乡之间、区域之间发展不平衡的重要手段，已上升为国家战略，立足国情走中国特色城镇化道路的成功经验也得到广泛认同。在总结经验、反思问题的基础上，未来，我国城镇化需要走多元化发展、差异化发展、包容性发展与协同化发展之路。城镇化发展需要多元主体协同共治。

一、基本结论

回顾前述各章，本书得出以下几点结论：

其一，我国城镇化发展总体上形成了“两基—多维—网状”的基本结构。“两基”即是依托本地与异地两个支点而形成的就地城镇化与异地城镇化两种基本类型。“多维”是指两种类型实现的多种方式，即各具特色的农民非农化方式，如“苏南模式”“温州模式”“珠三角模式”等。“网状”是指大中小城市与城市群协同发展的网络状空间格局，从而尝试对中国特色城镇化实践道路作出初步的理论解释。

其二，我国城镇化发展客观上存在区域之间（包括区域内部）的不平衡。不论是城镇化“量”还是城镇化“质”，总体上都存在“东高西低”的现象，即东部沿海地区高于中西部地区和东北地区。就同一个省份如江苏省来说，城镇化质量（以集中居住区居民主观生活质量来反映）也存在苏南与苏中地区高于苏北地区的问题。区域的资源禀赋、经济基础、政府行为、国家宏观政策等因素影响了城镇化发展的水平和质量。

其三，我国城镇化发展存在一定的结构性风险与挑战。主要表现为存在一定程度的产城分离（即土地城镇化快于人口城镇化），以及层级化的城市行政管理体制障碍，影响了城镇化的健康发展，也对处于较低层级的小城镇的发展造成了不利影响。

其四，我国东部沿海地区在城镇化发展过程中率先进行了有益的探索。如以强镇扩权与镇改市为代表的城镇行政管理体制改革等，这些制度创新突破了原有固化体制的束缚，适应了城镇化发展的需要，为我国城镇化发展积累了地方性经验。这表明，我国城镇化发展的过程也是城镇公共治理体系不断完善和治理能力不断提升的过程。

二、我国城镇化的未来发展之路

（一）城镇化应走多元化发展之路

鉴于我国区域差异较大的国情特点，城镇化发展应该走多元化道路。即总体上采用就地城镇化与异地城镇化相结合的模式。前者主要依托乡村振兴与小城镇发展来实现劳动力就地转化，后者主要依托大中城市来吸纳农村剩余劳动力。因此总体上可以形成以下四种方式：以中心村为载体的城镇化、以小城镇（市）为载体的城镇化、以大中城市为载体的城镇化、以城市群为载体的城镇化。而以中心村为载体的城镇化也有不同的发展模式，既可以依靠内源式发展（包括吸引农民工返乡创业），也可以寻求外部支持，如采用联村党建型、村镇联动型、村企合作型、移民援建型等外援式城镇化发展道路。就农民自身来说，既可以选择就地城镇化也可以选择异地城镇化，或两种方式兼而有之。多元化发展之路契合了我国区域的“多样性与复杂性”① 特征，同时也表明了城镇化发展模式的可选择性与可

① 李强等：《多元城镇化与中国发展：战略及推进模式研究》，社会科学文献出版社 2013 年版，第 25 页。

替代性，因而城镇化没有一个固定不变的模式和样态。究竟采用何种模式，要取决于特定的区域条件、主体意愿以及外部环境等，是综合因素作用的结果。

（二）城镇化应走差异化发展之路

差异化是多元化的另一种表述，因为多元化本身就意味着异质性。但这里的差异化更强调城镇化发展的地方化、特色化、个性化特征，亦即各地依据自身的地理、自然与人文条件，选择合适的产业项目，做到一村（社）一品、一镇一品，避免城镇化过程中的产业趋同现象。当前特色小镇建设所强调的正是这种产业特色，包括产业错位发展、资源优势互补，如南京高淳桠溪国际慢城打造慢生活的特色之路，苏州镇湖苏绣小镇的绣品制作特色之路，两者分别代表了外生型特色产业与内生型特色产业，产业路径虽不同但取得了同样好的效果。这为农村城镇化高质量发展提供了有益指导，也为新城新区产城融合发展提供了借鉴与参考。因此，在推进农村城镇化过程中，地方政府要秉持求异思维，遵循差异化发展的原则，一方面要借助外力引进适宜的特色产业项目，做大做强特色产业品牌，带动本地经济发展；另一方面要充分挖掘和发挥当地的资源禀赋和特色优势，将资源优势转化为产业优势，因地制宜打造具有自身特色的主导产业。即使是在资源匮乏地区，“富有想象力地利用局面”，也能够将不利因素转化成为发展的资源。①

（三）城镇化应走包容性发展之路

包容性发展作为一种发展理念强调城市包容乡村发展，即通过“城市利益让渡”与“城市援助乡村”② 来体现城市对乡村的反哺与回馈，扭转城市对乡村的剥夺，重塑城乡关系，降低城镇化发展风险。具体来说，

① ［法］克罗齐耶：《法令不能改变社会》，张月译，格致出版社 2008 年版，第 90 页。

② 刘祖云、李震：《城市包容乡村：破解城乡二元的发展观》，《学海》2013 年第 1 期。

一是城市全面带动乡村发展。一方面，城市因其经济与产业较为发达，就业机会较多，因而可以为农民异地城镇化提供强大支撑，以解决农村剩余劳动力的问题；另一方面，城市要利用其自身的人才、资金、技术等资源优势，与乡村结对帮扶，向乡村输送资源，带动乡村发展。二是城市发展成果为全体人民共享。共享是中国特色社会主义的本质要求，也是以人为核心的城镇化的目的所在。要让那些为城镇化发展与城市建设作出贡献的农村人口分享城镇化的发展成果，如因土地被征用的农民理应分享土地的增值收益，通过异地城镇化进城的农民工理应获得同等的市民待遇。因此，要通过制度设计合理提高被征地农民分享土地增值收益的比例，以积分（入户、入学、入医）制管理为抓手完善农民工享受城市公共服务各项制度，让被征地农民与进城农民工都能够分享到城镇化发展的红利，提升他们的获得感、幸福感和满意度，从而实现城镇化过程中的包容性发展。

（四）城镇化应走协同化发展之路

鉴于我国城乡区域发展不平衡的现实，城镇化应走协同化发展之路。这里的协同发展包括城乡协同发展、区域协同发展。城乡协同就是要打通城乡之间要素自由流通的通道，促进城市人才、技术、资本、信息、物资向乡村流动。从城乡连续体来看，就是形成“（中心）村——小城镇（市）——中等城市——大城市——城市群（都市圈）”协同发展格局。区域协同就是建立区域之间及区域内部一体化的联动发展机制，如通过扶贫协作、移民援建、村企合作等促进东部地区的资本、人才、技术、信息向中西部农村地区转移；区域内部村镇、村企之间也可以通过抱团与合作的形式实现最大化发展。城镇化的协同发展离不开多元主体协同共治，这就要求在党委政府领导下，市场与社会部门充分参与其中，各司其职、各负其责。其中，政府部门要加强城镇化发展的顶层设计，出台支持城镇化发展的各项政策措施，完善城镇化发展的区域协作合作制度，引领多元主体参与城镇化建设。市场部门可以以项目的形式为乡村发展提供资金与产业支持，带动村民就业和增收，实现就地城镇化。高校与科研院所等社会部门则可以为乡村振兴和小城镇发展提供必要的技术、人才与技能培训支持。而对于城市社区部门来说，要以社区为平台重点做好进城农民工与被征地农民的社区服务工作，促进新市民的转型适应与城市融入。最终在多元主体的共同努力下，形成城镇化建设的集体行动与整体合力。

参考文献

［法］H. 孟德拉斯:《农民的终结》，李培林译，社会科学文献出版社2010年版。

［英］卡尔·波兰尼:《巨变：当代政治与经济的起源》，黄树民译，社会科学文献出版社2013年版。

［美］霍华德:《明日的田园城市》，金经元译，商务印书馆2000年版。

［美］保罗·诺克斯、琳达·迈克卡西:《城市化》，顾朝林等译，科学出版社2009年版。

［英］彼得·华莱士·普雷斯顿:《发展理论导论》，李小云译，社会科学文献出版社2011年版。

［美］彼得·马库塞等主编:《寻找正义之城：城市理论与实践中的辩论》，贾荣译，社会科学文献出版社2016年版。

［澳］罗伯特·J. 斯廷森、罗杰·R. 斯托、布莱恩·H. 罗伯茨:《区域经济发展：分析与规划战略》，朱启贵译，格致出版社2012年版。

［美］道格拉斯·C. 诺斯:《制度、制度变迁与经济绩效》，刘守英译，格致出版社1994年版。

［美］麦克·布洛维:《公共社会学》，沈原等译，社会科学文献出版社2007年版。

［美］詹姆斯·C. 斯科特:《国家的视角：那些试图改善人类状况的

项目是如何失败的》，王晓毅译，社会科学文献出版社2017年版。

［美］斯科特：《农民的道义经济学：东南亚的反叛与生存》，程立显、刘建译，译林出版社2013年版。

［美］戴维·伊斯顿：《政治生活的系统分析》，王浦劬等译，人民出版社2012年版。

［美］B. 盖伊·彼得斯：《政治科学中的制度理论：新制度主义》，王向民、段红伟译，上海人民出版社2016年版。

［德］克劳斯·迈因策尔：《复杂性中的思维》，曾国屏、苏俊斌译，上海辞书出版社2013年版。

方创琳等：《中国新型城镇化发展报告》，科学出版社2014年版。

费孝通：《中国城乡发展的道路》，上海人民出版社2016年版。

费孝通：《乡土中国》，北京出版社2004年版。

高珮义：《中外城市化比较研究》（增订版），南开大学出版社2004年版。

李强等：《多元城镇化与中国发展》，社会科学文献出版社2013年版。

李强、薛澜主编：《中国特色新型城镇化发展战略研究》，中国建筑工业出版社2013年版。

李培林：《村落的终结——羊城村的故事》，商务印书馆2004年版。

李伟：《中国新型城镇化：道路、模式和政策》，中国发展出版社2014年版。

新玉言：《国外城镇化比较研究与经验启示》，国家行政学院出版社2013年版。

郁鸿胜：《城市化研究国际理论前沿》，上海社会科学院出版社2017年版。

周长城：《生活质量的指标构建及其现状评价》，经济科学出版社2009年版。

徐林、范毅：《改革开放 40 年中国的城市化：经验、问题和出路》，中国发展出版社 2018 年版。

国家卫生健康委员会编：《中国流动人口发展报告 2018》，中国人口出版社 2018 年版。

杜鑫：《就地转移和异地转移劳动力的收入差距研究》，《经济理论与政策研究》2008 年第 1 期。

范恒山：《关于深化区域合作的若干思考》，《经济社会体制比较研究》2013 年第 4 期。

刘纯彬：《中国城市化要以建设中等城市为重点》，《财经科学》1988 年第 7 期。

陆大道、姚士谋：《中国城镇化进程的科学思辨》，《人文地理》2007 年第 4 期。

辜胜阻、李永周：《我国农村城镇化的战略方向》，《中国农村经济》2000 年第 6 期。

李健、杨传开、宁越敏：《新型城镇化背景下的就地城镇化发展机制与路径》，《学术月刊》2016 年第 7 期。

郭道久：《协作治理是适合中国现实需求的治理模式》，《政治学研究》2016 年第 1 期。

李强、陈宇琳、刘精明：《中国城镇化“推进模式”研究》，《中国社会科学》2012 年第 7 期。

李强、陈振华、张莹：《就近城镇化与就地城镇化》，《广东社会科学》2015 年第 1 期。

刘彦随：《中国新时代城乡融合与乡村振兴》，《地理学报》2018 年第 4 期。

罗明忠：《就地转移还是异地转移：基于人力资本投资视角的分析》，《经济学动态》2009 年第 11 期。

蓝庆新、刘昭洁、彭一然：《中国新型城镇化质量评价指标体系构建及评价方法：基于 2003—2014 年 31 个省市的空间差异研究》，《南方经济》2017 年第 1 期。

黄建洪：《复杂现代性视域中的国家治理模式转型：基于中国城镇化战略的分析》，《社会科学》2014 年第 6 期。

张鸿雁：《中国新型城镇化理论与实践创新》，《社会学研究》2013 年第 3 期。

胡潇：《空间的社会逻辑——关于马克思恩格斯空间理论的思考》，《中国社会科学》2013 年第 1 期。

王垚、王春华、洪俊杰：《自然条件、行政等级与中国城市发展》，《管理世界》2015 年第 1 期。

周飞舟、王绍琛：《农民上楼与资本下乡：城镇化的社会学研究》，《中国社会科学》2015 年第 1 期。

Ahlers, A. Rural Policy Implementation in Contemporary China: New Socialist Countryside. Abingdon: Routledge. 2014.

Inglehart, R. The Silent Revolution in Europe: Intergenerational Change in Post-Industrial Societies. Princeton: Princeton University Press. 1977.

Inoguchi, T. The Quality of Life in Asia: A Comparison of Quality of Life in Asia. New York: Springer. 2013.

Lefebvre, H. State, Space, World: Selected Essays. Edited by Neil Brenner and Stuart Elden. Minneapolis, MN: Minnesota University Press, 2009.

Mukai & Fujikura. One Village One Product: Evaluations and Lessons Learnt from OVOP Aid Projects. *Development in Practice*. 2015, 25 (3): 389-400.

Ong, L. H. State-led Urbanization in China: Skyscrapers, Land Revenue and "Concentrated Villages". *The China Quarterly*. 2014, 217(3): 162-179.

Rosenberg, L. Urbanizing the Rural. *China Perspectives*, 2013, 3(95): 63-71.

后　记

本书是教育部人文社科重点研究基地重大项目的最终成果。该项目于2016年获得立项，于2021年完成预定任务并通过鉴定结项。

城镇化发展模式的区域比较研究是一个具有挑战性的课题，因为要涉及中国不同区域城镇化的比较，不太好把握。课题组认为，该课题主要是要解决发展模式与发展质量这两大基本问题。从发展模式来看，课题组主要从异地城镇化与就地城镇化两种基本类型，以及这两种类型借以实现的各种方式入手进行研究，提炼出“两基—多维—网状”的基本结构。从发展质量来看，主要从农业转移人口（如被征地农民）生活质量入手，采用以江苏省集中居住区居民主观生活质量来大致反映全国总体状况的做法，因为江苏省存在的苏南、苏中、苏北三大区域的差别可以近似代表中国东部、中部、西部地区的差别。研究表明，江苏集中居住区居民的主观生活质量既存在一定的区域性差异、又存在一定的结构性差异。综合起来看，全国各地在区域差异较大的情形下采用了各自不同的城镇化（农业人口转移）方式，这些农业转移人口（如被征地农民）的生活质量受制于当地的经济发展水平等因素而表现出一定的区域性和结构性差异。厘清这两大基本问题之后，为了更好地促进农民的非农化转移，提升被征地农民和进城农民工的生活质量，就需要解决诸如产城融合、区域协作、体制创新等问题，因为这些问题都是由这两大基本问题衍生而出或者说服务于这两大基本问题。循着此研究思路，课题组逐渐厘清了研究内容之间的逻辑关系，细化了研究框架，着手撰写书稿。

本书是集体合作的成果，课题负责人叶继红负责拟定全书写作框架，苏州大学政治与公共管理学院吴莉娅副教授，我的博士生张洋阳、孙崇明、蔡秋蓉、李艳营以及硕士生严泽鹏、项金玉、黄晓意参与了本书的撰写工作。具体分工如下：导论（叶继红）、第一章（吴莉娅）、第二章（孙崇明、项金玉）、第三章（叶继红）、第四章（叶继红、项金玉）、第五章（叶继红、严泽鹏、孙崇明）、第六章（李艳营）、第七章（叶继红、孙崇明、黄晓意）、附录（蔡秋蓉）、结语（叶继红）。

在课题申报和研究过程中得到了不少学界同仁的支持和帮助：

苏州大学段进军教授、黄建洪教授、周义程教授对本课题的策划和申报给予了指导和帮助。德国维尔茨堡大学安晓波（Björn Alpermann）教授对书稿中《集中居住区居民主观生活质量评价与分析》部分进行了扩展和充实，补充了相关文献。日本爱知大学唐燕霞与松冈正子两位教授邀请笔者在爱知大学线上举办的“思考中国的新型城镇化”研讨会上发言，并将发言稿以小特集的形式收录于《国研纪要》。

本书的出版受苏州大学人文社科优秀学术专著出版资助计划资助。

在此一并致谢！

叶继红

2023 年 3 月于苏州大学

责任编辑：夏　青
封面设计：王欢欢

图书在版编目(CIP)数据

城镇化发展的区域比较研究/叶继红等 著 .—北京:人民出版社,2024.6
ISBN 978-7-01-025592-7

Ⅰ.①城…　Ⅱ.①叶…　Ⅲ.①城市化-研究　Ⅳ.①F291.1

中国国家版本馆 CIP 数据核字(2023)第 063909 号

城镇化发展的区域比较研究
CHENGZHENHUA FAZHAN DE QUYU BIJIAO YANJIU

叶继红 等 著

人民出版社 出版发行
(100706　北京市东城区隆福寺街 99 号)

北京九州迅驰传媒文化有限公司印刷　新华书店经销

2024 年 6 月第 1 版　2024 年 6 月北京第 1 次印刷
开本:710 毫米×1000 毫米 1/16　印张:20
字数:270 千字

ISBN 978-7-01-025592-7　定价:88.00 元

邮购地址 100706　北京市东城区隆福寺街 99 号
人民东方图书销售中心　电话 (010)65250042　65289539